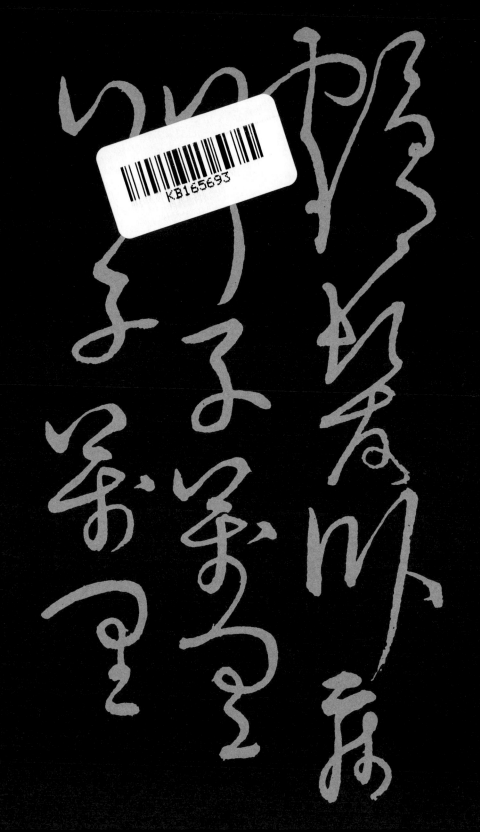

조선
여성의
일생

규장각 교양총서 3

조선 여성의 일생

규장각한국학연구원 엮음
이숙인 책임기획

글항아리

종가에서는 초학하는 여성들이 여성의 역할과 품성을 도모하고 교양을 높이도록 언문으로 풀어쓴 『소학언해』를 가르쳤다.

진성 이씨 가에 전해오는 혼례홀기. 혼례 의식의 순서가 적혀 있다.

옷감을 마름질하고 바느질하는 모습. 조선의 부인들은 모두 디자이너였고 기술자였다.

봄이 되면 장옷을 쓰고 꽃구경을 나가기도 했다.

조선시대 한 여인이 자신의 성장 배경과 출가하여 집안 살림을 넉넉히 일으키고, 자녀를 훌륭하게 키워낸 과정을 밝히며 시집가는 딸에게 부덕婦德을 일러주는 내용이다.

봉제사 접빈객은 조선 여성들의 필수 임무였다. 윤기가 흐르는 제기와 제사 물품들은 부인들이 잘 간수해야 했고 평생에 걸쳐 닦고 어루만지는 것이었다.

조선의 여인들에게 육아는 홀로 감당해야 하는 것이었다. 이사주당은 이를 문제 삼아 태교에서 아버지의 역할을 강조한 『태교신기』를 지어 사회의 고정관념에 맞섰다.

오리 이원익 종가에 전해오는 새우젓독. 13대 종부가 시집와서는 황석어를 사서 젓을 담가뒀다가 김장 때 양념으로 쓰고 일 년 양식으로 저장해놓았다.

선비들이 붓을 넣어 차고 다니는 주머니. 여성들에게는 글 쓸 기회가 주어지지 않았지만, 몇몇 여성은 끝내 재능을 숨기지 못하고 글을 남겼다.

정경세 부인 진성 이씨가 사위 송준길에게 쓴 편지이다. 조선시대 시집간 여성들은 이처럼 언문 편지로 안부를 묻고 하고 싶은 이야기를 전하곤 했다.

남편을 따라 순절한 안동 김씨의 행적을 기록한 것이다. 정절이 강조되던 시기, 집안마다 이런 내용의 책이 많이 간행되었고, 이를 가문의 자랑으로 여겼다.

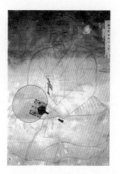

제사용으로 그려진 평양 시모媤母의 초상화다. 조선시대 여성들은 인생의 반을 며느리로서 살았고, 나머지 절반은 시어머니로서 살았다.

규장각은 조선왕조 22대 왕인 정조가 1776년에 창립한 왕실도
서관이자 학술기관이며 국정자문기관입니다. 1910년 국권 상실
과 함께 폐지되어 소장 도서는 총독부의 관할하에 들어갔고 학
술기관으로서의 기능을 상실하게 되었습니다. 해방 후 규장각
도서는 서울대로 귀속되어 오늘날에 이르고 있습니다. 60년 전
한국전쟁 때는 일부 국보급 도서가 부산으로 소개疏開되는 등의
곡절을 겪기도 했습니다만, 규장각은 오늘날까지 우리 역사와
전통이 담긴 기록문화의 보고寶庫로서 굳건히 이어져오고 있습
니다. 창설 230주년이 되는 2006년에는 규장각과 한국문화연구
소가 통합하여 규장각한국학연구원으로 거듭 태어나 학술기관
으로서의 전통을 되찾아가고 있습니다.

　규장각한국학연구원은 조선왕조실록, 의궤, 승정원일기 등 유
네스코에 의해 세계문화유산으로 지정된 자료를 위시해 고도서
와 고지도 등 수많은 기록문화재를 소장하고 있습니다. 이런 방
대한 자료를 토대로 한국학 전문 연구자들이 이곳에 모여 최고
수준의 연구활동에 매진하고 있으며, 많은 연구 성과가 산출되
고 있습니다. 또한 국내외의 학자들이 규장각에 와서 연구할 수

있기를 희망하고 있고, 본 연구원에선 이를 적극적으로 지원하고 있습니다. 명실상부하게 세계 한국학 연구를 선도하는 중심 연구기관으로 발돋움하고 있습니다.

아울러 전문 연구자만의 것이 아닌 시민과 함께하는 한국학을 발전시키고자 다양한 프로그램을 추진하고 있습니다. 기존의 특별전시회 외에 2008년부터 한국학 전반에 걸친 주제를 그 분야의 최고 전문가들이 직접 기획하고 강의하는 '금요시민강좌'를 김영식 전임 원장의 주도하에 개설하였습니다. 이 금요시민강좌는 그간 많은 시민들의 깊은 호응을 받아왔으며, 2009년부터 서울시와 관악구의 지원을 받으면서 지역 주민과 긴밀한 네트워크를 형성할 수 있는 계기가 마련되었습니다. 그리고 이 강좌에서 개진된 흥미로운 내용을 더 많은 시민들과 공유하기 위해 쉬운 글과 다채로운 도판으로 재편집한 '규장각 교양총서'를 발간하였습니다. 첫 두 학기의 주제인 국왕과 양반의 일생을 각각 재조명한 책들은 이미 간행되어 독자들의 좋은 반응을 얻고 있습니다. 앞으로도 계속 매 학기의 강의 내용을 책으로 엮어낼 계획입니다.

2009년부터 규장각에서는 '조선의 기록문화와 법고창신法古創新의 한국학'이라는 주제로 인문한국Humanities Korea 사업단이 출범하여 연구사업을 수행하고 있습니다. 이 사업단은 규장각에 넘쳐나는 조선시대의 다양한 기록들을 통해 당시의 삶과 문화를 되살려내고, 그것이 현대를 살아가는 우리에게 주는 가치와 의미를 성찰해보자는 것을 연구 목적으로 하고 있습니다. 이런 취지의 효과적인 실현을 위해 인문한국 사업단의 연관사업으로 시민강좌와 교양총서를 함께 준비하게 되었습니다. 앞으로 인문한국사업단의 연구 성과와 기획 능력을 시민들의 더 나은 문화생활을 위해 활용함으로써, 규장각 교양총서는 쉽고 알찬 내용으로 시민들에게 다가갈 것입니다.

　이 책에 담긴 내용은 일차적으로 규장각에 소장된 기록문화와 학자들의 연구 성과에서 나온 것입니다. 하지만 강좌를 수강한 시민 여러분의 참신한 아이디어와 바람을 최대한 반영하고자 노력을 기울였습니다. 이 책이 시민과 전문 연구자 사이를 이어주는 가교가 되기를 기대합니다. 앞으로도 여러분의 많은 관심과 성원을 바랍니다.

규장각한국학연구원 원장

노태돈

새로운 상상으로 일구어낸 조선 여성의 일상

도도하게 흐르는 우리의 역사, 그 절반은 여성의 몫이었다. 하지만 기록의 역사나 기억의 역사에서는 그 몫이 제대로 조명되지 못했다. 우리에게 전해오는바, 조선의 여성은 단군신화의 웅녀처럼 '참을 인忍' 하나를 금과옥조로 여기고, 고구려 신화 속의 유화 부인처럼 자식을 성공시킨 어머니를 꿈꾸며, 백제 사람 도미의 아내처럼 일편단심 남편을 사랑하는 여인이었다. 인내와 내조, 절개를 지시하는 이 신화 속의 여성들이 조선 여성의 방향 설정에 모델이 되었던 셈이다. 그렇다면 아내나 어머니이면서 음덕陰德이나 정절의 덕을 갖춘, 그런 여성은 누구의 기억으로 이루어진 기록인가? 알다시피 조선시대 여성에 관한 지식과 정보의 대부분은 남성들에 의해 구성되고 전달되었다. 그래서 어머니와 아내처럼 나를 돕는 존재거나 기녀처럼 내 사랑의 판타지를 투사할 존재거나, '공식적인' 조선 여성에는 남성의 욕망이 반영되어 있다. 남자의 여자들은 대체로 '착한 여자' 아니면 '나쁜 여자'의 이원론적 가치로 존재할 뿐이다.

우리 필자들은 기록 밖으로 밀려나 기억 저편에 존재했던 여성들, 그 일상을 새로운 상상으로 일구어내고자 한다. 그녀들을 향한 길은 여러 갈래이고 그녀들과 만나는 방법 또한 다양할 것이다. 그것은 각 필자들의 관심과 연구 방법의 차이에 기인한 문제이기도 하지만, 무엇보다 그 시대 여성들의 삶이 신분과 직업, 역할과 일 등 매우 다른 경험을 보여주고 있기 때문이다. 남성들의 유흥에 동원된 기녀에서 최고 지성의 저술가에 이르기까지, 생존과 생활의 노동으로부터 한 치도 벗어나지 못했던 보통 여성에서 화가·음악가로 예술의 경지를 개척한 전문가에 이르기까지. 유교적인 가족 의례를 적극적이고 주체적으로 실천한 여성에서 그 가족 문화를 벗어나 새로운 삶을 개척한 불교승에 이르기까지…… 우리는 이 다양한 여성들이 가졌을 법한 아픔과 고통, 그녀들이 누렸을 법한 기쁨과 성취감에 주목하였다. 그리하여 이념의 덧칠로 변색되거나 탈색되었던 역사 속 여성의 '사실'들을 살뜰하게 되살려보고자 했다.

특정 기억을 중심으로 한 기록의 역사에서 무엇을 건져낼 수 있을까 하는 의구심은 정도의 차이일 뿐 우리 필자 대부분이 직면했던 문제일 것이다. 새벽부터 늦은 밤까지 쉬지 않고 일하되 일한 티 내기 없기. 절로 산으로 떼 지어 몰려다니며 놀기 없기. 기쁘거나 슬프거나 섭섭하거나 노여워도 겉으로 내색하기 없기. 두 번 이상 시집가기 없기. 알아도 아는 척 하기 없기. 있어도 없는 듯 자기 주장하기 없기. 할 말 많아도 말하기 없기. 질투하기 없기. 책 펴놓고 공부하기 없기…… 조선의 아버지들은 딸들에게 이러한 주문을 했다. 양반집 마님의 행장行狀이나 선비 집 아내의 제문祭文 등에는 이렇게 살다간 여성을 기리는 내용으로 채워져 있다. 이로써 조선의 여성들은 규제와 금지 속에서 평생을

조선 여성의
일생

10

조용조용, 조심조심 살았다고 할 것인가?

　그러면 텍스트가 말하지 '않은' 것 또는 말하지 '않으려고' 한 것은 무엇일까? 텍스트 너머에서 펼쳐진 다른 진실이 있을까, 있다면 우리는 그것을 어떻게 알 수 있을까? '하지 말라!' 든가 '하기 없기!' 라는 금지 용법은 '하고 있다' 는 것을 전제한 언설이다. 지금 '하지 않은' 것을 '하지 말라' 고 할 이유가 없기 때문이다. 실제로 밥 짓고 베 짜는 일을 모르는 것을 자랑스럽게 여기는 여자들이 많다는 세태가 고발되기도 하고, 돈을 좀 모은 여자들의 기세등등한 태도와 그에 눌린 남자들의 각성이 촉구되기도 했다. 또 왕의 조정에서는 '꽃이 피었네' '부처가 오셨네' 하면서 강으로 산으로 몰려다니는 여자들로 골치를 앓기도 했다. 이처럼 조선에는 행장이나 제문에 소개된바 남자들에 의해 기억되고 칭송된 부류의 여성들이 있었는가 하면, 자기 욕망과 자기 이해에 충실하여 남자들을 긴장시킨 부류의 여성들도 있었다. 어쩌면 이것은 시간과 장소에 따라 다르게 반응한, 동일한 여성의 다른 모습일 수도 있다. 여성의 행위를 금지하는 언설과 여성의 세태를 우려하는 담론이 공존하는 양상은 조선시대 여성들의 사실 혹은 진실이 하나가 아님을 말해주는 지표로 읽어도 좋으리라.

　조선 사회 여성들의 진실에 좀 더 가까이 다가가고자 할 때, 복수성·다양성의 개념은 의미있는 매개가 될 것이다. 예나 지금이나 놀고 싶은 욕구를 그 누가 막을 수 있겠는가. 규방이라는 곳은 여성 유폐의 공간이기도 하지만 여성만의 독자적인 공간으로 이해될 수도 있다. 한 패의 여성들은 외출과 노출, 놀이의 금제禁制에 반항하듯 규방 밖에서 보란 듯 놀이를 즐겼다. 그녀들은 광대를 앞세워 흥을 돋우며 시끌벅적하게 거리를 활보하였고, 구경거리가 떴다 하면 몸종을 앞세운 사족 여성들이 누구보다 먼저 달려 나갔다. 규방 밖의 놀이가 체제 대항적인 의미를 지녔다면, 규방 안의 놀이는 체제 순응적이거나 체제를 빗겨간 형태의 놀이였다. 규방 안의 여성들은 티 내지 않고 깨가 쏟아지도록 소곤소곤 노는 방식이었다. 어디 우리가 상상이나 했던가?

이 여성들이 없었다면 '조선은 로맨스 없는 사회'라고 해도 과언이 아닐 것이다. 남성 문사文士들에 의하면 기생은 사랑을 먹고 사는 '특별한' 존재이다. 하지만 기생의 입장에서 본 기생의 진실은 사랑을 팔고 사는 직업인에 가깝다. 사랑을 주제로 한 기생의 작품은 남성 고객들의 기대를 충족시키기 위한 영업용 노래로 보아야 한다는 시각이 있다. 그녀들은 남성들의 판타지를 충족시켜야 하는 직업상의 의무로 남성 손님의 취향과 요구를 반영한 사랑노래를 주로 했던 것이다. 문제는 자신을 진정 사랑한다고 여긴 남성 고객의 착각이었다. 당연한 말이지만 각 기생들이 추구한 삶과 그 의미는 매우 다양했을 것이다. 기생을 기억하고 서술하는 방식 또한 사람마다 서로 다를 수 있다. 그럼에도 불구하고 이런 질문이 나올 법하다. 조선 사회에서 기생妓生이란 누구이며, 그녀들에 기생寄生하는 남성들은 무엇인가? 기생이란 동경이나 연민의 대상이 아니라, 그저 전근대를 살다간 힘없는 민중의 한 부류로 보는 시각이 제기되었다. 또 기생을 통해 성애와 신분 상승 사이에서 갈등했던 조선 양반의 이중적 모습을 읽어내기도 하였다.

우리는 전환기적 사건이나 영웅적인 인물을 중심으로 역사를 이해하는 데 익숙하다. 삼국통일 676년, 조선건국 1392년, 임진왜란 1592년, 갑오경장 1894년 (…) 김유신, 이성계, 세종대왕, 이순신 하는 식으로. 반면에 그런 '순간'을 위해 묵묵히 걸어온 길고 긴 시간들에 대해서는 그다지 주의를 기울이지 않는다. 사건 및 영웅에 포커스를 맞추는 역사 이해는 과정보다는 결과를, 가려진 것보다 드러난 것을 추구하는 경향이 강하다. 이러한 경향 속에서 분명 존재했건만 그 흔적이 지워진 것들이 있게 되었다. 여유롭고 아름다운 백조의 호수는 물밑의 처절한 발놀림이 없이는 불가능하다. 백조의 힘겨운 노동으로 피어난 호수의 풍경처럼, 문명의 역사는 드러나지 않은 존재들의 숨겨진 노력으로 열림과 확장을 거듭해왔음을 알 필요가 있다. 여성으로 역사를 다시 읽고 다시 쓰고자 하는 뜻은 바로 이러한 맥락에서이다.

규장각한국학연구원 시민강좌를 통해 이미 선보인바, 이 글들은 조선시대 여성에 대한 전방위적 접근을 통해 얻어낸 새로운 사실 혹은 진실을 담고 있다. 그리고 이 책은 자신의 시대를 묵묵히 살다 간 조선시대 여성들의 일상과 일생, 그 삶의 흔적을 넓고 깊고 두껍게 읽고자 한 노력들로 이루어졌다. 우리의 이 작업이 조선 여성들의 왜곡되고 주름진 시간을 펴는 일이면서 동시에 그녀들의 경험과 지혜가 오늘 우리의 삶을 비추는 거울이 되었으면 한다.

2010년 7월

필자들의 뜻을 모아

이숙인 쓰다

차례

제1부

조선 여성의
재발견

1장
사라진 목소리를 찾아서

조선 여성의 삶,
다시 보고 다시 읽기

박무영 | 연세대 국문과 교수

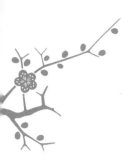

여성들이
말하지 못한 것들

18세기에 김운金雲이라는 여성이 있었다. 당대의 대문호 김창협
金昌協의 따님이다. 당대를 대표하는 문호이자 학자들인 아버지
와 숙부들에게서 '학자'로 대접받았다는 여성이다. 요절한 이
여성은 남의 묘지墓誌를 짓는 아버지를 보면서 '달리 이름을 후
세에 남길 방법이 없는 여성의 몸이니, 아버지보다 먼저 죽어서
아버지의 묘지명을 얻을 수 있다면 그것이 더 나은 일일 것'이라
고 했다 한다. 김창협은 요절한 딸의 묘지를 지으면서 이 말을
회상한다. 젊은 여성의 '이름을 남길 길이 없음'에 대한 절망이
검광처럼 번득인다.

  김운의 이 일화는 모든 기록 주체가 남성인 사회에서, 그 뒤에
가려진 여성 자신의 욕망은 어떤 것이었을까 생각하게 한다. '현
모양처'인 신사임당이나 『사씨남정기』의 사정옥, 혹은 현대의
어떤 남성 작가가 그려낸 안동 장씨의 이미지처럼 남성에 의해
기록되고 상상된 여성의 모습이 전부, 혹은 '진실'이었을까? 삼
종三從의 규범에 따라 '아버지와 남편과 아들의 이름'으로 살아

야 했던 여성들이다. 그러나 그들이 얼마나 '자신의 이름'을 갈망했는지 김운의 묘지명은 보여준다. 남성들의 기록에서는 한 번도 여성의 것으로 말해진 적이 없는 욕망이다. 그러나 기록의 한 자락 갈라진 틈새를 통해서 얼핏 드러나는 심연에서는 이처럼 삶의 욕망을 능가하는 '자기 이름'에 대한 욕망이 얼굴을 내민다. 여성들에게 기록이 허락된다면 그녀들이 입을 열어 했을 이야기의 내용은 오히려 이런 것이었지 않을까.

조선시대의 윤리는 여성의 말을 철저히 단속했다. '여자의 목소리가 담을 넘어서는 안 된다'는 원칙은 여성의 언론을 반윤리적인 것으로까지 규정했다. 말은 힘이다. 자신의 말을 하는 사람은 자신의 경험과 관점으로 삶을 해석하고 자신의 욕망에 따라 세상의 변혁을 꿈꾸게 된다. 그것은 전파되어 공감대를 형성하면서 연대를 얻게 되고 그러면 세상을 변혁하는 힘이 된다. 개인이 사회적·역사적 인간이 되는 출발점이다. 사회적 존재로서의 여성을 철저히 배제한 조선 사회는 특히 집 밖으로 나도는 말—사회적 힘을 가진 말을 여성에게 금지했다. 여성의 언어는 최소한의 필요 수준에서 멈추어져야 했다. 말을 잘하는 것이나 말이 많은 것은 부덕不德의 표상이었다. 더구나 보존되고 전파되는 '기록'의 주체에서는 철저히 배제되었다. '여자의 목소리가 담장을 넘어서는 안 되는' 것이다.

따라서 조선시대 여성은 공식적으론 구비와 한글필사본의 주체로서만 존재한다. 구비언어는 보존되지 않고 사라지며, 기록언어인 한글은 글보다는 오히려 말에 가까운 것으로 취급된 '안글'로서, '사적私的'으로만 통행되었다. 모두 '영원한 이름'의 요구에서는 비껴나는 방식으로 존재하는 것이다. 이쯤에서 다시 김운의 비원이 떠오른다. 사적인 공간으로 제한되지 않는, 역사의 공간에 등재되는 이름에 대한 비원, 그것은 한문 글쓰기를 통해서만 달성될 수 있는 것이었고(조선조 당대에서는), 여성에게는 금단의 것이었다.

규범과 달리 실제로는 한글뿐 아니라 한문을 구사하여 자신의 목소리를 기록으로 남긴 여성들이 있다. 그러나 18세기 서영수합徐令壽閤의 일화에서는 여성이 기록의 주체가 되는 일이 얼마나 반反규범적인 것이었던가 하는 것을 잘 볼 수 있다. 서영수합은 달성 서씨가의 따님으로 풍산 홍씨댁 홍석주洪奭周·홍길주洪吉周·홍현주洪顯周 삼형제의 모부인이었던 여성이다. 그녀는 가족이 모두 참여하는 가정 시회詩會를 일상적으로 즐기는 삶을 살았고, 그녀의 시들은 아들들의 손에 의해 편집되어 인쇄되었다. 이 목판본 시집의 발문에서 아들들은 그녀가 평소 글을 읽을 줄 안다는 내색을 전혀 하지 않았으며, 그녀가 시를 짓게 된 것은 남편의 강요에 의해서였고, 시를 짓게 되더라도 입으로 읊어 응했을 뿐 붓을 들어 기록하는 일은 절대로 하려고 하지 않았다고 밝혀놓았다. 해서 지금 남은 시편들은 남편이 아들들에게 시켜서 몰래 적어두도록 한 것들이라고 했다. 서영수합은 친정의 가학을 익혀 산술학에 정통한 여성이었다. 중국을 통해 수입된 최신 산술학을 앞지르는 전문적 수준의 소양을 지녔었다. 문학적 능력도 하루아침에 갑자기 달성된 것으로 믿기는 어렵다. 아들들이 남기고 있는 증언을 통해서도 그것은 확인된다. 그러나 그녀의 아들들은 어머니를 위하여 이런 변명을 남겨야 했다. 그만

영수합고, 영수합 서씨 지음, 1824년,
규장각한국학연구원 소장.
조선후기의 여류 시인 영수합 서씨의 시문집으
로, 남편 홍인모의 유고집인 『족수당집』 6권에
부록으로 편록되어 있다. 서씨는 서형수의 딸로
연천 홍석주와 유한당 홍씨의 어머니이다.

큼 여성의 문필은 금기의 대상이었고, 특히 필사본과는 달리, 공개를 전제로 하는 판본의 출판은 부덕婦德에 반하는 부덕不德이었다.

설사 이러한 공식적 금제를 뚫고 여성들이 남긴 기술물들이 있다고 해도 그것을 편집하고 인쇄하는 권력은 또한 남성의 것이었다. 남성들은 여성들의 말이 지닌 가치를 판단하고, 그것을 자신들의 의도에 따라 편집하고, 서발을 통해 해석을 덧붙였다. 이처럼 기록 자체가 여성의 몫이 아니었을뿐더러 출판과 편집이 모두 남성만의 몫이었기에, 인쇄된 기술물은 남성의 검열과 협조를 배제하고는 상상하기 힘들다. 즉 모든 인쇄된 한문 기술문들은 남성의 검열을 거친 것이고, 그만큼 남성적 시선으로 윤색된 것이기도 하다. 남성이 서술자가 되어 기술한 기록물의 경우엔 말할 것도 없다.

그러나 그럼에도 불구하고 여성들의 목소리는 구비와 한글을 통해서만이 아니라 한문을 통해서도 다양한 방식으로 그 흔적을 전한다. 한문의 경우엔 소수의 인쇄된 문건들뿐 아니라 여성적인 변형의 방식도 존재했다. 한문 본문의 음을 한글로 적고, 한글 번역을 부기하여 향유하는 방식이다. 김호연재金浩然齋의 『호연지유고』가 그렇게 표기되어 필사를 거치며 유통되었다. 이것은 아무래도 한문 사용이 여러 가지로 편안하지 않은 여성들이 한시를 자신들의 방식으로 향유하는 방식이었

곤범(3책), 18세기, 한국학중앙연구원 장서각 소장.
이 책은 조선시대 여성 교양에 필요하다고 여겨지는 덕목에 합치
하는 부분을 고전 구절에서 뽑아내어 한글로 풀이해놓은 것이다.
『심경』『근사록』『성리대전』뿐만 아니라, 송시열, 김창흡 등이 지
은 여성들의 전, 묘지문, 행장 등을 싣고 있어, 남성들이 대신 말
해주는 조선 여성상의 한 단면을 보여주고 있다.

다. 이런 변형된 문자언어를 통해 여성들은 자신의 진짜 목소리를, 그리고 서로 공감했던 내용을, 구비와 한글 기술에서처럼 드러내준다. 앞의 김운의 예에서처럼 남성의 기술물을 통해서도 여성들의 목소리는 흔적을 드러낸다. 주로 사후에 지어지는 묘지나 행장, 제문 등의 문장들이 그것이다. 당사자의 목소리가 기술자의 시선과 목소리를 넘어서 들려오기도 하는 것이다.

이런 예들은 길지도 않고 많지도 않으며, 정돈된 논설이나 작품집으로 남은 것도 아니고, 때로는 말 틈 사이에서 겨우 단서만 보이는 언급들이기도 하고 때로는 연약한 신음소리 같은 것들이기도 하다. 그러나 이 단서들은 위로는 왕가의 여자들로부터 아래로는 비녀에 이르기까지 온갖 계층의 여성들이 남긴 '자기 목소리'들을 암시한다. 남성 문화에 의해 내려진 침묵의 명령을 피해 드러나는 여성의 목소리이며, 남성들이 대신 말해주는 여성의 역사와는 다른 표정의 목소리이다. 이 자료들은 역사 — 보통 '일반' 사로 인식되고, 내면적으론 '남성' 사인—가 한 번도 정식으로 다루지 않았던 또 다른 얼굴을 상상케 하고, 또 다른 역사를 상상케 한다. 이러한 목소리의 복원을 통해서 우리는 남성이 해석해 들려주는 여성의 삶과는 다른 또 하나의 목소리를 들을 수 있고, 이것을 복원하는 작업을 시도해볼 수도 있다.

여성 목소리의 복원을 통하여 도달하게 되는 지점의 하나는 조선시대의 사회적 현실에 대한 또 다른 측면에서의 해석이다. 역사를 남성의 시선이 아니라 여성의 체험과 시선으로 볼 때 어떻게 해석될 수 있는 것인지를 보여주어, 역사를 일면적인 것이 아니라 다면적인 것이 되게 한다.

　조선조의 사회에서 가장 열등한 처지에 있었던 것이 기녀와 비녀라는 천민 여성일 것이다. 신분과 성별, 이중으로 가장 최하의 사회적 조건을 살아내었던 사람들이다. 조선시대 기녀는 별명이 '해어화解語花-말하는 꽃'이다. 화사한 웃음과 재치를 남성들에게 접대하도록 길러진 천민 여성, 혹은 신분적 의무에서 시작했지만 나름의 경지를 일군 예술가들—이 여성들에게 대한 호의적인 해석이라야 이런 것이다. 일반적으론 그저 '해어화'로 사물화된 대상이다. 그런데 이 기녀가 입을 열어 진짜 속내를 이야기하면 무슨 이야기를 할까? 생존 시기를 알 수 없는 소홍小紅이라는 기녀는 "마음은 어지러운 풀잎, 비를 만나 시름겨운데 / 몸은 늘어진 버들, 바람을 띠고 기뻐한다心如亂草愁逢雨, 身似垂陽喜帶風"라고 노래했다. 기첩으로 들어갔던 모양인데, 그녀의 남편은 그녀를 친구에게 주어버렸다. 견딜 수 없었던 모양이다. 몸과 마음이 따로따로일 것이 강요되는 것이 기녀의 실존적 조건이었다. 그것을 율시의 대구 형식을 이용해서 기막히게 형상화하였다. 그런가 하면 강담운姜澹雲이라는 김해 기생은 동무인 취

중견 기생들의 모습. 맵시, 얼굴단장 등이 기생으로서의 경력을 말해주는데, 그러나 이들 역시 한 많은 한 어미였을지도 모른다.

향翠香의 아기 딸을 묻으면서 "다음 생엔 창가의 여자 되지 말고, 권세가의 멋진 남자로 태어나려무나他生莫作娼家女, 好向侯門做好男"라고 노래한다. '기녀의 모성母性'이라는 잊혔던 주제가 드러나고 그 신분적 울분도 가냘프지만 섬뜩하게 드러난다. '말하는 꽃'인 사물이 아니라, 한 많은 어미인 사람의 목소리가 들린다.

기녀뿐 아니라 비녀의 목소리도 희미하게 들린다. 영남 박씨 선비집의 비녀였던 한 여성嶺南 朴生家婢은 '위엄은 서리 같고 신의는 산 같으니, 안 가기도 어렵고 가기도 어렵다威如霜信如山, 不去爲難去亦難'고 노래하며, 차라리 "머리 돌리니 푸른 낙동강 강물, 이 몸 위태로운 곳에서 마음은 편안하리回首洛東江水碧, 此身危

處此心安"라고 죽음에의 결의를 내보인다. 남편 있는 여종을 주인이 친구에게 주었다고 한다. 양반 집안에는 노래하는 가비歌婢나 시 짓는 시비詩婢를 두기도 했으니, 그렇게 시를 짓는 훈련을 받았을 것이다. 주인의 명에 복종해야 하는 신분적 의무와 남편에게 복종해야 하는 여성의 의무가 충돌하면서, 사물로 취급되었던 하층 여성의 절망이 시퍼런 강물에 겹치는 노래이다.

상류층의 여성이라고 해서 남성들이 전하는 것처럼 가부장제적 이데올로기의 화신 같은 얼굴만을 갖지는 않는다. 조선조의 가부장제는 여성을 부모형제를 떠나 시집 귀신이 되는 것을 천리天理라고 교육했다. 인위적인 가족관계를 강요하고도 대가족 내에서 일어나는 모든 불화의 원인은 흔히 '이성바지'들을 잘못 들인 탓으로 돌려졌다. 여성은 살아남기 위해선 이 가족관계를 소화해야 했다. 그러나 언제나 성공적인 것은 아니었을 것이고, 속속들이 만족했던 것은 아닌 모양이다. 김호연재金浩然齋라는 사대부 부인은 "평생 나 홀로 속물스런 구석 없어, 너희 댁과는 기쁘지 못한 일이 많았다平生自無適俗韻, 頗與高門多不悅 / 눈썹을 낮추고 조심하여 수고를 감내했으나, 부지중 창자 속에 불길이 솟곤 했다低眉小心甘勞苦, 不覺烟焰腸內熱"고 아들에게 고백하는 장편시를 남겼다. 자신으로서는 평생 너희 집, 속물근성의 시집 식구들을 감당하기 힘들었다는 고백이다. 그런가 하면 '여자에겐 삼종이 있어, 천 리 밖으로 각기 흩어졌네女子有三從, 聚散各千里 / 사별이 기나길다 말할 것 없다, 살아 이별도 다를 것 없네莫言死別永, 生離亦無異'라고, 원래 식구들과의 생이별을 노래하기도 한다.

처첩관계도 마찬가지다. 남성 문화는 여성들에게 "일빅 첩을 두어도 볼 만ㅎ고 첩을 아모리 사랑ㅎ여도 노긔 두지 말고 더욱 공경ㅎ여라"(송시열, 「우암계녀서」)고 가르쳤다. 『사씨남정기』의 사씨 부인은 첩 교씨로 인해 온갖 풍파를 겪고도 다시 자진해서 첩을 들인다. 그러나 여성 쪽에서 입을 열면 말이 달라진다. "지아비는 근실하게 온갖 행실을 닦고 지어미는 경건하게 사덕을 따른다면 어찌 지아비가 창녀와 즐기는 패덕이 있을 것이며 지어미에게 어찌 투기하는 악행이 있겠는가?(김호연재, 『자경편自警篇』)"라고 한다. 투기만 문제가 아니라, 근본적으론 부부의 도를 외면하고 '창녀와 즐기는 패덕'을 저지르는 남성 측에도 상호 책임이 있다는 주장이다. 실제 여성들의 마음속에 무엇이 들었었는지를 짐작하게 하는 틈새이다.

열녀전의 열녀들은 씩씩하게 죽음을 향해 행진한다. 이데올로기의 화신처럼 보이는 그녀들은 육체적 통증조차도 느끼지 않는 것 같다. 그녀들은 마치 밀가루 반죽을 덜어내듯이 허벅지를 베어내어 병석의 남편에게 먹이고, 남의 손이 닿은 자신의 가슴을 도려내고 손목을 자른다. 그리고 마침내는 목숨을 끊는다. 그러나 그녀들 중 몇몇이 남긴 편지나 기록들은 죽음 앞에서 그녀들이 느끼는 고뇌나 두려움을 낱낱이 보여준다. 『자긔록』의 이씨는 결국 살을 베어 생혈을 남편에게 먹이지도 못하고 따라 죽지도 못한다. 그러기엔 너무나 무섭고 살아야 할 이유도 너무 많았다. 그녀는 그 과정을 자세히 한글로 적은 『자긔록』을 남겨놓아, 역설적으로 열녀 이데올로기가 어떠한 잔인이었는지를 들려준다.

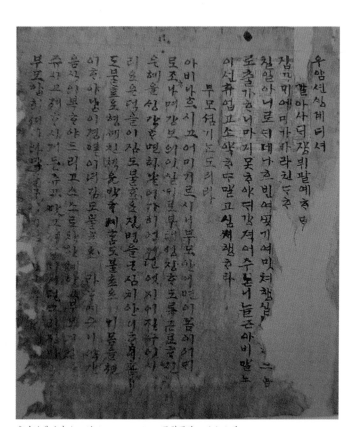

우암션생졔녀셔, 17세기, 23.2×21.4cm, 국립중앙도서관 소장.
우암 송시열이 출가하는 큰딸을 위해 지은 것으로 시부모 봉양, 시댁의 화목, 자식 교
육, 제사 모시기, 손님 접대, 의복과 음식, 아랫사람을 부리는 도리 등 현모양처로서 여
성이 지켜야 할 도리와 해야 할 일을 20개 항목으로 정리하고 있다.

허련이 그린 「채씨의 효행도」 중 한 장면, 1869년, 견본담채, 23×31.7㎝, 김민영 소장.

효자 평강 채씨 채홍념의 효행도를 그린 것으로 가문에 전해졌는데, 종손자 경묵이 쓴 제題를 보면 이런 그림이 조선시대 여성들에게 어떤 의미를 지녔는지 알 수 있다. 제문 내용의 일부는 이렇다. "혹자가 물었다. '효열이 그림으로 그릴 수 있는 것인가? (…) 가장이나 읍지에 기록하는 것만으로도 오랜 세월 전해져 사라지지 않을 터인데, 어찌 다시 그림으로 그릴 필요가 있겠는가.' '부인네들과 어린 아들을 위해서이니 집안의 정치는 언제나 부인네들과 아이들에게서 시작되기 때문이다. 정말로 우리의 부인들과 아이들이 아침저녁마다 그 이야기를 듣고 그 모습을 보며 (…) 아무개 고모가 몸소 부엌일을 하고 자신으로 대신해줄 것을 하늘에 기도하고 가진 재물을 다 버주고 남편의 죽음을 뒤따랐다고 되뇌며 안타까움과 격앙을 보여 사람의 선한 감정을 자극시켜준다면 이 그림이 갖는 의미를 어찌 간파할 수 있겠는가.'"

제문, 1785년, 36.5×75cm, 남대현 소장. 간찰을 쓴 이는 남영南泳의 처인 광주 안경회安景會의 딸이다. 이 글은 그녀가 먼저 떠난 남편을 그리워하며 쓴 제문 형식의 글인데, 여기서 부모보다 앞서 떠난 남편을 그리워하며 하늘을 원망하고 있다. 남편과 만난 지는 17년이지만, 남편의 바깥출입이 많아 실제로 산 것은 10년이 채못 되었다. 떠나는 남편은 자식 셋을 잘 맡아줄 것을 부탁했는데, 현실을 저버리지 못하면서 먼저 떠난 남편을 원망하는 굴귀에서 조선 여인의 이중적인 감정을 엿볼 수 있다.

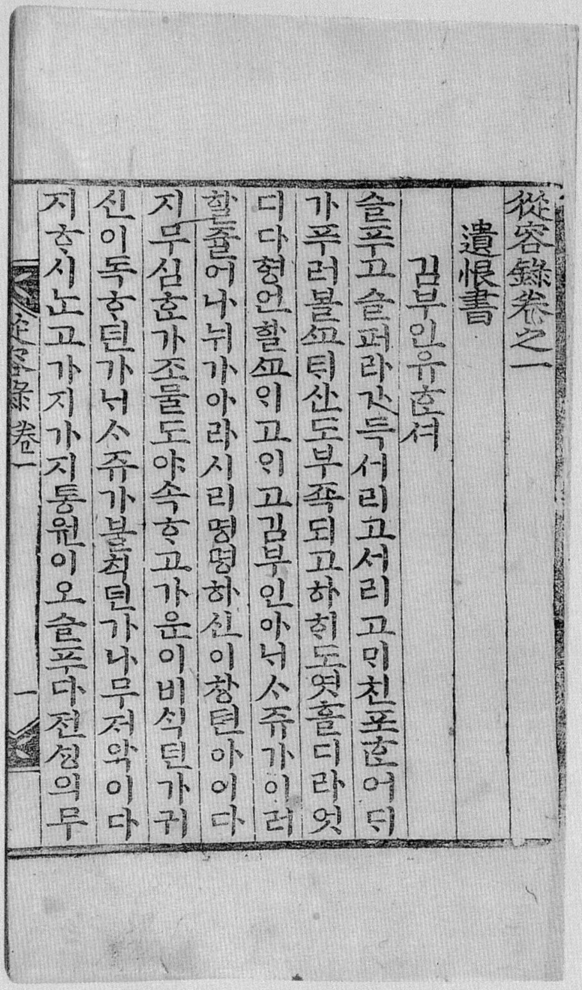

從容錄卷之一

遺恨書

김부인유호셔

슬프고슬퍼라간득서리고서리고미친포호어디
가푸러볼쇼틴산도부죡되고하히도엿흘다라엇
디다형언할쇼익고이고김부인아녀스쥬가이러
헐줄어나뉘가아라시리명명하신이창턴아이다
지무심호가조물도야속호고가운이비셕던가귀
신이독호틴가녀소쥬가불척딘가나무져악이다
지츙시노고가지가지통원이오슬푸다젼셩의무

종용록, 심재덕 부인 김씨, 1909년, 규장각한국학연구원 소장.
한말 남편의 죽음에 따라 순절한 심재덕 부인 김씨의 유서와 그 행실을 기록
해놓았다. 갑오경장 이후 과부의 재혼이 공식적으로 인정되었음에도 여전히
전통적인 봉건윤리가 여성사회 저류에 깔려 있었음을 보여준다.

임진왜란 때 동래부사였던 송상현의 첩에 금섬金蟾이라는 여성이 있다. 그녀는 포로로 일본에 잡혀갔다가 생환포로로 돌아온다. 돌아오는 뱃속에서 그녀는 송상현의 순절 소식을 듣고 자살 기도를 한다. 자살에 실패한 그녀는, 살아 돌아가는 길에서 자신을 자살로 내몰았던 공포를 이렇게 노래했다. "누가 알아주랴, 진흙에 떨어진 꽃이誰識泥中花 / 나비에게 희롱당하지 않았음을不胡蝶勝." 전쟁의 아비규환에서는 살아남았으나, 그보다 더 엄혹한 정절 이데올로기 앞에서 돌아갈 곳이 없었던 조선 여성의 현실을 웅변적으로 증언한다.

영향당影響堂 한씨韓氏는 자신이 목도한 청년 과부의 우귀 행렬을 한시로 묘사해놓았다. 남성은 재혼·삼혼에 첩까지 두지만, 초례청에 서기도 전에 신랑이 죽어도 청상과부로 평생을 살아야 하는 것이 조선조 후기, 여성의 사회적 운명이다. 그녀는 그 잔혹함을 '붉은 명정 앞서고 흰 가마 뒤따르니, 홍안 신부에 백골 신랑이라니丹旌在前素轎隨後, 紅顔新婦白骨郞'라고, 강렬한 색채 심상으로 집약해놓았다. 양심적 남성 지식인들의 논설처럼 논리적·이성적으로 진술하는 대신 고난의 당사자만 아는 감각적 체험이 이 선명한 색채 대비 속에 녹아 있다. 붉은색과 흰색의 선명한 색채 대비는 그 어떤 논설보다도 강렬하게 이 관습의 잔혹함을 전달한다.

여성의 목소리는 남성들이 여성들이 기꺼이 협조한 것으로 호

여성 정절 이데올로기의 단면을 상징하는 장도, 19세기, 국립민속박물관 소장.

도하거나 외면하고 언급하지 않았던 것들을 여성의 입장에서 증언한다. 아니 남성들의 입장에서는 눈에 뜨이지 않았던 것뿐인지도 모르겠지만. 이 목소리들은 여성의 삶을 비인간적인 것으로 만드는 조선시대의 갖가지 제도와 윤리에 이의를 제기하고, 온몸으로 저항한다. 그것이 얼마나 잔혹한 것이었는지 증언을 남겼다. 이 목소리들의 밑바닥에는 인간다운 삶을 살고자 하는, 인간적 위엄을 잃지 않고 살고자 하는, 최선을 다하여 견디고 있는 여성들의 모습이 반영되어 있다.

욕망의 주체적 실현에 앞섰던 여성들

여성의 목소리들은 다른 한편 적극적으로 자신들의 욕망에 대하여 말하기도 한다. 남성의 여성 해석은 조선시대와 현대를 막론하고 여성을 단일한, 혹은 몇 가지 유형으로 정리한다. 현모양처와 정부, 성모와 이브 같은 식이다. 타자에 대한 해석은 해석의 주체들이 갖는 필요에 의해서 이루어지는 것이다. 그러니 남성들이 여성에게 바라는 바에 따라 여성 전체를 요약하는 방식의 해석이 이루어진다. 도저히 한마디로 포괄할 수 없는 다양한 삶의 조건이나 거기에 따른 다양한 욕망의 내용 등이 구체적으로 다루어지지 않는 것은, 역사의 주체가 아니라 주체를 보조하는 해석의 대상으로만 존재해온 여성 '해석' 의 역사로서는 당연한 것이다.

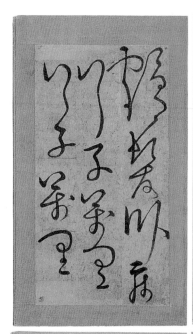

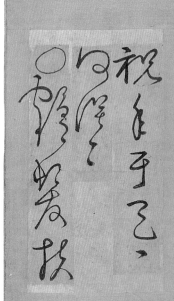

학발첩, 17세기, 44×25.5cm, 재령이씨종가 이돈 소장.

안동 장씨가 짓고 초서로 쓴 학발시鶴髮詩 3장을 수록한 것이다. 시를 지은 동기를 간략히 보면, 이웃 여인의 남편이 군역을 나가 그의 80세 노모가 혼절하다시피 하며 사경을 헤맨다는 소식을 듣고 애절하여 쓴 것이다. 이런 작품들은 조선시대 여성의 유려한 필법을 보여주는 얼마 안 되는 자료다.

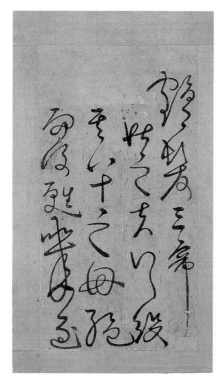

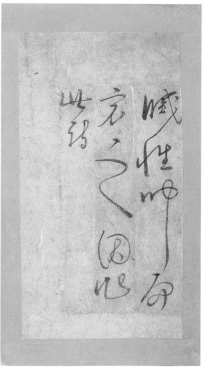

鶴髮臥病 行子萬里
늙은 노모 병으로 누웠는데 자식은 만리 밖 먼 변방으로 떠났네
行子萬里 曷月歸矣
자식이 만리 밖 먼 변방에 있으니 어느 달에나 돌아오겠는가
鶴髮抱病 西山日迫
늙은 노모 병을 지고 있으니 서산에 지는 해처럼 위급하네
祝手于天 天何漠漠
손 모아 하늘에 빌어보았으나 하늘은 어찌 아득하기만 한가
鶴髮扶病 或起或踣
늙은 노모 병을 부지한 채 일어났다가 넘어지네
今常如斯 絶裾何若
지금도 이와 같은데 옷자락 끊고 떠나갔으니 어떠하겠는가

그러나 실제 여성들은 그들 각자가 놓인 다양한 현실적 처지에서 최대한 성공적으로 살기 위하여 노력하는 현실적 인간들이다. 왕가의 여성이었던 혜경궁 홍씨는 친정의 정치적 입장이 교묘하게 옹호되는 글을 쓸 수밖에 없고, 최상층 가문 여성인 서영수합은 규범의 우아한 수호자로서 행동할 수밖에 없다. 그런가 하면 하층 향촌 사족의 아내인 김삼의당金三宜堂에게는 자기 집안의 지체를 유지하는 것이 절체절명의 과제였다. 그녀는 이에 필요한 모든 방법을 강구했고 적극적으로 자신의 재능을 이용하였다. 비녀나 비구승, 기녀의 입장은 또 다를 수밖에 없다. 흔히 '꽃'으로 불리는 기녀들은 기본적으로 '직업 여성'이다. 그녀들의 사랑노래는 남성 고객들의 기대를 충족시키기 위한 '영업용' 노래가 대부분이다. 그것이 그녀들의 사랑노래, 사랑 시들의 실체이다. 기본적으로 그녀들은 직업상의 의무를 최선을 다해 실현하고 있는 것이다. 남성의 시선은 이런 가능성은 고려의 대상으로 두지 않는다.

여성들 자신의 목소리를 통해서는 현실과 연계되어 있는 다양한 욕망과 삶의 모습이 드러나기도 한다. 몇 가지를 예로 들어보자. 김운의 언급에서 보이는 '이름'에 대한 욕망은 많은 여성들이 토로하는 것이다. 그 이름을 얻는 방법으로 임윤지당任允摯堂이나 강정일당姜靜一堂은 여성 성리학자가 되고자 하였다. '학자'라는 이름을 갖고자 했던 것이다. 가르쳐주는 것을 실천하는 대상이 아니라 주체로서 사고하고자 했던 것이라고 할 수 있을 것이다. 강정일당은 "아무리 여성이라도 무슨 일인가 이룰 수 있다면 성인에 도달할 수 있을 것입니다"라고 남편에게 주장한다.

서예를 하는 기생. 병풍 앞 보료 위에 앉아서 한 기생이 난을 치고 있다.
황진이를 비롯해 매창·소백주 등 시가서화詩歌書畵에 능한 기생들이 많았는데, 사진에서 보듯 서예는 기생의 중요한 교양과목 중 하나였다.

학문적 업적과 실천을 통해 성인聖人의 경지에 도달하고자 하는 욕망을 대담하게 드러내는 것이다. 그녀는 남편의 '엄한' 스승 노릇을 하며 학자로 살았다. 그녀가 도달한 학문적 경지가 어떤 수준이었는지는 문제되지 않는다. 학자의 이름으로 살고 싶어했던 그녀의 욕망대로 살았던 그녀의 삶이 문제인 것이다.

그런가 하면 많은 여성들이 예술가이고자 했다. 서녀로 태어나 소실로 살아야 했던 박죽서朴竹書라는 여성은 '인생의 반은 침선이었고, 반은 시였다半消針線半詩篇'고 고백했다. 이옥봉李玉峰은 '반평생 시로 궁한 팔자半世人窮詩句裏'라고 자신의 인생을 정의한다. 시인으로 화가로 서예가로 이름을 세우는 여성 예술가들이었다.

이름보다는 현실적 욕망의 추구가 당면의 과제였던 인물들도 있었다. 18세기 전라도 남원과 진안 언저리에 살았던 김삼의당은 그의 시문집인 『삼의당고三宜堂稿』를 통하여 그 존재를 전한다. 물론 이 시문집은 그 전승 과정이 매우 의심스럽긴 하지만, 여기에는 현실적 욕망을 추구하는 여성이 등장한다. 완전히 몰락한 조선후기 시골 양반의 아내인 김삼의당은 자신의 문필 능력을 최대한 이용해서 양반 지위

를 유지하는 노력을 한다. 가문을 유지하는 수단으로, 과거급제를 목표로 남편을 감독하고 채근하며 뒷바라지를 한다. 이것이 애초 불가능한 욕망이었다는 것이 명백해지자 효자 선양 작업을 통해서 가문을 보존하는 작업의 선봉에 선다. 다양한 유교적 교양으로 포장하고는 있으나, 이것이 그녀가 놓인 현실적 환경이었고, 그녀로선 현실적 환경에서 추구된 구체적 욕망의 실현이었다. 그녀는 이 현실적 과제의 실현을 위해 최대한 자신의 문필적 능력을 이용하는 현실적 감각을 발휘하였다.

여성의 성적 욕망도 다루어진다. 허난설헌許蘭雪軒은 여러 가지로 문제적인 인물로 취급되었지만, 조선조 남성 비평가들이 그녀를 단죄하였던 죄목 중 하나는 '음탕하다'는 것이었다. 허난설헌의 작품에는 관능적인 분위기가 배어 나오는 작품들이 여

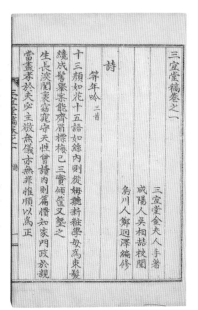

러 편 있다. 처녀가 총각을 유혹하는 「연밥 따는 노래採蓮曲」나, 봉숭아물을 들인 자신의 손끝을 나른한 관능적 자기애를 가지고 뒤쫓고 있는 「손가락에 봉숭아물을 들이고 染指鳳仙花歌」, 한바탕 그네뛰기를 마치고 막 내려서서 가쁜 숨을 몰아쉬는 여성의 살냄새와 숨소리를 묘사하고 있는 「그네 노래鞦韆詞」 같은 작품들은 여성적인 관능이 아름답게 묘사된다. 허난설헌의 대표작인 유선시 속에는 여신과 남신男神이 서로 방문하고 어울리며, 자유롭게 사랑을 나눈다. 성애의 향기가 피어오르기도 한다.

안개로 하늘이 갇혀 학도 돌아오지 않고烟鎖瑤空鶴未歸

계수나무 꽃그늘엔 사립문도 잠겨 있네桂花陰裏閉珠扉

시냇가엔 온종일 신령스런 비가 내리고溪頭盡日神靈雨

땅엔 가득 향기론 구름 젖어 날지 않다滿地香雲濕不飛

여성적인 관능을 건강하고 아름다운 것으로 거리낌 없이 묘사해내는 태도나 관능적 나르시시즘 같은 것은 여성의 성을 철저히 남성 종속적인 것으로만 한정하려 했던 유교문화 속의 사대부 비

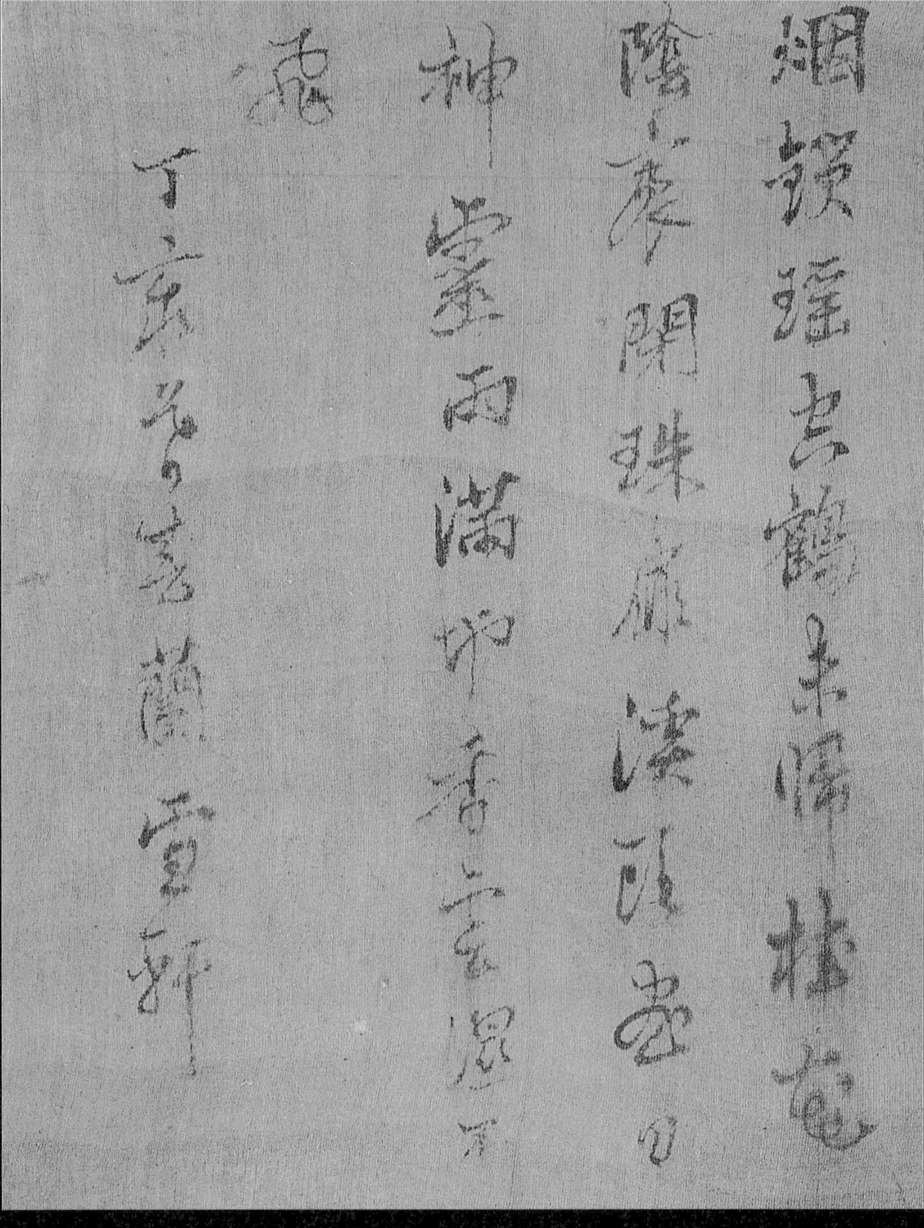

煙鎖瑤臺鶴未歸椿

隂隂庭院開珠扉月

神窓雨滿芙蓉思

飛

丁亥之著蘭雪軒

시, 허난설헌, 1587년, 비단에 먹, 21.6×17cm, 서울대박물관 소장.

평가들에겐 결코 용납하기 힘든 외설이었을 것이다. 여성이 입을 열어 말하기 때문에 드러나는 진짜 여성의 욕망인 것이다.

말해진 것들의 정체

역사의 또 다른 얼굴을 상상한다는 것은 기존 역사 해석에 동의하지 않고 문제제기를 한다는 뜻이다. 그것은 역사적으로 이루어진 해석과 담론에, 그리고 동시대의 다른 담론이나 해석과의 투쟁을 선언한다는 의미이기도 하다.

일단 새로운 역사를 상상하기 위해선, 여성들에게 무수히 덧씌워진 기존의 남성적 가면을 벗겨내는 작업도 필요하다. 신사임당을 '현모양처'로 만들어가는 역사적 과정을 해체하여 보여주는 이숙인의 논의는 실존 여성의 삶을 기록의 주체인 남성들이 어떤 식의 담론으로 만들어가는지를 보여주는 좋은 예이다. 이숙인의 작업은 신사임당이라는 한 자연인을 각 시대가 어떻게 해석하였는지, 그러한 해석에 반영된 당대의 요청이 무엇이었는지를 선명하게 보여준다. 그리고 이러한 작업은 기존의 역사 해석이 사실이나 진실이라기보다는 해석들의 역사이며, 그 해석들이란 당대의 필요성에 대한 부응이라는 사실을 명백하게 보여준다. 여성의 삶을 다시 보고 다시 쓰는 작업은 일단 이처럼 기존의 해석의 더께들을 벗겨내고 객관화하는 작업에서 출발할 수 있다. 기존 해석의 더께를 가능한 한 벗겨낸 다음에야 그것을 다

시 해석할 바탕이 마련될 것이고, 다른 한편으로 그 해석의 역사
가 여성을 둘러싼 환경이라는 점에서 여성사의 한 부분이 되기
도 할 것이다.

조선시대 여성의 삶을 다시 보는 작업은 사실 동시대의 다른
시선과 경합을 벌이는 것이기도 하다. 우리 시대에도 역사적 인
물을 해석하는 다양한 시각이 있다. 그중에는 상업적 계산에서
비롯된 시도도 있고 정치적 의도에서 출발한 해석도 있다. 물론
기존의 가부장적 시각을 재생산하려는 강한 기도도 있다. 이런
현상은 3F(Female, Fiction, Feeling)의 시대로 불리는 21세기에
들어와서 특히 활발해진 것이기도 하다. 페미니즘을 상업적으로
이용하려는 경향이기도 하고, 다른 한편으론 각 지방 단위의 문
화 인물이나 지역의 인물들이 선정되어 선양되는 과정에도 반영
된다. 각 지방 자치단체와 문화단체, 사회단체들이 각각의 이해
관계에 따라 과거 여성들을 불러내고 해석을 입힌다. 이러한 각
종 해석의 틈바구니에서 조선 여성의 삶을 '다시 읽는다'는 것
은 이들과 다른 역사 해석의 시각이 요청되고 그것이 마련되었
다는 것을 전제로 하는 말일 것이다.

결국 '다시 읽는다'는 것은 일종의 정치적 행위인 것이다. 각
종의 다른 의도를 지닌 독서들을 상대로 특정한 독서 시각을 제
출하고 그것의 실천을 위해 노력하는 행위이기 때문이다. 역사
는 어차피 '해석'의 작업이고, 해석은 일정한 시각을 전제한다.
무수히 존재하는 자료 혹은 존재하지 않는 자료들은 역사를 해
석하는 특정한 시각을 전제하고서야 체계화와 정리가 가능하다.
그리고 그러한 시각은 당대의 필요를 반영한다.

역사적 인간으로서의
여성

'또 다른 역사―여성의 역사'는 무엇보다도 현재와 미래를 위해 서이다. 남성에 의해 기록된 조선시대 여성들의 이미지는 종종 여성 선후배 간의 유대를 이간질하는 효과를 나타내왔다. 조선 시대 남성의 입장과 필요에서 해석되고 서술된 여성의 이미지들 은 현대 여성들의 욕구와는 상치되기 일쑤이다. 봉건 가부장제 에 철저히 길들여진 여성의 이미지가 현대의 여성들에게 삶의 지표를 보여주는 '선배'로 받아들여질 수는 없는 일이기 때문이 다. '현모양처' 혹은 '율곡의 어머니'로만 그려지는 신사임당은 그녀가 강조될수록 오히려 현대 여성들에게 또 다른 질곡이며, 그래서 오히려 타도의 대상이 된다. 사물로 취급되면서도 남성 을 향한 순애의 노래를 부르는 기녀의 이미지는 지적, 인간적 열 등성으로 보인다. 때로는 그녀들을 사용하였으면서도 그녀들을 '더럽다'고 여겼던 조선조 남성의 시선이 고스란히 현대 여성들 에게서 전유되기도 하고, 그녀들을 '여성 예술가'로 해석하는 시각은 '해어화'로 다루는 시선과 교묘하게 결합되어 있어서 현 대 여성들을 의구심에 젖게 한다. 죽음을 향해 행진하는 열녀의 이미지가 숭고하고 고결한 것으로 강조되면 될수록, 차라리 그 야만의 표상인 여성 자체를 외면하고 싶어진다. 이런 이미지들 의 행진이 계속될수록 현대 여성들은 자신을 자신의 여성적 전 통에서 단절시키고자 하고, 나아가 동시대의 여성들로부터도 단 절시키고자 기도한다. 여성 자체에 대한 혐오감이 형성되는 것

정문입설程門立雪, 정선, 지본담채, 18.7×14.9cm, 국립중앙박물관 소장(이홍근 기증).
이 그림은 중국 송대의 위대한 성리학자 정이程頤 선생의 고사를 그린 것인데, 제자들이 처음 선생을 뵈러 갔을 때 선생이 눈을 감고 사색에 잠겨 있었고, 마침 눈을 떴을 때에는 처음에 내리기 시작한 눈이 벌써 한 자나 쌓여 있었다는 내용이다. 이 이야기는 정이의 투철한 학문파정을 말해주는 고사인데, 조선에서 율곡은 정이에 비유-되었고, 율곡의 어머니인 신사임당은 정이의 어머니에 비유-되어 그 존재가 규명되곤 했다.

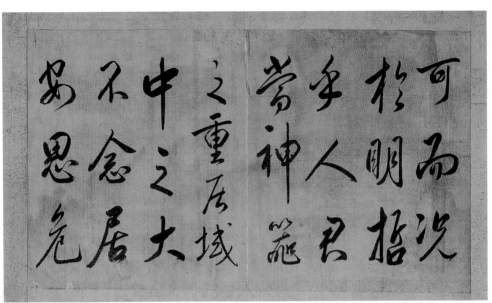

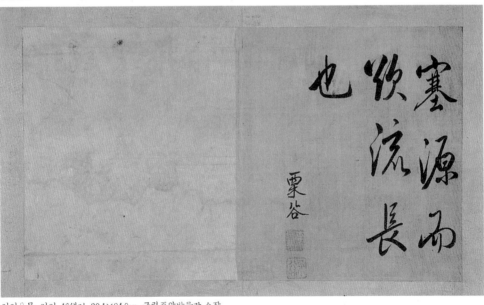

이이유묵, 이이, 16세기, 30.1×24.9㎝, 국립중앙박물관 소장.
신사임당은 그 자신 예술가로서보다는 조선 유학자들에 의해 '율곡 이이의 어머니'로서 추앙되었고, 그 정체성이 규정되었다. 위의 글은 율곡이 남긴 것으로, 중국 당나라의 유명한 재상 위징이 태종에게 올린 글을 옮겨 쓴 것인데, 내용은 국가 경영을 위한 군주의 자세를 일깨우는 것이다.

이다.

그러나 인간은 기본적으로 역사적 인간이고자 하는 욕망이 있다. 앞뒤 세대와 철저히 단절된 고립된 개인이 인간으로서의 위엄을 확보하는 것은 불가능에 가깝다. 자기가 홀로 서 있다는 느낌, 훌륭한 전통의 바깥에 있다는 느낌은 인간으로서의 자존감을 치명적으로 위협한다. 여성들은 종종 자기 자신을 제외한 여성 전체를 비하하며 자신을 남성적 족보에 연결시키는 방법으로 모면하려 기도하기도 했다. 그러나 결과적으로는 여성의 파편화가 더욱 진행될 뿐이고, 여성으로서의 자아는 더욱 비참한 것이 될 뿐이다. 따라서 현재와 미래를 위해서는 여성의 위엄을 회복해줄 '또 하나의 역사'가 절실히 필요하다.

우리는 앞의 예들에서 그런 가능성을 엿본다. 남성적 질곡에 속박되어 숨죽이고 있을지라도 결코 꺾이지 않았던 여성의 인간으로서의 품위와 욕망, 그리고 그 질곡의 정체가 '또 하나의 역사'로서 현재와 미래의 여성을 위한 전사前史로 준비되어 있다는 가능성 말이다. 강정일당은 '여성 성리학자'라는 자신의 불합리한 욕망(어떤 현대 연구자는 '여성 성리학자'라는 말은 그 자체가 '형용모순'이라고 표현한다)을 임윤지당이라는 선배 여성의 모델을 발견함으로써 가능한 것으로 만든다. "하늘이 부여한 성에는 애초부터 남녀가 다르지 않다. 부인으로서 태임太任, 태사太姒를 목표로 하지 않는 것은 이것 역시 스스로 포기하는 것이다"—강정일당은 임윤지당의 이 언설을 인용하면서 "그런즉 아무리 부인이라도 무엇인가 할 수만 있다면 성인에 도달할 수 있을 것입니다"라고 했던 것이다. 강정일당은 자신의 학문적 정당성을, 여성도 학문을 할 수 있다는 가능성을 임윤지당이라는 여성 선배에게서 확인하고, 그녀와의 학문적 계보를 만들고 있다. 금지된 자신의 욕구를 지지해줄 여성 선배를 구하고 있는 것이다. 바로 여기에 이 '역사가 폐기되는 시대'에도 '여성의 역사'라는 또 다른 역사의 유효성이 아직도 존재한다.

2장

화가와 현모, 그 불편한 동거

신사임당은
어떻게 만들어졌는가

이숙인 | 서울대 규장각한국학연구원 HK연구교수

'신사임당'이라는
화두

우리 역사에서 신사임당(1504~1551)만큼 온 나라 사람들이 기억할 정도의 명성을 지닌 이도 흔치 않을 것이다. 그녀에 대한 관심은 어린이를 위한 위인전에서부터 전문 학자의 연구에 이르기까지 폭넓게 퍼져, 최근에는 고액권 화폐의 도안 인물로 우리 곁에 다시 왔다. 신사임당은 500여 년 전에 태어나 50여 년의 삶을 살다 갔지만 그녀에 대한 기억과 재생은 5세기가 지난 지금까지도 계속되고 있는 것이다. 그렇다면 그녀에 대한 끝나지 않는 이야기, 그 힘은 어디에서 나오는 것일까? 그녀가 '화가'이면서 '율곡의 어머니'라는 두 가지 사실은 우리도 잘 알고 있다. 하지만 이것으로 사임당의 '영광'을 설명하기엔 미흡하다. 사실은 의미를 떠나서 존재할 수 없고, 사실 그 자체가 진실이 되는 것은 아니기 때문이다. 사람이든 사실이든 그것을 의미화함으로써 비로소 역사적인 진실이 될 수 있다. 그런 점에서 신사임당은 여성이라는 존재가 조선의 역사문화적 맥락에서 어떻게 의미화되고 구성되는가를 보여주는 대표적인 사례가 될 것이다.

역사에 흔적도 없이 사라져간 전통시대 대부분의 여성과는 달리 신사임당은 생몰연대가 확실하다는 점에서 매우 고무적이다. 그녀는 1504년(연산 10) 10월 29일 강릉에서 태어나 1551년(명종 6)에 서울에서 48세의 일기로 세상을 떠났다. 서울 사람인 아버지 신명화申命和와 강릉 사람인 어머니 용인 이씨 사이에서 다섯 딸 중 둘째로 태어난 사임당은 1522년(중종 17) 서울 사람 이원수와 결혼하여 4남 3녀를 낳았다. 사임당은 38세 때 서울 시집에 정착하기까지, 혼인 후 근 20년 동안 강릉을 주요 거처로 삼으면서 봉평, 파주 등을 오가며 지낸 것으로 되어 있다.* 무엇보다 사임당의 가장 중요한 사실은 뛰어난 작품을 남긴 화가라는 점과 조선의 대학자이자 정치가인 율곡栗谷 이이李珥(1536~1584)의 어머니라는 점이다.

하지만 이러한 '엄연한' 사실이 있어도 그것을 의미화하는 작업이 없었다면, 그녀는 '겨레의 영원한 어머니'나 '현모양처'가 될 수 없었을 것이다. 사임당이 누구인가는 그녀를 어떻게 기억하고 있는가에 따라 달라지며, 사임당을 어떻게 기억하는가는 곧 그녀를 어떻게 이야기해왔는가 하는 문제와 연결되어 있다. 다시 말해 누가, (그녀의) 무엇을, 어떤 의도를 갖고, 어떻게 말하는가에 따라 사임당의 모습은 달라질 수 있을 것이다. 그런 점에서 진실이란 지식과 권력을 통해 생산되는 담론의 효과임을 역사 인물 사임당에게도 적용시킬 수 있다. 사임당의 경우 화가라는 사실과 율곡의 어머니라는 사실이 서로를 돋보이게 하면서

* 『국역 율곡전서』 Ⅶ ; 이서 엮음, 『가전서화첩』 ; 『덕수이씨세보』 등 참조.

先妣行狀

慈堂諱某進士申公第二女也幼時通經傳屬文
善弄翰又工於針綫乃至刺繡無不得其精妙加以
天資溫雅志操員深擧度閒靜處事安詳寡言愼行
又自謙遜以此申公愛且重之性又純孝父母有疾
顏色必戚疾已復初旣適家君進士語某君曰吾多
女息他女則雖辭家適人吾不戀也若子之夫則不
使離我側矣新婚未久進士卒喪畢以和婦之禮見

其守蘊斯美而何施栽不培兮今耕不穫輿之皁翼
山之麓有寧一宮十秋是宅
　　行狀

先妣行狀

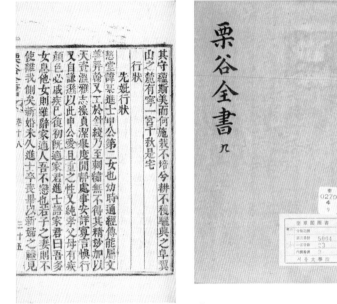

栗谷全書

九

율곡전서, 이이,
규장각한국학연구원 소장.
율곡의 『선비행장』은 가장 가까이
서 본 사임당의 모습을 기술했다
는 점에서 의미가 크다. 이후 담론
화된 사임당의 성격과 모습은 주
로 이 행장에서 나온 것이다.

外祖考進士申公行狀

進士申公諱命和字季獻天資溫厚志操有定自少
讀書時便以善惡志操爲己勤戒及長篤于學行非禮不
動燕山朝丁父憂時哀毀踰禮法醉進士竟不廢禮長經
世

蒼黃船向京未到而慈心疾綏二三日便詣諸息
日惡不能起矣至夜半安寢如常諸息慮其差病及
十七日甲辰曉奄然而卒享年四十八其日家君至
西江鷁跡行囊中鍮器皆赤人皆怪之既而開視果
堂平日墨迹異常自七歲時傲安堅所畫逸作山水
圖極沙又書葡萄皆世無能擬者所模屛簇盛傳于
世

嫁洪氏子漢城身不妄動言不妄發一日宗族會宴
女客皆談笑慈堂默處其中洪氏指之曰新婦盍言
乃睨曰女子不出門外一無所見伺可言哉一座皆
慈堂寧于臨瀛時與慈堂訣還至大嶺
半程望北坪不勝白雲之思停驂良久悽然下淚有
詩曰慈親鶴髮在臨瀛身向長安獨去情回首北邨
時一堂白雲飛下暮山靑
氏羋老非母不能頤家事顧不給慈堂乃以節用供上姑
性倜儻不事治產家無擔石慈堂能以旨供珍姑
下凡事無所自擅必告于姑於洪氏前未甞叱婢妾
言必以溫色必以和家君幸有所失則必規
俗

栗谷全書　行狀

弘治甲子冬十月二十
九日生于臨瀛嘉靖壬午遺家君甲申至漢城
其後或歸寧臨瀛或居蓬坪鈕辛丑漫遊漢城康戌夏家
君拜水運判官辛亥春遷于三淸洞寓舍其夏家君
以漕運事向關西子璿珥行是時慈堂送簡于水
店也必涕泣而書人皆罔知其意五月漕還既畢家

상승 작용을 한 듯하다. 이것이 바로 사임당이 조선시대 각 분야에서 두각을 나타낸 다른 여성들과 차별화되는 지점이다.

우리 시대에, 신사임당은 여성 문제와 관련해서 다양한 이야기를 가능하게 하였다. 그것은 여성에게 '전통'이란 무엇인가의 문제, 그 자신과 공동체 구성원이라는 두 자아의 관계 문제, 여성의 역사를 어떻게 서술할 것인가의 문제 등 다양한 지점에서 제기되고 있다. 그중에는 진짜 사임당과 가짜 사임당을 구분해내려는 의욕들도 보인다. 화폐의 도안인물로, 학술 및 행사의 대상으로 다시 태어나는 사임당…. 16세기 이후의 전통사회에서도 그랬지만 21세기에도 그녀에 대한 재생의 기획들은 지칠 줄 모르고 계속되고 있는 것이다. 이에 그녀에 대한 기억과 담론의 메커니즘 및 그 역사를 추적해보는 것은 조선시대 여성의 삶을 이해하는 한 축이 될 것이다. 16세기부터 19세기까지의 전통사회에서 행해진 사임당 이야기를 시간 순서대로 따라가고자 한다. 앞 이야기를 토대로 뒷 이야기가 재구성되는가 하면, 조심스럽게 제기된 앞선 시대의 의견이나 주장이 뒤따른 시대에는 확고한 사실이나 진실이 되는 경우가 적지 않기 때문이다.

화가
신씨 申氏

사임당이 조선의 지식인들에 의해 처음 주목받은 것은 산수도를 잘 그린 화가로서이다. 신사임당과 동시대인이자 중국에도 그 명성을 떨쳤던 시인 소세양蘇世讓(1488~1562)은 1548년(명종 3)에 신사임당의 산수화에 「동양신씨의 그림 족자」라는 시를 지어 넣었다. 사임당이 45세, 율곡이 13세 때의 일이다.

시냇물 굽이굽이 산은 첩첩 둘러 있고百折溪流千疊山

바위 두른 늙은 나무 구부러져 길이 났네巖廻木老路紆盤

숲에는 아지랑이 자욱하고樹林霧靄空濛裏

돛대는 안개구름에 뵐락 말락 하는구나帆影煙雲滅沒間

해질녘에 도인 하나 나무다리 지나가고落日板橋仙子過

소나무 정자에선 야승들이 한가로이 바둑 두네圍棋松屋野僧閑

꽃다운 그 마음芳心은 신과 함께 열렸나니芳心自與神爲契

묘한 생각妙思 맑은 자취奇蹤 따라잡기 어려워라妙思奇蹤未易攀

　　　　　　　　　　　- 소세양, 「동양신씨화족」, 『양곡집』

소세양의 시에 묘사된 사임당의 산수는 유학적인 풍경과는 사뭇 다른 느낌을 자아낸다. 도인仙子이나 중野僧은 유학이 기피하는 부류의 사람들이고, '묘한 생각妙思'이나 '기이한 자취奇蹤' 등의 표현 역시 유학적인 언어와는 다소 거리가 있다. 도인과 중이 등장하는 이 그림과 그에 대한 소세양의 표현은 유학의 재무장을 주도하는 이후의 유학자들의 심기를 불편하게 할 수도 있을 것 같다. 지금은 그 실물을 확인할 수 없어 그림을 직접 느낄수는 없지만, 소세양의 스케치에 따르면 그림을 그린 사임당이나 그림을 평한 소세양, 두 사람의 정신세계는 정통(유학)과 이단(도교·불교)의 도그마를 넘어서 있는 듯하다.

산수도, 전(傳) 신사임당, 견본수묵, 63.3×35cm, 국립중앙박물관 소장.
사임당의 작품이라 일컬어지는 이 산수도는 16세기의 소세양, 17세기의 이경석 및 송시열이 본 산수도와는 다른 것이다.

비슷한 시기에 조선전기를 대표하는 관각문인의 한 사람이자 대제학을 지낸 정사룡鄭士龍(1491~1570)도 사임당의 산수도를 보고 그 감상을 시로 읊었다(「제신씨산수도題申氏山水圖」『호음잡고湖陰雜稿』). 또 선조대에 대제학을 지낸 조선중기의 문장가 정유길鄭惟吉(1515~1588)은 사임당의 포도그림 병풍을 보고 글을 지었는데, 사임당의 그림을 '신령이 응축되어 오묘한 조화를 빚어낸 것'이라 평가했다(「제신씨포도화병題申氏葡萄畵屛」『임당유고林塘遺稿』). 한편 이이의 스승으로 알려진 어숙권魚叔權은 신사임당이 안견安堅 다음가는 화가로 평가되고 있는 세간의 분위기를 전해주었다(「패관잡기稗官雜記」 4). 사임당 생존시나 그녀 사후 가장 가까운 시대를 살았던 16세기의 지식인들에게 사임당은 어머니나 부인이 아니라 화가 '신씨申氏'였다.

부덕婦德의
신부인申夫人

신사임당 사후 100여 년이 지난 17세기 중엽에 이르면 그녀는 새로운 이야기로 다시 태어난다. 송시열宋時烈(1607~1689)이 주도한 이 담론에서 사임당은 여성성과 모성성의 담지자가 되었다. 송시열은 1659년(효종 10) 그의 나이 53세 때 「사임당의 난초 그림에 대한 발문」으로 포문을 열었는데, 그 중요한 대목은 다음과 같다.

이것은 고 증찬성 이공 부인 신씨의 작품이다. 그 손가락 밑에서 표현된 것으로도 혼연히 자연을 이루어 사람의 힘을 빌려서 된 것은 아닌 것 같은데, 하물며 오행五行의 정수를 얻고 또 천지의 기운을 모아 참 조화를 이룸에는 어떠하겠는가? 과연 그 율곡 선생을 낳으심이 당연하다.(「사임당화란발師任堂畵蘭跋」, 『송자대전宋子大全』)

송시열은 사임당의 그림에 감탄을 금치 못하였다. 그에 의하면 사임당의 그림은 단순한 솜씨나 기교에 의한 것이기보다 높고 깊은 예술성과 정신세계가 드러난 것이었다. 여기서 송시열이 정작 말하고 싶은 것은 그림 자체가 아니라 그것을 가능하게 한 정신이나 혼魂이다. 즉 천지의 기운이 응축된 사임당의 혼이야말로 율곡의 존재를 가능케 한 것이기 때문이다. 다시 말해 송시열에게 사임당의 그림은 율곡의 존재를 더욱 특별하게 해주는 보조물이다.

송시열은 또 1676년(숙종 2) 그의 나이 70세 때 「사임당 산수도에 대한 발문」을 썼다. 송시열이 본 사임당의 산수도에는 113년 전에 쓴 소세양의 시가 붙어 있고, 15년 전인 1661년(현종 2)에 당대의 문장가이자 영의정을 지낸 이경석李景奭(1595~1671)이 쓴 발문*이 붙어 있었다. 송시열은 말한다.

---

* 이경석은 "삼가 신부인의 산수 그림을 열람해보니"로 시작하는 발문에서 이렇게 말한다. "이것은 어찌 배워서 될 수 있는 일이겠는가? 거의 하늘이 주어 얻은 것이리라. 그 율곡 선생을 낳으신 것도 역시 하늘이 준 것이요, 천지의 기운이 쌓여 어진 이를 밴 것도 바로 그 이치이니 어찌 조화가 손 안에만 있다 할 것인가? 기이하고도 아름답도다."(이경석, 「신부인 산수도서」, 『백헌집』, 권30.)

전일 버게 던져 보이며 발문을 요청하신 그 족자를 받았습니다. (…) 대개 신부인의 어진 덕이 큰 명현을 낳으신 것은 저 중국 송나라 때 후侯 부인이 이정二程 선생을 낳은 것에 비길 만합니다. 후부인의 행장에 의하면 부인은 '부녀자들이 글이나 글씨를 남에게 전하는 것을 마땅하지 못한 것으로 여겼다'고 했는데, 신부인의 생각도 그와 같았을 것입니다. (…) 이 족자는 그림을 전공하는 화가의 규모와 같고 한때 우연히 장난삼아 그린 그림 같지는 않습니다. 즉 당시 어버이의 엄격한 명령으로 억지로 그린 그림 치고는 좀 다른 점이 있지 않은가 생각됩니다. 또한 소나무 아래 의관한 사람을 그린 것도 그다지 분명하지 않은데 소공의 시에는 중이라고 했으니 이는 부인에게는 마땅치 않은 것입니다. 그리고 남녀의 구별이 지극히 엄격해서 비록 일가친척이라도 무슨 물건을 서로 빌리거나 한 우물을 같이 하지도 못하는 것입니다. 지금 부인의 인장 아래에 소공이 자기 손으로 그 위에 시를 적어놓은 것은 참으로 미안한 일입니다. 또 시에 '꽃다운 마음'이니 '맑은 자취'니 한 것도 그윽하고 고요한 덕을 노래한 뜻에는 맞지 않은 것 같습니다. 더구나 '따라잡기 어렵다'는 것은 남녀 간의 엄격하고 경의해야 하는 점에서 본다면 부당한 말인 것 같습니다. 소공의 사람됨이 어떠한지는 모르나 그 무례하고 공손처 못한 것이 이럴 수가 있습니까? 또 소공이 무슨 인연으로 이 그림을 얻어 보고 감히 그 위에 시를 썼던 것인지 모를 일입니다. (…) 소공이 시를 쓴 것에 어떤 곡절이 있었다고 해도 위에서 말한 바처럼 나의 좁은 마음에는 편안치 않은 것입니다.(「사임당산수도발師任堂山水圖跋」)

묵포도도(2폭), 전 신사임당, 동문대박물관 소장.

송시열은 그림보다는 그림을 둘러싼 사회적 역학관계에 더 주목했다. 그는 신사임당을 주자학의 선하先河이자 중국 북송 때의 대학자 정호程顥·정이程頤 형제의 어머니 후侯 부인과 나란히 놓았다. 이로써 율곡은 이정二程과 같은 반열에 놓이게 되는데, 여기서 송시열은 정자程子와 주자朱子의 관계와 율곡과 자신의 관계를 동일시하면서 스스로 '조선의 주자'를 자임했던 것은 아닐까?

송시열은 사임당이 그렸다고 하는 그림이 완전한 전문가의 솜씨여서 '마지못해' 그린 여자의 작품 같지가 않다고 하였다. 그의 논리에 따르면, 글이든 그림이든 여자의 것은 아마추어 수준에 머물러야 하는데, 그렇지 않다면 여자의 본래 임무를 방기한 것이 되기 때문이다. 더욱 문제되는 것은 소세양이라는 '남자'가 부인의 그림 위에 직접 시를 적어 넣었다는 사실이다. 또한 앞서

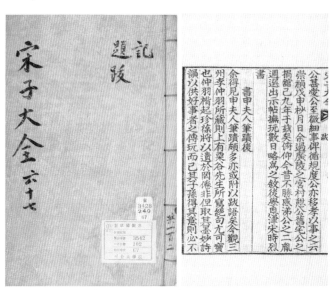

송자대전, 송시열, 1787년(정조 11), 규장각한국연구원 소장.

예견한바, 중僧을 등장시킨 것이라든가 '묘한 생각' '꽃다운 마음' '따라잡기 어렵다' 는 등의 표현은 남녀 사이에서 오가는 언어로는 정통 유학자 송시열이 용납하기 어려운 것들이었다. 따라서 송시열은 '무례하기 짝이 없는' 소세양의 인품을 공격하면서 한편에서는 사임당의 그림이 아닐 것이라고 예단하였다.

그러면 사임당의 난초 그림에 대해서는 매우 긍정적인 평가를 했던 송시열이 그녀의 산수도에 대해서는 불편한 심기를 여과 없이 드러냈는데, 그 이유는 무엇일까? 그것은 아마도 만리행萬里行을 전제한 산수도가 여성에게 적합하지 않을 뿐 아니라 여성의 작품 위에다 여러 남성 평가자들이 흔적을 남겼다는 사실 때문이 아닐까? 사람의 일생을 유교 윤리로 판단하여 자기 시대를 정리하고자 했던 송시열에게 스승 율곡의 모친이 집을 멀리 떠나 있었다고는 생각하고 싶지 않았을 것이다. 어쨌든 송시열은 여성·어머니에게 기대되는 자신의 기준으로 그녀의 그림을 읽었고, 그녀에 대한 의미를 만들었다. 송시열에 의해 율곡과 연결되기 시작한 사임당은 화가보다는 율곡 어머니로서의 비중이 더 커지게 된 것이다. 율곡 어머니로서의 사임당의 위상은 송시열의 문인인 18세기 노론 계열의 인사들에 의해 본격적으로 담론화되었다.

초충도, 신사임당, 지본채색, 16세기, 국립중앙박물관 소장.
위쪽부터 차례로 '수박과 들쥐' '가지와 방아깨비' '오이와 개구리' '양귀비와 도마뱀'.

위쪽부터 차례로 '맨드라미와 쇠똥벌레' '원추리와 개구리' '어숭이와 개구리' '여뀌와 사마귀'.

18세기의 사임당 담론 역시 그림 작품을 통해 구성되는데, 「초충도」나 「포도」 등이 중심이 되었다. 산수도에 대한 비평은 송시열 이후에는 나오지 않았다. 그것은 산수도가 없어졌기 때문일 수도 있지만, 실물이 있었다 해도 송시열이 그토록 불편하게 여겼던 산수도를 다시 거론하는 것을 꺼렸기 때문일 수 있다. 18세기의 노론 계열 인사들에게 송시열은 역사상 실재했던 한 개인으로서의 자연인을 넘어서 하나의 상징적인 기호로 자리 잡았기 때문이다.

먼저 「초충도」 7폭에 대한 발문을 연대순으로 살펴보면 김진규(1709), 신정하(1711), 송상기(1713), 숙종(1715)의 것들이 있다. 시간 순으로 볼 필요가 있는데, 그것은 앞서 나온 발문이 뒤따르는 발문에 어떤 식으로든 영향을 미치기 때문이다. 즉 뒤의 발문은 앞에 나온 발문의 내용을 부연하거나 첨가하는 방식이었다.

김진규金鎭圭(1658~1716)는 송시열의 문인이자 숙종의 장인 김만기의 아들인데, 그의 「사임당 초충도 발문」은 "이것은 율곡 선생 어머니가 그린 풀벌레 일곱 폭이다"로 시작된다. 그림의 원본이 흘러온 내력과 그림의 기법, 그리고 그림의 내용 등에 관한 주로 사실적 차원의 정보들로 구성된 서론을 지나 다음의 본론이 나온다.

그런데 내가 일찍이 옛 서적들을 살펴본바, 이른바 여자의 일이란 베 짜고 길쌈하는 데 그칠 뿐 그림 그리는 따위의 일은 하지 않았다. 그런데도 부인의 기예가 이와 같은 것은 어찌 여자 교육을 등한시한 것이겠는가? 진실로 타고난 재주가 총명하여 여기에까지 온 것이리라. 옛사람이 이르되 '그림과 시는 서로 통하는 것이라' 하였다. 시도 부인이 할 일은 아니지만 『시경』에 있는 「갈담葛覃」「권이卷耳」 같은 것은 저 거룩한 부인(문왕의 어머니 태임)이 지은 것이다. 또한 그 덕화를 입은 제후의 부인들이 「부이芣苢」「채번采蘩」「채빈采蘋」 같은 시를 지었다. 또 여자가 지은 것으로 「초충草蟲」 편이 있는데, 이 그림이 바로 그것을 그려낸 것이니 어찌 베 짜고 길쌈하는 것 외의 일이라고 업신여길 수 있겠는가? 내가 들으니 부인은 시에도 밝고 예법에도 익어 율곡 선생의 어진 덕도 실상은 그 어머니의 태교로 된 것이다. (…) 이로써 선생의 학문의 높고 깊음을 상상하고 우러러 사모하는 마음이 더

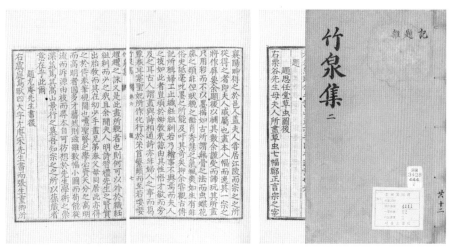

죽천집, 김진규, 규장각한국학연구원 소장. 김진규의 「사임당 초충도 발문」이 실려 있다.

욱더 간절해질 것이다.(「제사임당초충도후題思任堂草虫圖後」, 『죽천집』 천6)

김진규에 의하면 사임당은 여자의 일을 제쳐두고 그림에 몰두한 것이 아니었다. 그럼에도 불구하고 그림에 재예를 보인 것은 그녀에게 천재적인 재능이 숨어 있었기 때문이다. 더구나 그 그림은 부녀자의 일과 관련된 것이다. 즉 「초충도」는 여자가 지은 『시경』의 「초충」을 형상화한 것으로 고대 성모聖母들의 가르침을 잇고 있으니 여사女士의 일과 무관하지 않다는 것이다. 김진규는 송시열이 불편하게 여겼던 것을 해소시키는 데 주력했다. 그것은 송시열이 그림 그리는 것은 여자의 일이 아니라서 사임당 역시 '마지못해' 그렸다고 했기 때문이다. 사임당의 그림세계를 유학의 패러다임에 정위定位시키기 위해 그녀의 「초충도」를 『시경』의 「초충」과 연결시킨 것은 김진규가 처음이다. 이로부터 사임당의 그림들은 『시경』 및 고대 성인들의 가르침을 형상화한 것이라는 진실이 만들어졌다. 또 율곡의 인물됨을 그 어머니 사임당의 태교와 연관시킨 것도 김진규가 처음이다. 태교 역시 이후의 사임당 담론에서 중요한 주제가 된다.

신정하申靖夏(1681~1716)는 1711년(숙종 37)에 「사임당초충도가師任堂草蟲圖歌」(『서암집恕菴集』)를 지었다. 그는 사임당의 초충도 일곱 폭에 담긴 그림의 내용을 운율을 실어 차례로 묘사하였는데, 그 일부를 옮겨보면 다음과 같다.

그린 이는 석담石潭 이선생의 어머니요, 얻은 이는 동래 사람 정

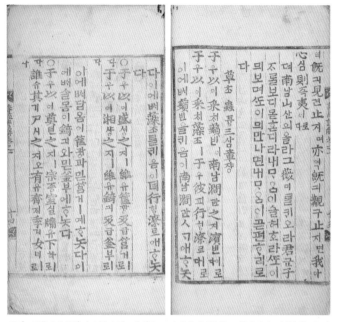

시경, 규장각한국학연구원 소장. 김진규는 사임당의 「초충도」를 『시경』의 「초충」과 처음으로 연결시켜 논의했다.

종지라네.

선생을 공경함이 부인께도 미치어 그림을 만지다가 나도 몰래 경탄하네.

상상컨대, 고이 앉아 종이 위에 붓 던질 때, 그림을 그리려고 한 것은 아니었고

갈담葛覃과 권이卷耳에서 읊은 것을 본떠서 그려내니 소리 없는 시로구나.

신정하는 김진규의 논리를 확고하게 다져주는 역할을 했다. 그 역시 사임당의 「초충도」는 그림이 아니라 『시경』의 「갈담」

「권이」의 연장인 소리 없는 시일 뿐이라고 보았다. 여기서 소개하지 못한 이 시의 뒷부분에 따르면 여성의 재능이란 그것이 무엇이든지 간에 여성의 역할을 체현하는 가운데 있어야 한다. 다시 말해 여성에게 예술의 세계를 인정할 수가 없었던 것이다. 이러한 논리는 송상기에게서 좀더 구체적으로 드러난다. 송상기朱相琦(1657~1723)는 1713년(숙종 39)에 「사임당화첩발思任堂畵帖跋」(『옥오재집玉吾齋集』)을 지었다.

예부터 그림 잘 그리는 이야 어찌 많지 않으리오. 다만 그 사람 자신이 후세에 전할 만한 인품을 가진 후에라야 그 그림이 더욱 귀하게 되는 것이다. 그렇지 못하면 그야말로 '그림은 그림대로 사람은 사람대로'인 것이니 어찌 족히 비교할 수 있겠는가? 부인의 정숙한 덕과 아름다운 행실은 지금껏 이야기하는 이들이 부녀 중의 으뜸이라고 일컫기도 하는데, 하물며 율곡 선생을 아들로 둔 것임에랴. 선생은 백세의 사표인 만큼 세상이 어찌 그 분을 앙모하면서 그 스승의 어버이를 공경하지 않을 수 있겠는가? 그러므로 부인이 뒷세상에 전해진 까닭은 본래 이유가 있지만, 그 위에 이 그림첩이 있어 그것을 도운 것이다.

사임당의 정체성은 화가보다는 덕행과 인품, 즉 아들을 훌륭하게 길러낸 어머니에 있다. 다시 말해 사임당은 율곡으로 인해 다시 주목받게 된 것으로, '율곡이 없으면 사임당도 없다'는 것이다. 1718년(숙종 44)에 송시열의 제자인 권상하權尙夏(1641~1721)는 「대·오이·물고기 그림첩에 적는다」에서 이렇게 말한다.

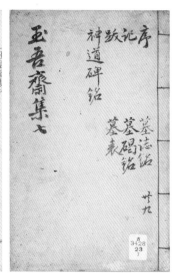

옥오재집, 송상기, 규장각한국학연구원 소장. 송상기의 「사임당화첩발」이 실려 있다.

"…아! 율곡 선생은 백대의 스승이라 내 일찍이 저 태산과 북두성처럼 우러러 받들었는데, 이제 또 그 어머니의 작품을 보니 그 경모되는 바가 과연 어떻겠는가?"(「제죽과어화첩題竹瓜魚畵帖」 『한수재집寒水齋集』) 그의 논리를 보면 율곡이 먼저이고, 사임당이 그다음이다. 즉 율곡에 대한 숭배가 그 어머니의 작품을 통해 더욱 강화된다는 것이다. 또 서인 노론 계열에 속하면서 송시열을 숭배했던 정호鄭澔(1648~1736)는 「사임당화첩발師任堂畵帖跋」(『장암집丈巖集』)에서 이렇게 적었다.

이 그림은 사임당 신부인의 작품이다. 부인은 훌륭한 덕행을 갖추고 대현(율곡)을 낳아 기르셨는데, 이 점은 진실로 후씨 부인에게 뒤지지 않는다고들 한다. 그런데 지금 이 그림첩을 보니 재주가 탁월하고 예술이 우뚝한데, 이것은 후씨 부인에게서 듣지 못한 바이다. 이와 같다면 어찌 덕을 갖추고서도 모든 일에 능한 분이라고 아니할 수 있겠는가?

정호의 논리에 의하면 신사임당의 행적은 중국 이정의 어머니 후씨 부인보다 더 낫다. 앞서 송시열이 후부인을 모범으로 삼고, 사임당을 거기에 꿰어 맞추려고 했다면, 정호는 '모든 일에 능한' 사임당을 후부인보다 한 수 높은 곳에 위치시킨 것이다.

이외에 김창흡金昌翕(1653~1722)은 강릉 오죽헌을 방문한 후 시로써 그 느낌을 표현했고*, 신경申暻(1696~1766) 역시 사임당의 그림에서 '율곡됨'의 근원을 찾으려고 했는데, "율곡의 선생됨을 보면 과연 이른바 '단샘醴泉도 근원이 있고, 지초芝草도 뿌리가 있다'는 말을 징험하게 한다"(「서사임당수적후書師任堂手蹟後」) 고 말한다.

강릉 부사로 부임한 이형규李亨逵(1733~?)는 1774년(영조 50)에 「발사임당친필跋師任堂親筆」을 썼는데, 사임당의 작품을 강릉에서 보관하는 것이 그림의 '권위'를 더해주는 일이라고 여겼다. 즉 강릉은 율곡의 외가이기 때문에 율곡에 대한 공경이 곧 강릉에 대한 공경으로 이어질 것이라는 강릉 부사다운 신념을 보여준 것이다. 이처럼 18세기의 사임당은 율곡의 존재에 대한 기원

* "어진 학자 나신 고을 동해 바닷가, 예부터 전해오던 교육의 고을. 그 어머니였기에 그 아들 낳아, 우리 학문에 그 분 계심이 얼마나 다행이던고."(김창흡, 「강릉오죽헌」『삼연집三淵集』 권9)) 조귀명趙龜命(1693~1737)은 신사임당의 그림을 "그윽하고 고우며 활달하다"고 평가했는데, 이것을 그는 '여성성'과 '모성'이 깃든 것으로 해석했다(「제의진소장신부인화첩題宜 鎭所藏申夫人畵帖」)

적 탐색의 차원에서 담론화되었다.

모성母性의
담지자

이전의 담론을 종합하고 새로운 이야기를 보충하는 방식의 19세기 사임당 담론은 사임당의 교육과 율곡의 효도로 집약된다. 즉 사임당은 모성母性 및 부도婦道를 실천한 여성으로, 율곡은 어머니의 이름을 세상에 드날리게 한 효자로 재구성된 것이다. 이것을 토대로 사임당과 율곡을 닮자는 당위론적이고 계몽적인 담론이 형성되었다. 즉 율곡을 존경하는 사람이라면 마땅히 그 어머니의 그림에도 존경을 보여야 한다는 것과 자식 된 사람이라면 모두 율곡을 본받아 효를 실천해야 한다는 것이다.

　우선 매화 병풍 발문을 통해 사임당 담론을 주도한 사람들이 있는데, 그들은 사임당의 집안사람인 평산 신씨들이다. 신석우申錫愚(1805~1865)는 「사임당 매화 팔 폭 병풍에 대한 발문」에서 그림의 생명력은 율곡에 달려 있고, 율곡을 따르는 자들은 선생 어머니의 작품을 경모해야 한다고 말한다.

우리 유儒학계에서 이 그림을 존경하는 것은 본래부터 당연한 일이지만, 더구나 부인은 우리 집안 여류 선비라 우러러 존경함에 더욱 특별한 점이 있기도 하다. 옛말에 '그림 생명은 오백 년'이라고 했는데, 그것은 보통 화가들에 대해서 한 말일 뿐, 이 그림 같은 경우는 율곡 선생의 도학과 함께 세상이 없어질 때까지 영원

초서. 당시오절唐詩五絶 6수 중의 하나. 전 신사임당. 1869년, 55×36.3cm, 규장각 한국학연구원 소장.
내용은 대숙륜戴叔倫의 「증이산인贈李山人」(왼쪽 사진) 오른쪽의 두 사진은 사임당의 초서에 대한 강릉부사 윤종의의 발문 판각본이다.

히 갈 것이다. (…) 세상에서 율곡 선생의 학문을 이야기하려는 사
람이면 누구나 이 그림을 보배로이 완상함이 도리에 마땅하니,
나는 이 그림의 생명이 살고 못 사는 것을 가지고 율곡 선생의 도
학이 전하고 못 전할 것을 점치는 것이라.(「사임당매화도팔폭발師任
堂梅花圖八幅跋」)

신응조申應朝(1804~1899)는 1861년(철종 12)에 쓴 발문을 통해
중국 이정의 어머니인 후씨 부인의 모습을 사임당에서 찾고자
했다. 이것은 율곡을 정위定位하기 위한 맥락에서 200여 년 전
(1676년) 송시열이 처음으로 사용한 방법이다. 신응조는 후부인
의 그림이 없는 것과 신부인의 그림이 있는 것은 차이가 있지만,
그들의 궁극적인 목적은 같은 것이라고 했다. 사임당은 단지 그

림을 그렸을 뿐 세상에 전하려는 뜻은 없었기 때문에, 자신의 작품이 세상에 유통되기를 원치 않았던 후부인의 뜻과 같다는 것이다. 또한 신부인의 모든 그림은 『시경』에 나와 있는 부녀자의 일들을 재현한 것일 뿐이므로 부도婦道 실천의 연장선상에서 보아야 한다는 논리를 편다.＊

　신응조는 송시열의 '후부인 담론'과 김진규의 '시경 담론'을 자원으로 삼아 논리와 내용을 더 보완하고 있는 것이다. 이러한 과정을 통해 담론은 진실이 된다. 사임당을 유교의 부덕을 실천한 여성으로 의미화하는 작업의 연장선상에서 유교 경전 『시경』과 사임당의 작품들이 비교되었다. 즉 시집간 여자가 친정을 그리는 마음을 읊은 『시경』의 「천수泉水」나 「죽간竹竿」이 사임당의 시 「사친思親」과 유사한 정서를 보인다는 점에 주목한 것이다.

　1868년에 강릉 부사 윤종의尹宗儀는 사임당의 필적이 사라질 것을 염려해 판각으로 새겨 영원히 보존하고자 하였다. 그는 "사람으로 어느 누가 어머님이 없으리오마는 율곡 선생처럼 이름을 날려 어버이를 영광스럽게 하는 그런 효성을 바치지 못하는 것을 부끄러이 여기는 것이다"(「사임당필적각판발師任堂筆蹟刻板跋」)라고 하였다. 그는 또 사임당의 필적에서 문왕의 어머니 태임의 덕을 본다고 하였고, 율곡이 훌륭하여 그 어머니가 드러나게 되었으니 오죽헌과 송담원을 방문하는 사람들도 율곡에게서 자식 된 자의 도리를 배우자고 하였다. 이제 사임당과 율곡은 우리가 배우고 따라야 할 '위인'의 반열에 놓이게 되었다. 이러한 과정

＊ 신응조, 「사임당매화도팔폭발師任堂梅花圖八輻跋」 ; 이은상, 『사임당의 생애와 예술』, 성문각, 1962

연지의 해오라기, 신사임당, 견본수묵, 22×18.8cm, 서울대박물관 소장.

을 통해 사임당은 점점 자신의 실재와 그 역사 공간으로부터 멀어지고 추상화되어갔다.

사임당 담론의
성격과 의미

조선시대의 사임당 담론은 그녀 사후 100여 년이 지난 17세기 중반부터 본격화되었는데, 담론의 생산과 유통은 율곡을 추승한 노론 계열 학인들에 의해 폐쇄적으로 이루어졌다. 16세기에서 19세기에 이르는 400여 년을 지나면서 신사임당은 호칭의 변화를 겪는다. 16세기의 지식인들에 의해 '신씨' 또는 '동양東陽 신씨'로 불렸는데, 17세기에는 '신부인申夫人' 또는 '이공李公 부인'으로 호칭되었다. 신씨와 신부인이라는 호칭에서 전자는 후자에 비해 가족적인 의무나 역할로부터 자유로운 개념임은 분명하다. 18세기의 글에서는 대부분 '사임당師任堂' 혹은 '사임당思任堂'으로 제목을 잡고, 본문에서는 '율곡 선생의 어머니'로 풀고 있다. 다시 말해 역사의 흐름을 따라 신사임당은 '그 자신'에서 '부인'으로, '어머니'로 정체성의 변화를 요구받은 셈이다.

신사임당의 인물됨은 후기로 갈수록 유교적 가치와 결부되고 점점 심화되는 방향으로 구성되었다. 사임당을 송대 성리학자 이정의 어머니와 동일시한 것이나 사임당의 그림 그리기 행위를 유교 경전 『시경』의 가르침을 재현한 것으로 해석하는 방식이었다. 그것은 갈수록 개인 화가이기보다 가족관계 및 가족 내에서의 역할이 부각되면서 부덕과 모성성의 담지자로 변모해간 것에 서도 알 수 있다.

우리에게 너무나 익숙한 사임당의 어머니 신화는 18세기 이후에 대두되어 본격화된 것이다. 또 근대 이후의 주요 주제 중의 하나인 교육가로서의 사임당, 그 담론은 17세기의 '신령스런' 잉태에서 18세기의 태교로 발전되어 나온 것임을 알 수 있다. 다시 말해 "율곡의 인물됨은 그 어머니의 태교로 된 것"이라는 18세기의 담론은 이후 사회에서 율곡과 사임당의 '영원한' 진실이 되었다.

신사임당의 '영예'는 전적으로 전통시대 담론의 효과에 의한 것이지만, 남성 지식인의 렌즈로 관찰되고 서술된 형태를 보인다는 점에서 일정한 한계가 있다. 우리의 역사 인물 신사임당의 이야기는 앞으로도 계속될 것이다. 그녀는 우리에게 새로운 질문을 제기할 것이며, 우리는 그녀를 통해 새로운 상상력을 창출해낼 것이다. 그 새로운 시작을 위해 신사임당에 대한 지식과 이해를 제한하는 것들을 찾아내어 걷어내는 일이 필요하다.

3장

고통을 발판 삼아 피어난 지성

조선 여성 지성인들의
계보

이혜순 | 이화여대 국문과 명예교수

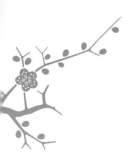

사전적인 정의로 지식과 지능을 갖춘 이들을 지성인이라 한다. 지성인이라 불러도 손색이 없는 역사적으로 훌륭한 어머니, 아내들이 많고, 뛰어난 작품을 남긴 여성 문사들도 적지 않다. 그러나 이 글에서 대상으로 삼는 여성 지성은 개인의 영역을 넘어 독립적인 인간으로 사회에 대한 자각과 지적 안목을 작품이나 담론으로 표출한 이들을 가리킨다.

　여성 지성의 특성은 그들이 처한 삶의 조건을 최대한 활용하거나 혹은 극복하면서 끊임없이 사유하고, 성찰하고, 기록했던 점에서 찾을 수 있다. 예로 몇 사람만 거론해본다. 조선후기 여성 지성사를 연 인물로 평가되는 김호연재金浩然齋(1681~1722)는 병자호란 시 강화도에서 절사한 김상용의 후손이고, 시가는 우암 송시열과 함께 서인 예론을 주도하던 동춘당 송준길 집안이다. 그는 부모 형제 13명이 함께 시를 지어 문집을 남긴 단란한 가정 출신이다. 반면 결혼해서는 남편의 사랑을 받지 못한 것으로 알려졌다. 김호연재가 저술한 부훈서『자경편自警編』은 마음,

부부, 투기 등 그녀 자신의 부부생활에 대한 깊은 성찰에서 나온 것으로, 여성에게 주어진 부도婦道라는 규범이 사실은 남녀 또는 부부라는 상호관계 속에서 논의되어야 한다는 점을 제시하고 있다. 이것은 가문의 예론과는 다른 것이다.

여성 실학의 대표 주자인 이빙허각李憑虛閣(1759~1824)은 남편 서유본이 『해동농서』를 편찬한 서호수를 아버지로 두었고, 『임원경제지』의 저자 서유구를 형제로 둔 사람으로, 농학은 이빙허각 시대의 가학이었다. 빙허각은 "총명이 무딘 글만 못하다"(『규합총서』 서문)는 점에서 자신이 총괄하는 음식, 염색, 바느질, 주택 관리, 동식물 키우기에서 때로 실험하고 경험한 것들과 틈틈이 남편 사랑방 도서에서 찾은 관련 자료들을 꼼꼼히 기록하여 『규합총서閨閣叢書』를 저술했다. 그는 자료 가운데 "가장 요긴한 말"을 가려 적었을 뿐 아니라 혹 따로 '자기 소견'을 덧붙였다. 그 소견이 바로 빙허각 자신의 경험이고, 이것은 가문의 실학을 뛰어넘는 것이었다.

위의 두 사람이 자신이 처한 환경을 기반으로 지성사에 기여한 인물들이라면 김금원金錦園(1817~?)은 자신의 처경을 극복하면서 성취를 이뤄낸 경우에 해당한다. 그는 '인간'으로 '조선'에 태어난 것이 행복이고, '여자'로 '한미'한 집안에서 태어난 것은 불행이라 했다. 그의 기록 정신만큼은 앞의 두 여성을 능가해서 20여 년간의 삶을 기록한 『호동서락기湖東西洛記』를 완성했다. 그는 중인 출신 집안의 여성이었던 듯한데, 결혼 전 얼마간 기녀 생활을 했다는 흔적이 보이나 책에 이 부분에 대한 기록이 없는 것을 보면 신분이 그에게 얼마나 큰 짐이었는가를 알 수 있다.

신묘년 풍악도첩 중 '보덕굴도', 정선, 36×26.2㎝, 국립중앙박물관 소장.

제천 의림지를 시작으로 금강산, 관동팔경, 설악산을 거쳐 한양을 둘러본 김금원은 『호동서락기』로 20년에 걸친 삶을 기록했다. 결혼 후에는 남편을 따라 의주에 갔다가 가을로 돌아와 용산 삼호정에 머물렀다. 『호동서락기』는 정밀하면서도 생동감이 넘치는 금강산 기행문과 함께 19세기 관제묘, 조선의 북쪽 관문인 의주의 풍물과 통군정에 대한 소중한 자료를 담고 있다.

그는 어려서부터 여성은 왜 주식에만 관심을 갖고, 산수를 유람하는 일은 남성에게만 가능한가를 의심하면서 부모를 졸라 열네 살에 남장을 하고 호서지방을 경유해 관동의 금강산과 한양 등을 유람한다. 후에 의주부윤 김덕희의 소실이 되어 2년간 의주에서 생활한 후 남편이 치사致士(나이가 많아 벼슬을 사양하고 물러나던 일)하자 함께 서울 용산에 정자를 짓고 살면서 친구들과 모여 시회를 열기도 했다. 책 이름 '호동서락기'는 호서, 관동, 관서 그리고 서울(낙양)에서의 삶의 기록이라는 뜻이다. 그는 책 말미에 만약 문장을 써서 그것을 전하지 않는다면, 누가 오늘의 금원이 있었음을 알겠는가라고 하여 저술 의도를 드러내고 있다. 그가 후세에 남기고 싶어하는 존재는 '개인' 금원일 뿐 누구의 아내, 딸, 어머니가 아니었다는 점은 주목할 만하다.

이처럼 여성 지성들은 다른 여성들과 마찬가지로 공적 교육을 받지 않았으나 가정생활의 굴곡 속에서 또는 그것을 극복하면서 일상의 경험들을 성찰하고 기록하여 이를 오히려 소중한 여성 자원으로 재생산해냈다.

본심과 규범화된 마음 사이에서

가부장 사회에서 여성은 태어나면서부터 남성들의 지배 담론에 의해 규범화되고 교화된다. 각종 교훈서는 물론이고 이상적인 여성상을 그려낸 『열녀전』, 여성을 대상으로 한 비문, 비지문碑

誌文 등이 모두 여성을 규범화한 자료들로, 그 대부분은 남성이 썼고 따라서 남성의 의식이 투영되어 있다. 이러한 점에서 보면 여성의 마음은 남성에 의해 사유화된 마음이다.

규범은 본래의 타고난 마음인 본심을 억압하지만 때로 본심은 어떤 계기를 만나면 모습을 다시 드러내서 규범과 갈등을 일으 킨다. 본심이 진심이기는 하나 이렇게 규범화된 여성의 마음을 위장이나 거짓이라고 간주하기는 어렵다. 더욱이 전통사회에서 이 마음은 결혼 후 시가에서, 며느리나 아내로서 실생활을 잘 영 위하는 데에 필수적이다. 다시 말해 실존을 위해 반드시 지녀야 할 마음이다.

개인의 숨겨진 마음과 사회에 보여주는 표면화된 마음의 이중 성은 사대부 부인이었던 허난설헌(1563~1589)의 시에서도 드러난 다. 그의 「울적한 심사를 풀며遣興」 8수 가운데 두 수는 낭군에게 자신이 고이 간직했던 비단 한 필과 패물을 선사하면서 "당신 바 지 만드는 건 아깝지 않지만 다른 여인 치마로는 만들지 마세요"

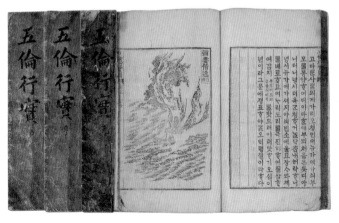

오륜행실도(5권 4책), 이병모 편, 1797년, 국립중앙박물관 소장. 백성 교화 차원에서 유교의 기본 윤리 덕목을 보급하기 위해 정조 21년 왕명으로 『삼강행실도』와 『이륜행실도』를 합하여 수정·편 찬한 책이다. 충신·효자·열녀 가 강조되고 있다.

研指灌血

채씨의 효행도, 허련, 지본담채, 23×31.7cm, 김민영 소장.
아버님이 위태로운 상황에 처하자 아들은 손가락을 잘라 피를 흘려드리려 하고, 며느리는 곁에서 떠
나지 않고 지극정성으로 간병을 하고 있다. 전통사회에서 이러한 효심은 남성에 의해 사유화된 것이
기도 하지만, 반드시 위장된 것이라고 보기도 어렵다.

(제3수), "길가에 버려서도 아깝지 않지만 새로운 여인 허리에는 매주지 마세요"(제4수)라고 간청한다. 이 시에 함축된 여성 화자의 마음은 질투이다. 그는 임에게 자기가 그동안 고이 간직했던 것을 선물하지만 그러나 남편이 이를 다른 여인에게 줄 것임을 이미 알아채고 있었다. 그럼에도 그는 질투나 불신을 직접적으로 토로하지 못한다. 이것은 여성들이 실제의 삶에서 어쩔 수 없이 품어야 했던 마음의 이중성을 보여준다. 시가 드러내는 것은 규범을 강요하는 사회에서 살아남을 수 있는 '실존적 마음'이고, 본심이나 진심은 감추어져 있다. 허난설헌이 그리움이나 애정 같은 본심이 그대로 드러난 시를 지었다고 하여 '절제 없이 방탕하다'는 비판을 받았던 점을 생각하면 시인이 본심을 드러내지 못하는 이유가 드러난다.

시는 여성이 진심을 토로할 수 있는 유일한 세계였지만 여기에서조차 자유롭지 못했던 것이다. 따라서 허난설헌이 위장된 실심實心을 통해서 추구한 사회와의 화해는 진정한, 오래 누릴 수 있는 평화의 길이 아니라 일방적인 헌신과 희생을 전제로 한 고통의 노정이었다.

여성 지성사의 출발, 규범의 일방성에 대한 이의 제기

몇몇 여성 지성사는 바로 여성의 이 두 마음의 거리를 좁혀 일치시키려는 노력에서부터 시작된다. 본심을 억누르는 일방적인 희

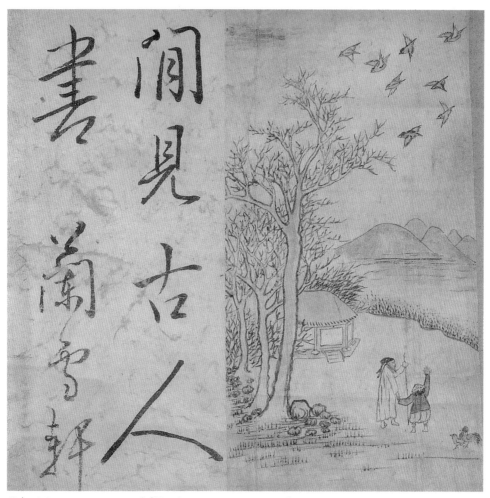

한견고인서閒見古人書(仰看飛禽圖), 난설헌 허씨, 1632, 22×22.5cm, 개인 소장.

난설헌 허씨의 필적을 살펴볼 수 있는 드문 자료다. 허난설헌만큼 국내에서는 물론 중국, 일본 등지에서 국제적인 문명을 날린 작가는 드물다. 그의 문집 역시 국내외에서 자주 발간되었다. 우리나라에서 처음 출판된 것은 1608년 그의 동생 허균이 공주부사로 있으면서 간행한 『난설헌집蘭雪軒集』이다. 신활자본으로 1913년에 경성 신문관에서 인쇄한 『허부인난설헌집』에는 『경란집景蘭集』이 첨부되어 있다. 경란은 조선 역관과 중국 여인 사이에서 태어난 여성으로 허난설헌의 시를 좋아하여 그가 남긴 작품은 모두 허난설헌의 시를 차운한 것이다. 난설헌을 사모하여 이름을 경란이라 하고 호를 소설헌이라 했다.

생으로는 문제가 해결되지 않는다. 그러나 문제는 '규범' 자체에 있는 것이 아니고 규범의 일방성에 있다. 질투는 여성 혼자의 문제가 아니고 남녀 또는 부부라는 상호관계에서 일어나는 것이기에 남편의 행실에 대한 전제가 있어야 한다. 이 점을 지적한 인물이 호연재이다. 그는 투기가 부인의 부끄러운 행실이어서 신중하고 경계해야 한다면서도 아내의 투기는 남편의 행실과 동일선상에서 논의되어야 하고, 따라서 '나 홀로' 수양이 아닌 남편과의 '더불어' 수양이 필요하다는 점을 분명히 한다. 즉 이것은 질투가 여성이 참으면 되는 그러한 것이 아니라는 의미다.

그가 부부의 도에서 가장 중요하게 내세우는 것은 서로 화합하는 것相和으로, 이는 부부의 도가 일방적일 수 없음을 말해준다. 남편은 부드러움과 화목함으로 그 부인을 거느리고, 부인은 공손함으로 남편을 섬겨야 한다는 것으로, 백 년 사이에 부부간에 분노가 생기지 않게 해야 자손에 이르러서도 환란이 일지 않는다는 것이다. 호연재는 아내도 분노할 줄 아는 존재임을 강조하는 듯하다. 여기서 부부가 화목한다는 말은 아내의 일방적인 인내와 순종에 의한 표면적인 평화가 아니라 남편에 대한 아내의 진정한 이해와 존경에 기반한 것을 가리킨다.

김호연재의 이러한 주장은 1800년 『태교신기』를 저술한 이사주당李師朱堂(1737~1821)에게 이어진다. 이사주당의 태교론 역시 부부관계의 재설정 위에서 이루어진다. 그것은 무엇보다 태교 주체로서의 아버지의 역할과 태교의 범주에 대한 재성찰이다. 태교를 임신한 여성에게만 요구하는 것은 옳지 않다는 것이다. 먼저 임신할 때부터 아버지의 각별한 역할이 요구된다. 이사주당은 나무나 쇠도 어느 계절에 눈이 생기느냐에 따라 성품이 달라지고, 남북 어느 지역에서 태가 생기느냐에 따라 형체와 기질의 차이가 생긴다는 점을 내세워 태교에서 아버지의 역할을 강조한다. 가장 중요한 것이 태아를 만드는 아버지의 역할이고, 그다음이 10개월의 임부라는 것이다.

또 임신한 이후 여성은 태교를 위해 마음이 편안해야 하므로 주변, 특히 남편과 시집 식구의 도움이 절실하다는 점도 강조했다. 태교를 위한 환경 조성은 임부의 의지만으로 될 수 있는 일은 아니다. 이것은 그간 여성의 감정 절제가 중요하다고는 하나 정작 이를 온전히 개인의 책임으로 떠맡기던 관행에 대한 도전

김호연재가 살던 집은 현재 대전 대덕구 송촌동의 송용억가옥이라 불리는 집이다. 시도민속자료로 등록되어 있다. 큰 사랑채는 남편 송요화가 아버지 송병하가 머물던 법천정사의 목재를 옮겨다 지은 것으로 자신의 호를 따서 소대헌이라 했다. 작은 사랑채는 아들 익흠의 호를 따서 오숙재라 하여 익흠의 공부방으로 삼았다. 이 가옥은 17~18세기 사대부 가문의 삶을 이해하는 데 중요한 자료로 사용되고 있다.

이었다. 태교뿐만 아니라 대부분의 여성이 짊어져야 했던 감정 절제는 주변 환경, 특히 남편에 대한 고려 없이 감당해야만 했던 것이다. 사주당은 임부가 성내고 두려워하며 근심하고 놀라는 것이 상당 부분 외부 환경에서 비롯되었음을 보여준다.

호연재의 화목이나 이사주당의 태교는 모두 부부관계가 동등한 책임의식과 노력, 부부 상호의 문제로 재설정되어야 한다는 점을 강조한다. 이러한 문제점은 몇몇 여성 지성에 의해 제기됐지만, 그들의 도전은 당대 여성 대부분의 마음을 대변한 것이 아니었을까.

호연재, 공자와 주자에 대한 새로운 해석을 하다

조선의 여성 지성들은 개화기 신여성과 달리 남편과 시가, 가정에 충실했다. 그러나 전통으로 전해 내려오는 것 중에는 성인의 말씀이 아닌 후대 유학자들의 해석인 경우가 많았는데, 여성 지성인들은 경전 자체를 거부하지 않으면서도 과거 유학자들과는 다른 관점으로 '전통'에 접근했다.

먼저 성인들은 정말 아무런 전제 없이 여성에게 부덕을 요구했을까? 남편이 어떤 행동을 하든 여자들은 투기하면 안 된다는 것인가? 주로 공자와 연계된 경전은 분서갱유를 거치면서 일단 원전의 완전한 복구가 이루어지지 못했고, 현존하는 경서는 그 내용이 대부분 후대 학자들의 해석에 따라 이해되고 있는 것인데, 전통적인 부훈도 마찬가지다. 호연재는 성인의 교훈이라는 삼종三從, 칠거七去, 부인복어인婦人伏於人 등에 대해서는 이견을 보이지 않았지만, 그 구체적인 실행에 있어서는 후대의 해석을 따르지 않고 원전 자체로부터 독자적인 해석을 시도했다.

'부인은 남자에게 복종하는 것' 이라든지 삼종지도, 칠거지악 등은 『대대례기大戴禮記』「본명本命」편에 나오는 구절의 일부인데, 『소학』에도 실려 있다. 원래 『대대례기』에는 나와 있지 않은 '공자 왈' 을 『소학』이 그 구절의 첫머리에 "공자 왈"로 못 박은 것은 주자의 해석일 것이다. 따라서 주자의 해석에 근거하면 투기를 칠거에 포함시킨 이는 공자이지만, 투기의 원인 제공자인 남편의 행실을 어느 정도 정당화하거나 문제시해야 할지, 남편의 행실에 대한 여성의 항의를 어느 수준에서부터 문제로 삼을 만한지에 대한 언급이 없는 까닭에 접근하는 사람의 시각에 따라 다를 수 있다. 투기가 첩을 허용하라는 의미인지에 대해서도 이에 대한 성인의 단서가 덧붙여져 있지 않아 확인하기 어렵다. 따라서 "일백 명의 첩을 두어도 본체만체하고 첩을 아무리 사랑해도 노여워하는 기색을 두지 말고 더욱 공경"하라는 송시열의 시각도 한 가지 해석일 수 있다.

이와 마찬가지로 호연재가 부인의 투기를 여자만의 문제가 아닌 부부 공동의 것으로 여기며, 무엇보다 투기를 일으키는 요인으로 남편의 잘못을 확인하는 방향으로 논의를 전개시킨 것은 투기에 대한 성인의 논의를 바탕으로 삼아 이를 재해석한 것으로 볼 수 있다. 호연재는 칠거 중 투기는 부인의 부끄러운 행실로, 감히 삼가지 않을 수 있겠느냐고 하여 일단 경전상의 뜻을

孔聖讚像

小學真

小學

小學 利

小學 貞

小學

소학, 규장각한국학연구원 소장.
공자의 유산은 조선유교사회를 지배하
는 큰 틀이었으나, 부인의 덕목으로 제
시된 항목 중 본래 공자가 하신 말씀인
지가 분명하지 않은 것들이 주자의 해
석을 거쳐 조선에서 '공자 왈'로 굳어
지기도 했다. 『소학』에도 그러한 예가
나온다.

그대로 받아들였다. 다른 한편 호연재는 첩은 집을 크게 어지럽히는 근본이라고 말함으로써 이에 분명한 반대 입장을 나타냈을 뿐 아니라 첩을 '적국敵國'이라 묘사해 적대감을 드러냈다.

그러나 이처럼 투기의 이면을 바라보는 김호연재의 관점이 성인의 말씀에 배치된다는 근거는 없기에 이 역시 경전에 대한 기존의 해석을 넘어선 새로운 시각으로 간주될 수 있다. 삼종에 대해서도 김호연재는 이를 비판하거나 부정하지 않으면서도 부부의 도에서 가장 중요한 것은 '서로' 화합하는 것이고 남편을 행복과 불행의 중심축으로 삼지 말아야 한다고 하여 남편과 무관하게 자존·자립할 것을 주장했다. 다시 말해서 남편의 행위에 흔들리지 말아야 한다는 그의 주장은 여성의 '종從'을 새롭게 해석한 것이다.

여성의 인仁과 지知를 발견한 윤지당

성인의 말씀에 대한 호연재의 재해석은 임윤지당任允摯堂 (1721~1793)에 이르러 남성, 더 나아가 성인과 다름없는 여성의 본질과 능력에 대한 여성 담론으로 심화된다. 여성 지성사에서 임윤지당과 같이 철학적 깊이를 보여준 사람은 없어, 그의 이기심성에 관한 논의는 조선후기 여성 지성사에서 차지하는 비중이 크다.

그동안 임윤지당의 이기심성, 인심도심, 사단칠정 등의 논의는 일부 학자에 의해 그의 오라버니인 대학자 녹문鹿門 임성주任

聖周의 그늘을 벗어나지 못한 것이라는 비판에 시달려왔다. 실제로 큰 틀에서 그의 논의는 녹문의 것과 별반 다르지 않다. 그러나 윤지당의 이기심성 논의는 성인→범인→나(우리)→나(여성)로 귀결되어, 결과적으로 이것은 범인, 그중에서도 우리, 그리고 궁극적으로는 여성에 관한 담론이었다는 점에서 확연하게 차이가 난다. 그의 여성 인식은 본성적인 측면에서 남성과 동일하다는 것이고, 여성도 남성처럼 성인의 가르침을 배워 수양함으로써 선善에 도달할 수 있다는 것이다. 그는 요순堯舜과 안자顔子와 나의 성범동류의식을 주장하면서 태어나면서부터 성인이 되든(요순), 열심히 배우고 노력해서 이루든(안자), 또는 힘들게 고생해서 선성을 회복하든(나) 결과가 중요함을 경전을 통해 확인하고 있다.

성선을 거론할 때 말끝마다 요순을 든 사람은 맹자이고(「등문공 하」), 하고자 하는 마음만 있으면 누구나 순임금처럼 될 수 있다는 안연의 말을 인용한 사람도 맹자(「등문공 상」)여서 윤지당의 논의는 확실히 경전에 근거하고 있다. 그러나 이것이 남성만을 대상으로 했는지, 혹 여성도 포함되는지에 대해서는 성인의 규정이 없는데 후대의 학자들은 이를 남성 중심의 논의로 귀결시켰다. 반면 윤지당은 동일한 이理를 부여받은 인간의 지극히 선한 본연지성이 성인과 범인 간에 차이가 없다는 것, 개별적으로 구체적인 삶에 의해 악해진 변모와 차이는 인간의 노력

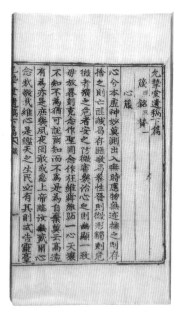

윤지당유고, 윤지당 임씨 지음, 1796년, 국립중앙도서관 소장.
조선후기 여류 학자 윤지당 임씨의 문집으로 임씨의 동생 운호 임정주가 편집하여 간행했다. 윤지당 임씨는 조선후기 성리학자 녹문鹿門 임성주의 동생으로, 「이기심성설」 「인심도심사단칠정설」 「예악설」 「극기복례위인설」 등의 글을 실어 여성으로서는 드물게 성리학에 대한 높은 이해와 관심을 보여주었다.

에 의해 극복될 수 있다는 가능성에 관심을 기울이면서 이를 다시 여성의 도덕적 성취에 대한 논의로 확장시키고 있다.

인간의 본질과 능력에 대한 성인들의 말씀이 단지 남성을 대상으로 한 것이 아니라는 의식은 19세기 중반 김금원으로 이어진다. 금원은 '인자요산仁者樂山' '지자요수知者樂水'가 남성만을 대상으로 한 반면 ,여자의 발이 문밖을 나가지 못하고 오직 술과 음식 만드는 일만을 의논하는 것이 옳다고 한 통념을 받아들이길 거부하는데, 그것은 하늘이 자신에게도 인仁과 지知의 본성과 귀와 눈의 형용을 내렸다는 인식에 근거한다. 실제로 금원은 유람을 통해 인자와 지자가 남성에게만 제한된 것이 아니라 여성에게도 확장시킬 수 있는 본질과 능력임을 확인해주었다.

여성 담론 가운데에는 경전의 재해석만이 아니라 경전에 없는

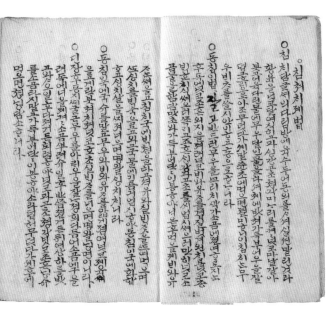

부인필지,
규장각한국학연구원 소장. 빙허각의 『규합총서』는 근대에 『부인필지』라는 표제로 유통되어 음식, 바느질, 주택관리 등 여성들이 '반드시 알아야 하는必知' 살림의 지침서 역할을 했다. 그러나 김금원은 통념적으로 받아들여졌던 이러한 일을 여성의 일로만 간주하는 데 대해 거부감을 갖고 인仁과 지知의 능력을 재발견했다.

것을 보충한다는 자부심을 보여준 이도 있다. 이사주당은 『태교
신기』에서 자신의 태교론이 내칙에 빠진 부분을 보충하는 의의를
지닌다는 점을 분명히 밝혔다. 「내칙」은 『예기』의 한 편명이고,
『예기』는 성인의 말씀으로 이루어진 경전으로, 결혼한 여성이 알
아두어야 할 다양한 내용을 담은 편명이면서도 잉태와 해산 부분
은 아주 짧을뿐더러 태교는 포함조차 돼 있지 않다. 이처럼 「내
칙」이 태교를 다루지 않음으로써 후대 태교론의 원형으로 간주되
는 한나라 유향의 『열녀전』과 그 내용을 실은 『소학』이나 부훈서
가 많은 문제점을 갖게 된 것으로 사주당은 판단하고 있다.

여성 경험의 자원화
: 임신, 의식주부터 여성의 감성까지

여성 지성의 담론이 보여주는 강점은 그것이 경험에 기반한다는
점으로, 이것이 바로 조선후기 여성 지성사의 성취이기도 하다.
이러한 특성은 '실사구시' '이용후생' 등으로 정의되는 실학과
도 차이를 보인다. 여성의 경우 실사란 단지 실제로 보고 듣는 견
문을 넘어 구체적으로 만들어보고 생산해본 일이기 때문이다.
　이사주당은 이론과 실제가 합치되지 않는 기존의 태교 논의
가 지닌 한계점을 잘 알고 있었던 듯하다. 전통적인 태교론은
한결같이 그 주체나 대상, 책임을 모두 여성에게 귀속시켰다.
이사주당의 태교 논의는 이런 거대한 전통적인 규범에 맞서 그
허점을 짚어내고 모자라는 점을 보충했다는 점에서 의의가 크

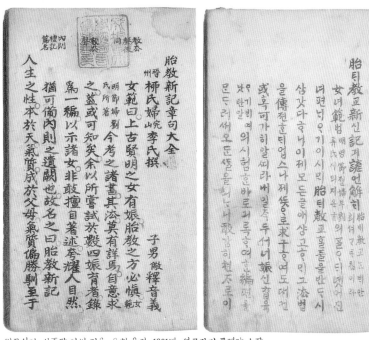

태교신기, 사주당 이씨 지음, 유희 옮김, 1801년, 성균관대 존경각 소장.
태교의 이치와 효험, 구체적인 방법 등 태교에 관한 지식을 체계화하고 그 중요성을 일깨웠다는 점에 의의가 있다. 특히 태교의 책임이 임부보다도 남편에게 있음을 강조한 점이 주목된다.

다. 무엇보다 그의 논의가 설득력을 갖는 이유는 "일찍이 오륙 아이를 임신하여 생육한 체험을 기록하고 그것으로 한 편을 저술"한 것이라는 점 때문이다. 『태교신기』의 의의는 이제 여성들이 그들만의 책임과 의무로 간주되었던 임신과 출산을 도리어 자신들만이 소유한 자산이자 힘으로 전환시키면서 여기서 과거의 답습된 옳지 않은 지식들을 교정하고 새로운 의미를 창출하고 제시하기 시작했다는 데에 있다. 그는 『동의보감』 『산림경제』 등이 임신과 출산을 범주화한 '후사 잇기求嗣'라는 항목을 설정하지 않았을 뿐 아니라 '태교'라는 단어 자체를 사용하지

모장훤도련도摹張萱搗練圖(부분), 조길趙佶, 북송, 비단에 채색, 보스턴미술관 소장.
송나라 휘종이 당唐 화가 장훤의 「도련도」를 모사한 이 그림은 52명의 당나라 여인들이 바느질, 다리미질 등을 하고 있는 미인도다. 중국의 여성들과 조선의 여성들은 매한가지로 집안일과 가계의 경제를 잘 수행하는 것이 경전상의 미덕으로 여겨졌다.

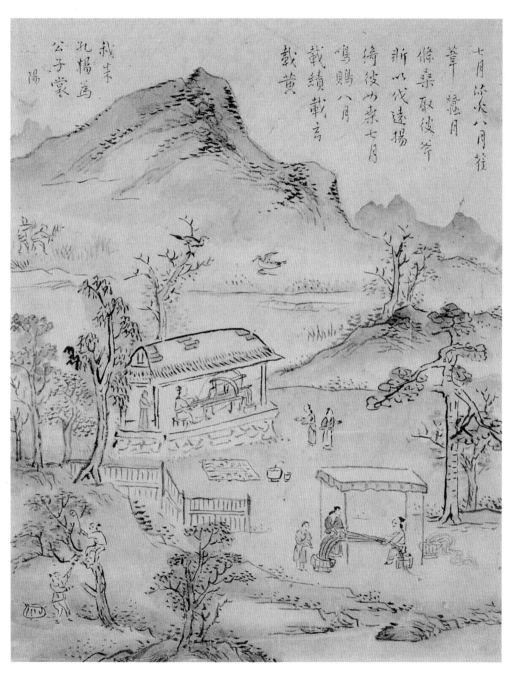

七月流火八月萑

草蘴萑月

條桑取彼斧

斨以伐遠揚

猗彼女桑七月

鳴鵙八月

載績載玄

載黃

載朱

孔揚爲

公子裳

陽

빈풍칠월도(제3면), 이방운, 지본담채, 25.6×20.1㎝, 국립중앙박물관 소장.
뽕잎 따고 베 짜고 염색하는 등 가정경제를 이끄는 조선시대 여성들의 모습.

않았던 한계를 넘고 일어섰다.

『태교신기』와 마찬가지로 빙허각이 엮은『규합총서』역시 여성의 역할로 부여된 술과 음식, 바느질과 길쌈, 가축과 밭일, 의료, 주택 관리를 단순히 노동이나 소소한 일상이 아닌 고급 생활과학으로 여겨 그것이 함축한 윤리적 의미를 강조하며, 나아가 이를 커다란 지적 자원으로 재생산해냈다. 먼저 고급 생활과학으로의 전환에 관한 것이다. 빙허각은『규합총서』서문에서 이것들이 다 건강에 주의하는 첫 일이요, 집안을 다스리는 중요한 법이라 진실로 일용에 없으면 안 될 것이요, 마땅히 부녀가 연구할 바라고 규정했다. 무엇보다 이 점은 음식과 바느질에 모두 철학적 배경이 있고, 역사가 있으며, 절후, 방위, 시간의 측면에서 수행하는 최적의 상황과 특별한 방법이 있음을 보여주는 데서 드러난다.

다음으로 집안일에 함축된 윤리적 의의를 강화한 점이다.『규합총서』는 가족의 건강과 함께 치가治家를 위해 저술된 것이나 여기서 도덕·윤리·인성의 문제를 앞세우지 않았다. 오히려 먹는 것, 입는 것으로 시작한 후 다시 이를 바탕으로 인간의 도를 실제 물질과 관련된

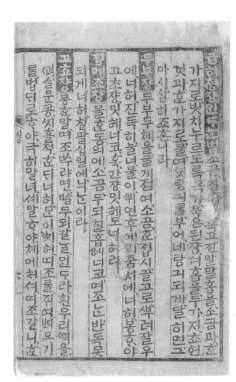

규합총서, 규장각한국학연구원 소장.
19세기 서유본의 아내 빙허각 이씨가 편찬한 부녀자 살림살이의 지침서. 원래는 3부 11책으로 된『빙허각전서』의 제1부인데 다른 책은 남아 있지 않다. 이 책은 음식·의복·주택·산업·의료를 다룬 5부로 구성되었으나, 그 진모를 볼 수 있는 선본은 없고 다양한 이본이 존재한다. 음식 조리법이나 바느질에 관한 것뿐만 아니라 나무 재배, 밭일, 가축 키우기, 각종 질병 대체법 등 여성들의 살림살이가 포괄하는 영역이 광범위했음을 보여준다.

구체적이고 절실한 삶 속에 구현하고자 했다. 봉임칙의 누에치기에는 실을 켤 때 뜨거운 물속에 고치를 넣으면 물속에서 급히 움직여 서로 구르는 것은 누에가 그 속에서 오히려 살고자 하는 뜻이 있어 그 끓는 것을 견디지 못하기 때문으로, "이 어찌 어진 사람이 차마 할 바이랴. 그러나 또한 그만두지 못할 것이니 이따금 적게 쳐서 늙은 분의 옷을 지음이 옳다"라는 구절이 있다. 자연을 인간에게 이로움과 해됨으로 나누고 그 일용화를 위해 노력하지만 자연 역시 하나의 소중한 생명체임을 인식하며, 인仁이란 바로 이러한 것임을 실생활을 통해 보여준다.

가장 중요한 점은 살림살이 경험의 자원화이다. 이 점은 비슷한 유형의 『증보산림경제』와 비교해보면 그 차이가 분명히 드러난다. 한 예로 백화주百花酒는 빙허각이 만들어 남편이 즐겼던 술이다. 『증보산림경제』에서 백화주에 대한 설명은 아주 간단해 이 책의 기록만으로는 따라 만들기가 어렵다. 반면 『규합총서』의 내용은 실제의 경험과 실험에서 나온 것이라 매우 상세하다. 예컨대 꽃을 모으는 시기, 말리는 방법, 술을 만드는 데 사용되는 꽃과 사용할 수 없는 꽃, 1년 전 가을부터 시작되는 준비 기간 등을 자세히 설명하고, 특히 만드는 방법에 따라 향과 맛과 건강에 미치는 효험이 다를 수 있음도 보여준다. 빙허각의 실학은 벽돌이나 수레와 같은 국가 경제와 관련된 거시적 관점을 보여준 것은 아니지만, 경험이나 실험에 근거했다는 것, 그의 이용후생은 보고, 듣고, 생각한 것보다 직접 만들어보고, 비교해보고, 효용을 확인해본 것이라는 점에서 인간 개인의 생명과 삶에 보다 직결되어 있다.

小塘李在寬先生眞蹟 後學月田張遇聖拜觀

월여탁금도月女濯錦圖, 이재관,
지본담채, 조선말기, 63×129cm,
숙명여대박물관 소장.
달빛 교교한 냇가에서 비단을 담
그고 있는 여인을 묘사한 그림이
다. 비단 생산과 관련한 일은 조
선시대 여성의 주된 노동이었는
데, 이 운치 있는 풍경에서도 조
선 여성의 삶의 한 자락을 엿볼
수 있다.

여성 경험의 자원화는 가정의 살림살이만이 아니라 여성들이 태생적으로 갖고 태어난 풍부한 감정과 그 때문에 형성된 심리 역시 그 대상이 되고 있다. 김경춘金鏡春은 바로 여성의 그 점이 문학작품을 창조하는 큰 힘이라는 이론적 시도를 보여준다. 김 경춘의 「호동서락기정湖東西洛記訂」(1850)은 그의 언니 금원이 쓴 『호동서락기』의 발문이다. 여기서 그는 "글이란 마음이 드러난 것이다文者心之所發也"라고 규정했다. 그에게 '마음'은 희로애락과 같은 정의 자연스런 발로이고, 인간 모두가 공유한 정이라는 점에서 그의 이러한 문학관은 문학활동이 남녀의 구분 없이, 한 걸음 더 나아가 오히려 여성이 더 잘 수행할 수 있다는 이면 의식을 함축한다. 무엇보다 사대부 문사들의 허난설헌 비판에서 드러나듯이, 여성이 감정에 치우쳤다는 일반적인 폄하를 오히려 문학을 더 잘할 수 있는 자신들만의 자원으로 전환시킨 것이다.

한 시대의 고통을 발판 삼아 피어난 지성

당대 현실, 시대사상, 지식인들에 대한 여성 문사들의 비판적 안목과, 단지 여성으로서가 아닌 인간으로서의 자각이 놀랄 만하게 큰 것은 사실이지만 이러한 과정에서 그들이 받은 상처도 컸다. 김호연재는 여성의 자존과 자립에 대한 자신의 주장이 도리어 스스로에게 얼마나 큰 상처가 되었는지를 잘 보여준다. 그가 죽기 얼마 전 병상에서 지은 시 「와병술회臥病述懷」를 보면 슬픔

독서하는 여인, 윤덕희, 18세기, 20×14.3cm, 서울대박물관 소장.
이 그림은 조선후기의 화가 윤덕희尹德熙(1685~1776)가 책 읽는 여성을 묘사한 풍속도이다. 이 그림이 현대인의 주목을 받는 것은 과거 여성들의 지적 활동을 묘사한 작품이 드물기 때문이다. 그러나 여성 지성으로 언급되는 이들은 물론이고 상당히 많은 여성들이 경서, 사서, 제자백가와 역대 문사들의 작품에 대한 조예가 깊어 그들의 독서량이 방대했음을 보여준다.

과 괴로움 속에 살면서도 스스로 올바르고 의리에 맞으며 마음을 바로 지키고 있음을 분명히 말하고, 이러한 자신이 도리어 배척받아 독수공방하게 되었음을 탄식한다. 여성 지성사는 여성 지성의 아픔 위에서 시작되고 전개된 것이다.

그러나 이 시기 여성 지성들이 전통과 새로운 의식 사이의 균형을 잘 지키려 한 점 역시 주목받을 만하다. 그들은 경전의 근본정신은 그대로 받아들이면서 그간 유학자들의 편향된 해석에 동의하지 않았다. 말할 것도 없이 이것은 단순히 '전통'으로, 관행으로 굳어진 문제들에 대한 몇몇 개성 있는 여성들의 반발이라기보다는 경전에 대한 근본적인 해석의 문제제기였다. 그들은 질곡이 될 수도 있었을 가사노동에서 벗어나려 하거나 융통성 없는 외곬로 폄하되는 여성의 정서를 숨기려 하기보다는 도리어 이들을 자신들만의 고유한 자산으로 삼은 것이라는 점이 현대의 우리에게도 귀감이 된다.

4장

숨은 일꾼,
조선 여성들의 노동 현장

베 짜기에서 삯바느질,
이자놀이에서 출장요리까지

김경미 | 이화여대 한국문화연구원 HK연구교수

조선시대 여성들의 일이라고 하면 흔히 육아와 요리, 베 짜기와 바느질, 빨래와 청소뿐만 아니라 집안의 살림을 일구는 정도를 떠올린다. 의녀, 궁녀, 기녀 등과 같이 특수한 일에 몸담았던 여성들 외에는 상층, 하층 여성을 막론하고 이런 유의 일들을 해야 했다. 이 일들은 '여공女工'과 '치산治産'이라는 이름으로 양반 여성들을 위한 교훈서에 빠지지 않고 등장했고, 집안일 정도로 인식되었다. 여성들의 일은 집 안에서 이루어지는 가사노동이나 가정경제의 범위를 넘어서서 상업 등 경제활동으로 이어졌고 베 짜기의 경우 국가경제와도 관련된 것이었으나 이러한 사실은 잘 알려져 있지 않다. 무엇보다 이에 관해 알려주는 자료가 많지 않기 때문이다. 그러나 최근 들어 여성을 대상으로 한 행장이나 묘지명 등의 자료가 정리되고, 여성이 쓴 글이나 여성과 관련된 고문서들이 발굴되면서 여성이 가정 내에서 했던 일들이 좀더 구체적으로 드러나기 시작했다.

　　조선시대 여성의 노동을 살펴본다는 것은 여성의 노동이 덕목의 하나로 요구되면서 노동 가치를 인정받지 못한 역사의 일단을 보는 것이기도 하다. 동시에 조선시대 여성의 경제생활의 일면을 재구성하는 것이기도 하다. 흔히 양반 여성은 노동이나 경제활동을 이야기할 때 거리가 먼 것처럼 생각된다. 신분적으로 양반이기 때문에 노동에서 면제되었을 것이라고 여기는 것이다. 그러나 상층을 제외한 대부분의 여성들은 집안일은 물론이고, 가족의 생계까지 책임지기도 했다.

이 글은 여공과 치산이라 일컬어져온 여성의 가사노동과 경제활동의 면모를 행장과 묘지명, 제문, 전傳, 일기, 고문서 등을 통해서 살펴본다. 아울러 서사문학 및 가사문학도 함께 다룬다. 여기서 한 가지 짚고 넘어갈 것은 행장, 묘지명, 제문과 같은 글의 성격에 관한 것이다. 행장이나 묘지명은 일정한 공식에 따라 기록되었으며 사람이 죽은 뒤에 쓰여지는 글인 까닭에 인물의 행적이 미화되는 경우가 많았다. 그래서 서포 김만중의 어머니 윤씨 부인은 당시에 씌어진 비문이나 묘지문들을 읽고 "부인들의 덕을 크고 지나치게 칭찬하는 점이 병통"이라고 지적하기도 했다. 이런 과장과 칭찬뿐만 아니라 일부러 빼놓은 내용도 많을 것이므로 행장이나 묘지명을 그대로 믿을 수는 없다. 그러나 과장과 생략 자체도 기록한 사람의 의도나 가치관을 반영한다. 따라서 이를 통해 당시 사람들이 무엇을 미덕으로 여겼고, 부덕으로 여겼는지 알 수 있다.

양반 여성들을 대상으로 기록된 노동이나 경제활동에 대한 내용도 미화한 부분이 있을 것이다. 비록 그런 상투성이 있을지라도 여성의 노동이나 경제 문제를 계속 강조하고 있는 것은 일

숙종어제잠직도(부분), 전傳 진재해, 1697년, 견본채색, 137.6×52.4cm, 국립중앙박물관 소장. 숙종은 그림을 제작하라고 주문하거나 감상할 때 항상 '경직도'나 '잠직도'처럼 교훈을 줄 수 있는 내용을 좋아했다. 이 그림 역시 백성들에게 농사와 길쌈, 누에 기르기 등을 강조한 것의 하나로, 중국화풍의 영향이 느껴진다.

중국 역시 『시경』 등 문학작품을 통해 여성의 노동을 장려했다.
이 그림은 『빈풍도책』 중 「팔월박조」 부분으로 청나라 오구吳求가 그린 것이다. 즉, 『시경』의 「빈풍·칠월」을 그린 것
인데, 음력 8월에 여성들이 대추를 수확하는 모습이다.

상생활에서 여성의 부지런함과 치산이 그만큼 중요했다는 것을 의미한다. 소설과 가사는 현실을 재현하지만 그 사이에는 거리나 왜곡이 있을 수 있다. 그러나 조선후기에 창작·기록된 소설이나 가사가 끊임없이 여성의 노동을 다루는 것을 보면 이것이 중요한 관심사였음을 알 수 있다. 여기서 다루는 자료들이 시대현상을 대표한다거나 그 흐름을 전부 꿰뚫었다고 하긴 어렵다. 그러나 17세기 이후 조선 여성의 일과 노동에 대한 생각이 어떻게 형성되었으며 또 실제로 그것들이 어떻게 이루어졌는가를 보여주는 데 도움이 될 것이다.

게으르고 나태한 것은
죄악

여성을 대상으로 한 교훈서에는 부모·남편·시부모 섬기기, 형제·친척과 화목하기, 자식 교육, 제사 받들기, 손님 접대하기, 노비 부리는 법 등과 함께 부지런함과 치산을 강조하고 있다. 그중 중국에서 쓰여진 여성 교훈서이지만 조선에 유입되어 번역되고 많은 영향을 미친 『여사서女四書』중「내훈內訓」은 부지런해야할 것, 베 짜는 일에 힘쓸 것을 강조하고 특히 게으르고 나태한 것을 죄악이라고까지 이야기하고 있다.

· 태만함과 나태함, 방자함과 사치스러움은 몸을 망치게 하는 재앙이다. 부지런히 노력하여 쉬지 않는 것이야말로 자신을 이루게

하는 덕이다.

· 그러므로 농부는 밭 가는 일에 힘써야 하고 선비는 배우는 일에 열심이어야 하며 여자는 베 짜는 일에 힘써야 한다. 농부가 게으르면 오곡을 수확할 수 없고 선비가 게으르면 학문이 이루어지지 않으며 여자가 게으르면 베틀이 늘게 되어 가정살림이 궁핍하게 된다.

· 일찍 일어나고 늦게 잠자리에 든다면 근심이 없을 것이며, 한 올씩 실을 잣되 쉬지 않고 한다면 한 필의 천을 만들 수 있다. 꼭 기억하라, 일을 하지 않으면서 편안해지기를 구하지 말라. 일하지 않는 편안함은 몸에 상처를 입히는 예리한 칼과 같은 것이다. 비록 그 칼날이 눈에 보

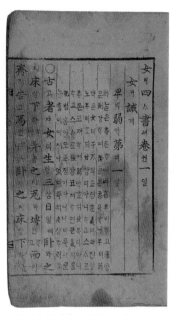

여사서언해, 이덕수 옮김, 1736년,
규장각한국학연구원 소장.
『여사서』는 중국 청대에 후한 조대가趙大家의 여계女誡, 당 송약소宋若昭의 『여논어女論語』, 명 인효문황후仁孝文皇后의 『내훈』, 명 왕절부王節婦의 『여범女範』을 엮어 편찬한 것으로, 1736년(영조 12)에 영조의 명을 받아 이덕수가 언해했다. 『내훈』 등과 함께 여성의 생활규범을 살피는 데 좋은 자료이다.

이지는 않지만 자기도 모르는 사이에 죽임을 당할 것이다.

· 『시경』에서 말하기를 "부인은 공적인 일이 있는 것이 아니니 베짜고 옷 짓는 일을 아름답게 여기라"고 하였다. 이것은 게으르고 나태한 것이 죄악이라는 말이다.

(『여사서』 「내훈」, 이숙인 역주)

송시열(1607~1689)은 시집간 딸에게 준 글에서 집을 다스리는

법은 절약밖에 없다고 하면서 항상 여분을 두어 급할 때 쓰고 남은 것으로는 자손을 위해 전답을 장만하는 것이 옳다고 가르치고 있다.

풍년에나 흉년에나 추수할 곡식 수를 헤아리고 모셔야 할 제사가 몇 위인가 헤아리고 식구 수를 헤아려야 할지니 제사를 정성으로 하되 장만하기를 과히 말고 부질없는 허비를 말고 의복과 음식을 너무 사치하게 하지 말고 쓸 데는 아끼지 말고 무단한 일에는 추호도 허비 말고 의복 음식을 보아가며 하고 허랑한 일을 일절 아니하면 잘 쓸 것이요, 항상 나머지를 두어 질병에 약값을 하거나 상사가 났을 때 비용을 쓰거나 공사처에 곤궁함이 없게하고 잘 두었다가 자손을 위하여 전답을 장만함이 또 옳은지라. 집을 다스리는 법은 절약밖에 없느니라. (송시열, 『우암선생계녀서』 11. 재물을 존절이 쓰는 도리)

조선후기 호론湖論을 이끌었던 남당 한원진(1682~1751)은 집안의 부녀자에게 준 교훈에서 집안일을 직접 돌보고, 부지런히 일하고, 절약할 것을 강조하며 한 사람의 부지런함이 집안의 흥망을 결정짓는다고 강조하고 있다.

지금 세상의 부인들 중에 혹은 편안히 지내기를 좋아하고 혹은 노동하는 것을 부끄럽게 여기는 사람이 있다. 팔짱을 끼고 얼굴을 다듬으며 집안일은 직접 돌보지 않고, 부지런히 일하지 않으며 또 절약하지도 않는다면, 부유하다 해도 이를 이어가기 어려

한원진 초상, 견본설채, 88×58cm, 충북 제천 황강영당 소장.

을 것이다. 하물며 본래 가난한 집의 재물임에랴. 가산은 일단 탕진하면 다시 회생할 수 없으니, 안으로는 자기 몸을 가릴 것조차 없고 밖으로는 가장을 봉양할 수 없으며, 위로는 조상이 남긴 것을 잃어버리고 아래로는 자손에게 물려줄 것을 없애버린다. 그러므로 한 사람의 부지런함 여부가 이처럼 가도의 흥망 여부에 연결되니 두려워하지 않을 수 있는가. 무릇 부인들은 이를 잘 알아야 한다.(한원진, 「한씨부훈韓氏婦訓」)

이처럼 양반 여성들에게 직접 집안일 하기를 가르칠 정도라면 평민 여성이나 노비 여성들이 감당해야 했던 노동은 말할 필요도 없다.

가사노동
: 주식酒食 장만에서 집짓기까지

조선시대에 남성 문인들에 의해 기록된 여성의 행장이나 묘지명을 보면 상층 여성들이라도 밤낮없이 부지런히 일한 것으로 기록되어 있다. 이들이 한 일에는 비단 음식을 마련하고 제사를 모시고 손님을 접대하는 일뿐만 아니라 농사 관리, 베 짜기, 집짓는 일까지 포함되었다. 이조판서까지 지낸 택당 이식(1584~1647)의 아들로 그 자신도 이조판서를 지낸 이단하(1625~1689)가 쓴 어머니 행장은 양반가 부인이 어떻게 살림을 이끌어나갔는가를 보여준다.

우리 아버님께 시집오셨을 무렵 우리 집은 시골에 살면서 매우 가난하였고 청천의 집안 또한 화를 만나 의지할 곳이 없었다. 부인은 풍족한 집안에서 나고 자라 평소 가난과 먹고사는 일을 걱정하는 데 익숙하지 않았으나 스스로 방적하는 일과 농사짓는 일에 힘을 쏟았다. 세월이 흘러 차츰 가업이 일어났다. 계축년 아버님이 할아버님 상을 당해 지평의 골짜기에 장지를 가려 장례를 치르고 이어 할아버지 할머니의 두 무덤을 옮겼다. 어머님이 주머니를 모두 기울이고 청천 집안에 버려오는 서울의 기와집을 팔아 그 비용을 충당하였다. 아버님이 벼슬을 하신 지 14년 만에 벼슬에 나아가지 않고 함께 산중에 은거하셨다. 어머님은 몸소 물 긷고 절구질 하시어 아침저녁을 올렸고, 매년 초에는 그 해에 쓸 비용을 계획하셨는데 부족하다고 말씀하신 적이 없었다. 아버님이 집안을 돌보는 데 마음을 쓰지 않고 문예에 전심하시며 벼슬의 뜻을 끊으실 수 있었던 것은 모두 어머님의 도움

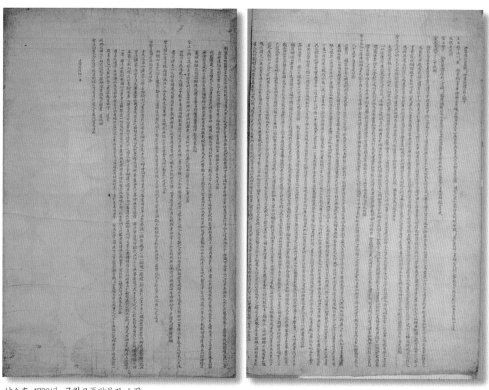

상소초, 1782년, 국립공주박물관 소장.
1782년 1월 1일에 서유협이 정조에게 올리려고 작성한 상소문 초고로 2장이 연접되어 있는 문서다. 상소를 올린 여러 가지 이유가 언급되고 있는 가운데 한 항목에서 사치 풍조의 폐단을 지적한 것이 눈에 띈다. 이처럼 조선의 남성들은 여성이 사치할 것을 염려하여 국가 차원에서 이를 엄금할 것을 청하며 상소를 올리기도 했다.

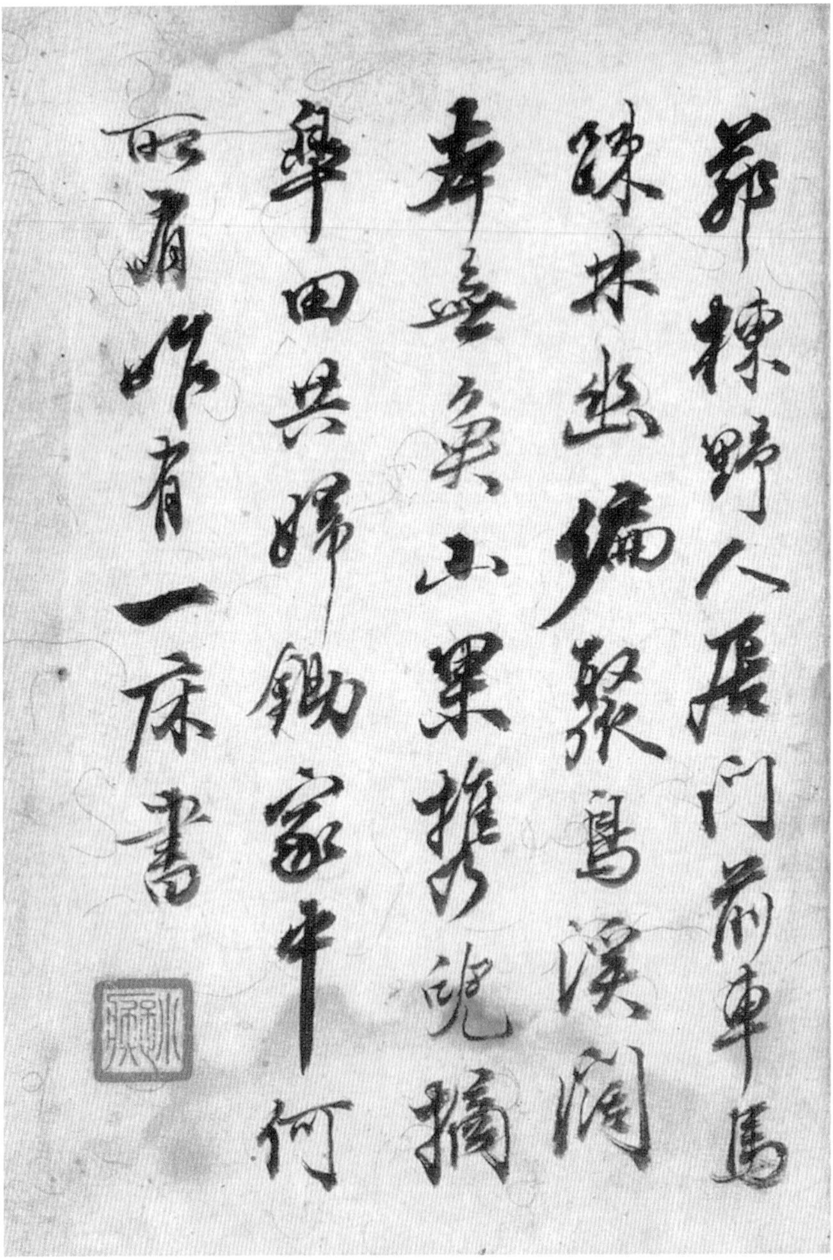
茅棟野人居門前車馬
疏林幽偏聚鳥溪闊
本藏魚山果攜兒摘
皋田共婦鋤家中何
所有惟有一床書

친태첩 중 제8면, 허련, 1869년, 지본담채, 26.7×34.2cm, 개인 소장.
냇가에서 빨래 방망이를 두들기고 있는 여인과 그 윗편에 쓰여 있는 시편은 조선시대 여성들이 감당했던 노동의 일면을 보여준다. "들사람 사는 오막살이집이라. 문 앞에는 수레의 시끄러움 없네 / 숲이 깊숙해 한낮 새만 모이고 시내가 넓어 본래 고기 없었다 / 산파실은 아이 데려가가 따고 물가의 밭은 아내와 함께 맨다 / 이 집 가운데 무엇이 또 있는가? / 오직 한 책상, 책이 있을 뿐이네."

에 힘입은 것이다. 조정에 서신 뒤로 40년을 한결같이 깨끗하게 처신하시니 어머님이 그 뜻을 잘 받들어 일찍이 한 터럭이라도 부정한 물건을 사사로이 받으신 적이 없었다. 오직 여공을 익혀 본업에 힘쓰시며 늙어서도 게을리 하지 않으셨다. 항상 해가 밝기 전에 일어나서 몸소 집안 종들을 거느리시고 일파에 따라 일을 하셨는데 모든 일을 마련하시는 것이 마치 신이 돕는 것 같이 하셨다. (이단하, 「선비정부인행장」)

이단하의 어머니는 남편이 벼슬하기 전 가난하던 시절에는 스스로 방적하고 농사짓는 일에 힘써 가업을 일으켰고, 남편이 벼슬을 그만두자 다시 몸소 물 긷고 절구질하면서 집안을 이끌어 나간 것으로 보인다. 또 상을 치르고 무덤을 옮길 때는 자신의 주머니를 털어 비용을 충당하기도 하면서 집안 경제를 이끌어가기도 했다.

이단상(1628~1669)의 부인 전의 이씨(1629~1701)도 남편이 벼슬에서 물러난 뒤 죽 끓이는 것조차 때때로 끊어지곤 했으나 남편으로 하여금 가난을 잊게 해주었다고 한다. 이들의 사위였던 김창협(1651~1708)은 '선생께서는 지극히 청렴한 분으로 집안에 무엇이 있는지 없는지 묻지 않았고, 재물을 더러운 것 보듯 하여 궁핍함이 심하였으나 부인은 그의 뜻을 상하게 하지 않았다'고 기록하였다. 조카인 서종태는 전의 이씨의 제문에서 남편이 평생 청렴하고 엄하였으며 도의를 즐길 수 있었던 것은 부인의 안살림內治에 힘입은 바가 크다고 하였다. 김창협은 이단상의 사위이자 제자이기도 했는데 처음 공부하러 가서 보니 선생은 하루 종일 방에 앉아서 문을 닫아걸은 채 책을 읽고 있었고, 부인은 방 밖에서 일을 보며 아침부터 밤까지 방에 들어가지 않았는데 엄동설한에도 그렇게 했다고 한다.(김창협, 「정부인전의이씨묘지 명」)

이씨 집안이 선대로부터 살림이 빈한하였으나 아버지는 또한 살림에 힘쓰지 않으셨다. 어머니가 검약함을 편안히 여기고 베 짜기를 부지런히 하고 조심스럽게 노력하여 집안을 이루었다. 비록 몹시 어렵고 가난했으나 피로운 빛을 보이신 적이 없었다.(이여, 「선비묘지」)

병자일기, 1636~1640년, 남대현 소장.
병자호란 때 남평 조씨가 피란하는 과정에서 겪은 생활의 여러가지 이야기를 세심하게 기록으로 남겼다. 사대부 집안의 여자인 저자는 정치적인 상황을 간간이 언급하면서 가정 내에서의 살림에 관계된 사실을 폭넓게 소개하고 있다.

여기에 등장하는 여성은 택당 이식의 손자며느리이다. 이 여성은 살림을 돌보지 않는 남편을 대신해서 부지런히 일해 집안을 이룬 것으로 기록되고 있다. 이처럼 어려울 때는 직접 일을 하기도 했지만 양반 여성들의 경우 노비들이 있어서 직접 집안일을 하지 않는 경우도 많았을 듯하다. 그런 까닭에 여성들을 위한 교훈서에 집안의 '노비 다스리는 법'이 중요한 항목으로 등장하고 있다.

　인조 때 좌의정을 지낸 남이웅南以雄(1575~1648)의 부인 남평 조씨曹氏(1574~1645)가 기록한 『병자일기』는 양반 부인이 어떤 일들을 했는가를 구체적으로 보여주는 한 예다. 심양에 가 있는 남편 대신 집안을 이끌어야 했던 남평 조씨는 손수 집안일을 하기보다는 주로 관리자의 역할을 하고 있다. 남평 조씨는 수시로 찾아오는 손님들 접대에서부터 제사 모시는 일, 농사일, 집을 헐어서 짓는 일에까지 간여했는데 실제로 일은 노비들이 했다. "종들에게 가래 하나, 쇠스랑 세 개 만들게 하고 바자 세우게 했다(무인년 1638년 3월 7일)"며 직접 지시하고 있거나, "집의 종 여섯은 김매러 가고 안종 넷과 정수는 짐승 다섯 마리를 끌고 장나무長木 하러 갔다(무인년 1638년 4월 11일)"고 기록하고 있기 때문이다. 농사일도 종들을 시켜서 했는데 논일에는 여종들도 같이 나갔다.

생계를 위한 노동
: 베 짜기에서 장사까지

여성들의 중요한 노동 중의 하나였던 베 짜기에서 양반 여성들도 예외가 될 순 없었다. 그렇더라도 베 짜기를 주로 담당한 것은 아무래도 평민 여성이나 여종들이었다.

　덕남이가 서울을 다녀왔는데 무생이가 짠 베를 한 필疋은 마전하였으니 먼저 가지고 오고 청배집 혜아 어미의 베 짠 것도 가지고 왔다. 난리 나서 피란 갈 때에 몸에 입은 것만 가지고 나섰는데 여산礪山 가서 의주댁義州宅 면화綿花로 쉬나히 여러 필 짜고 개령開寧 면화 가져다가 길쌈들을 하니 그래도 벗지 않고, 얼고 데지 아니하니 모두 종들이 아니었더라면 어찌 되었겠는가?(『병자일기』, 무인년(1638) 4월 24일)

여성들은 집 안에서의 베 짜기 노동을 통해 면, 삼베, 비단 등을 생산했다. 특히 면포는 옷감, 화폐, 상품으로 소비·유통되었기 때문에 단지 가족들의 옷감을 마련하는 차원을 넘어섰다. 가정에서 생산된 면포는 장시를 통해 교환되거나 화폐로 통용되었다. 양반 부인들은 면포나 비단 생산을 통해 가정경제를 이끌어갔다. 조선 초의 선비 묵재 이문건의 집안에서는 양잠을 통해 매년 명주 15필을 생산했는데 이는 상목常木(무명) 약 290필에 해당하는 것이었다. 이 일을 주관한 것은 묵재의 부인 안동 김씨(1497~1566)였다. 안동 김씨는 양잠농사를 지휘하고 직접 제사製絲 작업을 했다. 묵재 집안은 집에서 생산한 명주를 집안에서 소비하고 나머지는 공물 방납防納(백성을 대신해 공물을 바치고 높은 대가를 받아내는 것)으로 거래했는데, 이때 폭리를 취해서 성주星州 사람들이 진정서를 올리는 일이 벌어지기도 했다.

묵재 집안의 경우에서 보듯 베 짜기는 양반가의 주요 수입원이었다. 여성 관련 기록들에서는 베 짜기를 통해 경제적 어려움을 해결하고 집안을 일으킨 여성들에 대한 기록을 쉽게 찾아볼

기산풍속도첩 중 '베 짜는 장면'.
조선시대에는 양반 평민 할 것 없
이 여성이라면 모두 베 짜기를 해
야 했다. 양반가 부인은 식구들 옷
감 마련을 위해 손을 놀렸지만, 평
민 여성에게는 생계의 문제를 해
결하는 한 방편이었다.

수 있다. 오광운吳光運(1689~1745)의 기록이 그런 예인데, 이 기록은 베짜기를 통한 수입이 당시 여성들에게 큰 관심거리였음을 말해준다.

집안을 다스림에 민첩하면서 부지런하고 은혜로우면서도 위엄이 있고 일일이 살피지 않아도 훤히 알고 있었다. 집안은 마치 사람이 없는 듯 조용하고 아무 일이 없는 듯 고요한데 다만 탁탁 하는 칼질 소리, 찰찰 하는 베틀 소리만 들릴 뿐이었다. 친척들 가운데 부러워하던 사람들이 다투어 찾아와서 그 법을 배우려 했는데, 이를 배운 사람들은 능히 자기 집안 살림을 일으켰다.(오광운, 「선비 숙부인 안씨 묘지」)

사람들이 부러워하고 배워가서는 집안을 일으킬 정도였다고 하니 오광운의 어머니 안씨 부인은 베 짜는 일을 어느 정도 체계적이고 전문적으로 해나간 듯싶다. 이외에도 순흥 안씨로 알려진 부인은 칠십이 넘은 나이에 직접 베를 짜고 며느리와 종들에게도 함께 만들게 했다. 이렇게 해서 모은 돈은 친정아버지의 묘비를 만드는 데 썼다.

평민 여성들의 경우 베 짜기는 더욱 긴요한 생존의 문제였다. 조선 사회는 양반을 제외한 양인 남성들에게 군역을 부과했는데, 직접 군역을 지지 않는 대신 포布를 내는 것이 허용되었다. 임진왜란 이후에는 1년에 2필의 군포를 내는 것으로 군역을 대신했고, 국가는 이를 받아서 재정을 충당했다. 한집에 여러 명의 장정이 있을 경우 감당해야 할 군포는 더욱 늘어났다. 게다가 조선 사회의 모순이 가중되면서 60세가 넘거나 죽은 사람임에도 불구하고 체납했다는 핑계로 군포를 가혹하게 거두어들였다. 베 짜기의 고달픔을 노래하고 있는 규방가사나 민요가 많은 것은 여성들의 이러한 현실과 관련이 있을 것이다.

여성들의 노동은 집안을 유지하는 데 긴요했기에 교훈서들은 여성에게 집안일 할 것을 강조하는 데 그치지 않고 직접 생계를 꾸리는 것까지 이야기한다. 이덕무(1741~1793)는 길쌈이나 누에 치는 일은 기본이라고 하면서 다음과 같이 선비의 아내가 할 일을 구체적으로 제시하고 있다.

사소절, 이덕무, 규장각한국학연구원 소장.
18세기 후반의 문인 이덕무의 『사소절』을 한글로 번역한 책이다. 성행性行·언어·복식·교육·인륜 등 여성의 행실과 관련한 부분을 다루었다. 한글 전용인 까닭에 어려운 한자어에는 주석을 달아두었다.

선비의 아내는 집안의 생계가 가난하고 궁핍하면 약간 살아갈 도리를 마련하여 일을 하는 것이 안 될 것이 없다. 길쌈을 하고 누에를 치는 일은 진실로 그 근본이 되는 일이요, 심지어 닭과 오리를 치고, 장과 초와 술과 기름을 사고팔고, 또 대추·밤·감·귤·석류 등을 잘 간수하였다가 때를 기다려 내다 팔며, 또 홍화자초·단목·황벽·검금·남정 등을 무역하여 모으고, 도홍분홍송화·황유·녹초록·천청·아청·작두자·은색·옥색 등 여러 가지 물들이는 법을 배워 알면 이는 생계에 도움이 될 뿐**만** 아니라 역시 부녀자의 수공의 한가지이다. 그러나 이욕에 고질이 되어 각박한 일을 많이 행하여 인정에 멀게 한다면, 이 또한 현숙한 행실이겠는가?(이덕무, 『사소절士小節』)

이덕무는 길쌈이나 누에치는 일은 기본이고 장사나 염색까지도 배워두라고 하고, 돈놀이는 부인의 할 일이 아니니 적은 돈을 주고 많은 이자를 취하는 것은 의롭지 않다고 했다.

이덕무는 앞서의 송시열이나 한원진보다 후대에 살았고, 더욱이 서얼 신분이었기 때문에 그가 경험하고 본 현실이 달랐을 수 있다. 그러나 『사소절』은 선비, 여성, 아동이 일반적으로 지켜야 할 내용을 다룬 것이기 때문에 위의 내용과 같은 것을 이덕무 개인의 경험만으로 돌리기는 어렵다. 아마도 이덕무가 이렇게까지 이야기한 것은 조선후기로 접어들면서 관직에 나가지 못한 양반들이 가난에 쫓길 수밖에 없었던 현실과 밀접한 관련이 있을 것이다. 그리고 이것은 가난한 선비의 아내들이 일상적으로 부딪히는 문제였을 것이다. 다음의 노래들이 그러한 아내들의 마음을 전하고 있다.

우리 집 백면서생 생업이 없으니, 추워도 갖옷을 못 입고 더워도 갈옷을 못 입는다네(시가부詩家婦)

십 년 공을 들이고도 도리어 머리털만 희었으니, 고관대작 벼슬은 언제나 하려는가(시가부詩家婦)

행장·묘지명에서 그 구체적 실상을 제시하지 않은 것에 대해
공백을 메워주는 자료는 조선후기의 서사문학과 노래들이다. 연
암 박지원의 작품 「허생전」에 나오는 허생은 10년을 기한으로
공부를 한다. 그는 누굴 믿고 10년이란 기한을 잡았을까? 물론
허생은 그 기한을 다 채우지 못한다. 천하를 경륜하기 위한 공부
에 몰두하느라 가정경제를 소홀히 여겼던 탓에 글만 읽는 남편
을 뒷바라지하며 참고 참던 아내가 "장인바치일도 못 한다, 장사
도 못 한다면, 도둑질이라도 못 하시냐?"고 질타하기 때문이다.
그런 아내를 뒤로하고 집을 나간 허생은 변부자를 찾아가서 거
금을 빌려 장사를 시작한다. 그런데 허생은 집을 나가 백만 냥을
벌어들이는 동안 자기 아내를 철저히 외면했다. 아내는 허생이
죽은 줄로만 알고 5년간 제사를 지낼 정도로 허생은 집을 나간
뒤 단 한 번도 아내를 찾아가지 않았을뿐더러 돈 한 푼 보내지
않았던 것이다. 허생은 백만 냥의 돈을 벌어 도둑들을 구제하고,
변부자에게는 빌린 돈의 열 배나 되는 돈을 되돌려주는 동안 가
정경제를 위해서는 단 한 푼도 쓰지 않았다. 모르긴 해도 집안일
은 부인이 알아서 할 테니까, 라고 생각하
지 않았을까? 좋게 말하면 여자는 바느질
하든, 머리를 잘라 팔든, 베를 짜든 생계를
위한 노동을 할 능력이 있었다는 것이고, 달리
말하면 가정경제는 온전히 여성의 몫으로 떨어졌다는 이야기이

행려풍속도 중 '행려부녀자',
필자미상, 견본담채,
98×37.8cm,
국립중앙박물관 소장.
이 그림에 쓰여 있는 제사를
풀어쓰면 "솜을 물에 표백하
여도 손 트게 하지 않는 약은
묻지 않아도 된다네. 혹시나
양씨 집안의 계집종을 만난다
면 어떻게 치마를 물들이는지
시험 삼아 물어보리라"이다.
노상에서 만난 여종들을 보고
읊은 이 시와 그림에서 조선
시대 여성 노동의 한 자락이
물씬 묻어난다.

다. 실제로 조선후기에 지어진 문학작품들은 가정경제를 위해 고군분투하는 여성의 형상을 실감나게 재현하고 있다.

「변강쇠가」의 옹녀는 강쇠가 온갖 노름과 싸움질을 하는 동안 "들병장사 막장사"를 해서 돈을 벌고, 「이춘풍전」의 이춘풍의 아내 김씨는 이춘풍이 누만금의 재산을 술과 여자에 다 써버리자 앞으로 벌어들일 돈은 모두 자신의 재산이라 못 박고는 밤낮으로 길쌈, 바느질, 염색을 해서 수천 금을 모은다. 실제와 거리가 있고 현실을 과장한 면도 있겠지만 「심청전」에 재현된 다음의 예는 당시 여성들이 생계를 위해 어떤 일을 했는지를 짐작하게 한다.

들에는 논밭이 없고 행랑에는 종이 없어, 가련하고 어진 곽씨 부인 몸소 품을 팔아 삯바느질을 했다. 관대 도포 행의 창의 직령이며, 섭수 쾌자 중추막과 남녀 의복 잔누비질, 상침질 외올뜨기 (…) 빨래하여 풀 먹이기, (…) 삼베 백저 극상세목 짜기와 혼인 장례 큰일 칠 때 음식 장만, 갖은 중계 하기 백산파절 신선로며 종이 접기, 파일 고이기와 잔칫상에 음식 차리기, 청홍·황백 침향 염색하기를 일 년 삼백예순 날, 하루 한 시도 놀지 않고, 손톱 발톱 잦아지게 품을 팔아 모을 적에, 푼을 모아 돈을 짓고, 돈을 모아 양을 만들어, 일수돌이 장리변으로 이웃집 착실한데 빚을 주어 실수 없이 받아들여, 봄가을 올리는 제사와 앞 못 보는 가장 공경, 사철 의복 아침저녁 반찬과 입에 맞는 갖은 별미, 비위 맞춰 지성 공경 언제나 한결같으니, 위 아랫마을 사람들이 곽씨 부인 음전하다고 칭송했다.(「심청전」, 정하영 역주)

곽씨 부인은 남편을 먹여 살리기 위해 삯바느질에 빨래, 염색, 출장요리까지 하루도 빠짐없이 손톱 발톱 잦아지게 품을 팔아서 돈을 모은다. 돈을 모은 뒤에는 '이자놀이'로 돈을 불려 제사를 모시고 남편을 먹이고 입힌다. 여기서 흥미로운 것은 어진 곽씨 부인이 '이자놀이'를 하고 있다는 점이다. 다음의 「홍규권장가」 역시 베 짜기와 농사일, 장사를 통해 부자가 되는 여성의 분투를 담고 있다.

오색 당사 오색 실을
줄줄이 자아내어
육황기 큰 베틀에
필필이 끊어내어
한림 주서 조복이며
병사 수사 융복이며
녹의홍상 처녀 처장
청사복건 소년 의복
(…)
낮이면 두 필이요
밤이면 다섯 가지

뽕을 따 누에 치며
전답 얻어 농사하기
(…)
가지 외 국게 걸러

동시東市에 팔라 하며

닭을 치며 개를 쳐서

시장에 팔아오며

저녁에 불을 써서

새벽밥을 이워하고

알알이 하여 먹고

푼푼이 모아버너

양兩이 모여 관이 되며

관이 모여 백이 된다

(…)

앞들에 논을 사고

뒷들에 밭을 사고

울을 헐고 담을 쌓며

따를 걷고 기와 이고

가마솥이 죽죽이요

주청廚廳 하님 쌍쌍雙雙이라

안팎 중문 소슬대문

노새 나구 버려었고

(…)

돈도 거의 천여 냥은

요용소치要用所致 요족饒足하다

시집온 지 십 년 만에

가산이 십만이라

— 「홍규권장가紅閨勸獎歌」

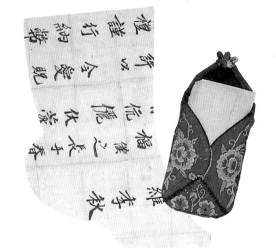

조선시대
여성 노동의 하나였던 바느질.
버선본과 버선집, 조선말기, 10×6.7cm,
서울역사박물관 소장.

부지런히 길쌈하고 농사짓고, 장사해서 논 사고, 밭을 사서 10년 만에 십만 금을 모은다는 위의 내용은 실제라기보다는 '희망 프로젝트'에 가까울지도 모른다. 그러나 먼저 베를 짜서 돈을 모으고, 농사지어 번 돈 모아 논밭을 산다는 내용은 당시 여성들의 돈 모으는 방식을 반영하고 있다. 15~16세기의 일이지만 오세훈이라는 선비의 부인 신씨는 살림을 잘해서 연달아 땅을 매입해 재산을 몇 배로 늘렸는데, 그 남편은 치산이라고는 전혀 몰랐다고 한다. 이는 방직을 하여 잉여 소득이 생기면 곧 이식利殖에 힘쓴 결과 이 모든 것이 토지자본으로 전환된 예를 보여준다. 위의 노래도 방적이나 농사의 이익이 토지 자본으로 전환되면서 부자가 되어가는 과정을 보여준다. 「홍규권장가」라는 제목에서 보듯이 이 노래는 조선후기 사회가 여성에게 거는 경제적 기대를 반영한 듯하다.

실제로 조선후기에는 경제적으로 성공한 여성들이 나타난다. 널리 알려진 김만덕 말고도 양반가 서녀나 중인 이하 신분의 여성이 성공한 사례가 있다. 고문서를 통해 조선후기 고리대 실태를 밝힌 최승희의 연구는 박조이朴召史라는 여성이 1894년 논 140마지기를 담보로 삼고 5부 이자로 천 냥을 빌리는 문서를 소개하고 이 여성이 상당한 재력을 갖춘 여성이었을 것으로 추측했다. 조선후기에 지어진 야담들은 부부가 합심하여 돈을 모으는 데 성공하는 이야기들을 전하는데, 특히 여성이 그 중심 역할을 맡는다. 그러나 이러한 성공담은 예외적인 것이었을 테고 대부분의 여성은 가문의 명예를 유지하기 위해, 혹은 생계를 위해 평생 노동을 해야 했다. 이에 여성들은 고통이나 억울함에 분통을 터뜨리기도 했다.

지옥 같은 이 규중에 등잔을 비껴앉아
인두가위 찾아놓고 중침 세나침 골라내어
시쳇 보고 척수 보아 아주 하기 어렵더라
줄저고리 상침박아 도포 짓고 보선 기워
서울출입 향중출입 내일 갈지 모레 갈지
부지불각 총망중에 선문 없이 찾는 의복
사랑에 저 양반은 세정물정 어이 알리
한 수만 부족하면 서리 같은 저 호령이
된 소리 큰 걱정이 비정지책 무슨 일고
무용한 여자들은 주야장장 논다 하고
가는 허리 부러지고 열 손가락 다 파여서
(…)
여자몸이 죄가 되어 유구무언 말 못하고
구곡간장 타는 불을 속치부만 하자 하니
사사이 생각하니 그 아니 분할손가

　　　　　　　　　　　　－「여자탄식가」

자신의 노동에 대한 억울함이나 모순은 규중의 여성만이 느끼
는 것이 아니었다. 기녀나 궁녀 등의 특수직 여성들도 마찬가지
였다. 기녀나 궁녀에 대해서는 달리 논의할 사항이므로 여기서
는 다른 예를 들어본다. 김춘택金春澤(1670~1717)은 제주도에 귀
양 가서 해녀를 만나 문답을 나눈 뒤에 이를 「잠녀설潛女說」이라

행려풍속도병 중 '매염파행',
김홍도, 1778년, 견본담채,
90.9×42.7cm, 국립중앙박물관 소장.
포구에서 항아리와 광주리를 머리에 인
아낙네들의 모습은 조선 여성들에게 가
정 안에서든 바깥에서든 노동이 생활
그 자체였음을 보여준다. 맨 위의 제시
를 풀어쓰면 이렇다. "밤·게·새우·
소금 광주리와 항아리에 가득 채우네,
새벽에 포구에서 떠나니 해오라기 놀라
며 난다. 한번 펼쳐 냄새 맡으니 바람결
에 날리는 비린내가 코를 찌른다."

는 글로 남겼다. 해녀는 전복 따는 일의 어려움을 묻는 김춘택에게 전복 따는 일이 어렵다는 이야기를 한 후, 사실 그보다는 전복을 사는 일이 더 어렵다고 이야기한다. 김춘택이 그 말 뜻을 묻자 해녀는 전복을 따서 세금으로 공납하는데, 부족한 공납을 충당하기 위해 다시 전복을 사들여야 하는 기막힌 사정을 털어놓는다. 이외에도 여성들이 감당해야 했으나 드러나지 않은 노동이 숱할 것이다.

가려진 여성 노동의 가치

신분제 사회였던 조선에서 하층 천민 여성은 응당 노동하는 존재라고 여겨 특별히 주목하지 않았고, 양반 여성들은 집안을 관리하는 일을 했던 것으로 보아 근대 이후의 여성들과 별반 다르지 않다고 여겨 주목하지 않았던 듯하다. 더 깊은 곳에는 여성의 노동은 따로 거론할 필요가 없는 것이 당연하고, 가정 안에서만 이루어지는 가사노동은 그 가치를 인정하지 않는 의식이 깔려 있다. 가족을 위해서 하는 노동은 고귀한 것으로 칭송되면서도 그 가치는 인정받지 못했던 것이다. 물론 산업화시대에 들어서 여성이 노동시장에 들어갔다고 해서 가치를 제대로 인정받은 것도 아니다. 여전히 여성의 노동은 열등한 것으로 폄하되었고, 가사노동은 과외의 일로 남았기 때문이다. 현대 한국사회는 여성의 임노동을 당연하게 여기고 부부 사이에 가사노동 분담이 이뤄지는 경우도 드물지 않다. 그러나 여성의 노동 조건은 여전히 남성에 비해 열악하다.

조선시대 여성들의 삶에 대한 궁금함에서 찾아 읽기 시작한 여성 자료에서 발견한 것은 노동하는 여성들이고, 어떤 경우에는 생계를 책임지는 여성이었다. 노비들을 거느린 양반 여성에서부터 가난한 선비의 아내에 이르기까지 양반이라 해도 여성에게 요구되는 것은 검소함과 부지런함이었다.(물론 이러한 덕목은 왕가의 여성에게도 형식적으로 요구되는 것이었다.) 이는 조선시대의 남성들이 유교적 이념에 따라 어떤 여성을 이상적인 상으로 여겼는가, 현실적으로 어떤 여성을 필요로 했는가를 보여준다. 그런데 이것은 단지 담론 차원이 아닌 매우 현실적인 것이었다.

앞서 보았듯이 남편과 자식들을 먹여 살리고, 경제활동을 하는 여성들의 모습은 다름 아닌 '생계 부양자'이며, 나아가 국가 경제의 근간을 떠받치는 노동 주체의 모습이었다. 그럼에도 조선시대 여성들의 경제활동은 가려지고 평가절하되어왔다. 이것이 유교 가부장제가 여성이 지녀야 할 부덕婦德의 하나로 놓으면서 당연시하는 한편 그것을 철저히 가정 내의 것으로 국한시켰던 여성 노동의 실상과 가치이다. 사적 영역에서 이루어진 여성의 노동은 계산되지 않은 채 시간이 흘러왔다. 이렇게 왜곡되고 주름진 시간을 다시 펴는 일, 그것은 역사를 다시 쓰는 일이 될 것이다.

5장

사랑 타령일랑 집어치워라

✿

기생의 삶,
그 냉혹한 현실

정병설 | 서울대 국문과 교수

황진이,
그 눈부신 삶

기생 하면 보통 황진이를 떠올린다. 소설로, 영화로, 텔레비전 드라마로, 황진이는 기생의 대표적인 이미지로 일반에 각인되었다. 당대 최고의 기생으로 권력자 앞에서 당당했고, 뚜렷한 자의식을 가지고 사랑에 헌신했다. 황진이가 보여준 기생은 창녀가 아니라 예술가였고 남성의 노리개가 아니라 자기 삶의 주인공이었다. 황진이를 통해 보면 근대인들이 지닌 기생에 대한 부정적인 인식은 일제강점기에 변질되고 왜곡된 기생상이 투영된 것으로 이해될 수 있다.

그런데 황진이를 통해 이해한 기생은 기생 일반의 실상과 상당 부분 동떨어진 것이라 할 수 있다. 임금을 생각하면 세종대왕을 떠올리고, 학자를 생각하면 퇴계 이황이나 다산 정약용을 떠올리지만, 모든 임금이 세종대왕처럼 위대하지 않았고, 모든 학자가 퇴계나 다산같이 고명하지 않았다. 실제로 세종, 퇴계, 다산은 실상보다 훨씬 이상화한 모습으로 일반에 알려져 있다. 이는 황진이의 경우도 다르지 않을 것이다. 이 글에서는 기생에게 덧씌워

조선 여성의
일생

140

진 이미지를 벗기고 그들의 삶을 좀더 냉철히 바라보고자 한다.

기생은 역사적인 존재이며 동시에 개별적인 존재이다. 한두 마디 말로 쉽게 정의될 수 없는 것이다. 시대에 따라 다르고 지역에 따라 다르며 상대하는 사람에 따라 다르고 또 그것을 그린 사람에 따라 다르다. 언제 어디서 누가 어떤 모습을 보느냐에 따라 전혀 다른 모습을 그릴 수 있는 것이다. 황진이는 16세기 초반 개성의 기생이다. 그것을 한두 세대가 지난 17세기 초부터 허균, 유몽인 등의 문사들이 짧은 이야기 형식으로 기록했다. 이를 현대인들은 19~20세기 서울이나 평양의 기생과 합쳐서 이해했다. 그런데 사실 황진이는 생몰연대조차 정확하지 않은 실정이다.

16세기와 19세기 조선 사회는 기풍부터 매우 다르다. 특히 성풍속의 변모는 놀랍다. 임진왜란과 병자호란의 양대 전란을 전후하여, 그전 시기는 성적 개방성을 보여주는 데 반해, 후기는 성적인 통제가 공고해졌다. 이는 조선왕조실록을 통해서도 쉽게 확인할 수 있고, 또 학계에서도 널리 인정된 바이다.[*] 또 기방 풍속은 지역 차도 크다. 예컨대 조선후기 서울 기방에서는 기생 한 명이 동시에 여러 명이나 여러 무리의 손님을 상대했지만, 황해도 해주의 기방에서는 한 기생이 한 명 또는 한 무리의 손님만 상대했다. 소설과 영화 등에 그려진 황진이로 인해 우리는 기생에 대해 많은 것을 알고 있으리라 생각하지만, 실상은 그렇지 못하다. 그런데 기생에 대한 정보 부족보다 더 큰 문제는 시각의 편향성이다. 기생을 기생의 시각에서 보지 않고 그들을 노리개

[*] 조선전기 성풍속의 개방성은 손종흠, 『조선남녀상열지사』(엘피, 2008)와 같은 책에서 쉽게 확인할 수 있다.

사계풍속도 중 '탄금풍류',
작자미상, 19세기, 견본채색,
76×39cm,
국립중앙박물관 소장.
기생은 한 명이 여러 무리의 손
님을 대접하기도 하고, 이 그림
에서 보듯 손님 한 명당 기생 한
명이 상대하기도 했다.

로 삼은 남성 손님의 자리에서 보는 것이다. 이 글에서는 문학작품을 중심으로 가급적 기생의 시각에서 기생 일반의 모습을 그려보고자 한다.*

사랑 노래의
진정성

> 동짓달 기나긴 밤을 한 허리 베어다가
> 춘풍 이불 아래 서리서리 넣었다가
> 어른님 오신 날 밤이어든 구비구비 펴리라

남아 전하는 황진이의 시조는 여섯 수에 불과하다. 그 몇 안 되는 시조 가운데 대표작이 위의 것이다. 임이 없어 쓸쓸한 한겨울 긴긴 밤의 절반을 잘라 잘 보관하고 있다가 임이 와 함께할 짧은 밤에 쓰겠다는 시상詩想이다. 시상이나 표현이나 과연 명기 황진이다운 절품이다. 황진이의 시조로 전하는 나머지 작품도 모두 임, 이별 등 남녀의 사랑 문제를 다루고 있다. 시로만 보면 황진이의 머릿속을 지배하는 것은 오로지 사랑뿐이다. 아니 그 시를 전한 사람들이 황진이를 그런 인간으로 보고자 했다.

남아 전하는 시기詩妓들의 시는 대부분 황진이와 유사하다. "묏버들 가려 꺾어 보내노라 임 계신 데 / 주무시는 창 밖에 심어두고

---

* 기생의 시각을 보여주는 자료는 많지 않다. 필자는 그런 자료를 모아 『나는 기생이다』(문학동네, 2007)라는 책을 펴낸 바 있다. 자세한 논의는 이 책을 참조하기 바란다.

보소서 / 밤비에 새 잎 나거든 나인가 여기소서"를 부른 절의의 기생 홍랑도 그렇고, "이화우 흣뿌릴 제 울며 잡고 이별한 님 / 추풍낙엽秋風落葉에 저도 날 생각는가 / 천리에 외로운 꿈은 오락가락 하노매"를 노래한 전라도 부안의 명기 매창도 그렇다. 이 밖에 19세기 문인 배전(1843~1899)에게 보낸 경상도 김해의 기생 담운의 한시나 유배지에서 문인 김려(1766~1821)를 돌본 함경도 부령의 기생 연희가 보낸 편지에서도 기생은 언제나 임을

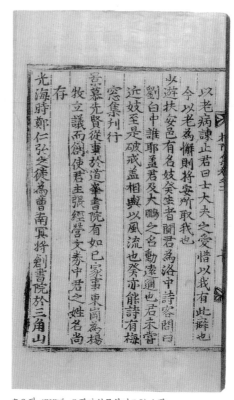

촌은집, 1707년, 규장각한국학연구원 소장.
촌은 유희경의 문집. 유희경은 조선중기의 시인으로 부안의 기생 매창과 상당한 교분이 있었는데, 위에서 볼 수 있듯 『촌은집』에도 『매창집』 간행에 관한 기사가 있다. 『매창집』은 현재 간송미술관과 하버드대학에 소장되어 있다.

그리는 마음만 가득 찬 사람으로 나타나 있다. 명기의 머릿속에는 과연 사랑밖에 없었던 걸까?

이들의 사랑과 시는 얼마간은 사실이고 진심일 수 있다. 하지만 보통 기생의 삶을 살펴보면 이들 시조의 진정성에 대해 의구심을 지울 수 없다. 미국 버클리 대학에는 『염요艶謠』라는 한국 책이 소장되어 있다. 여기에는 서울에서 온 관리들의 이별 잔치

에서 공주 기생들이 지은 노래들이 수록되어 있다. 관리들은 기생을 모아놓고 백일장을 벌였는데, 이별을 주제로 하여 시조 가사를 짓게 하고는, 선비들의 과거시험처럼 기생 작품에 등수까지 매겼다. 최우등으로 뽑힌 기생 형산옥의 가사 마지막은 "무정할손 저 낭군아 홍안박명 어이 하리 / 속절없다 이별이야 남은 간장 다 녹는다 / 언제나 우리 낭군 다시 만나 이생 인연 이어볼까"로 끝난다. 이별을 아쉬워하고 이별 후의 고통을 노래하며 또다시 만날 날을 기약하고 있다. 하지만 이런 절절한 노랫말에도 불구하고 작시 정황을 감안하면 진정성이 느껴지지 않는다. 오히려 때때로 벌어지는 송별연에 상투적으로 나오는 노랫말로 여겨진다.

황진이의 시조도 이런 백일장에서 지은 시조처럼 공개된 장소에서 불린 노래일 가능성이 높다. 말하자면 감정을 내밀히 드러낸 것이라기보다는 자신의 빼어난 말솜씨를 과시한 것이다. 이런 노래에서 진정성은 그다지 중요하지 않다. 오히려 손님의 취향과 요구가 중할 따름이다. 자료가 구체적인 정보를 주지 않으니 내막까지 알 수는 없지만, 대부분의 기생 작품이 사랑만 노래하는 것을 보면, 그 상당 부분은 기생의 생활 감정보다는 남성 손님의 취향과 요구를 반영한 것임을 짐작할 수 있다. 기생은 결코 사랑만 찾는 자들이 아니었다.

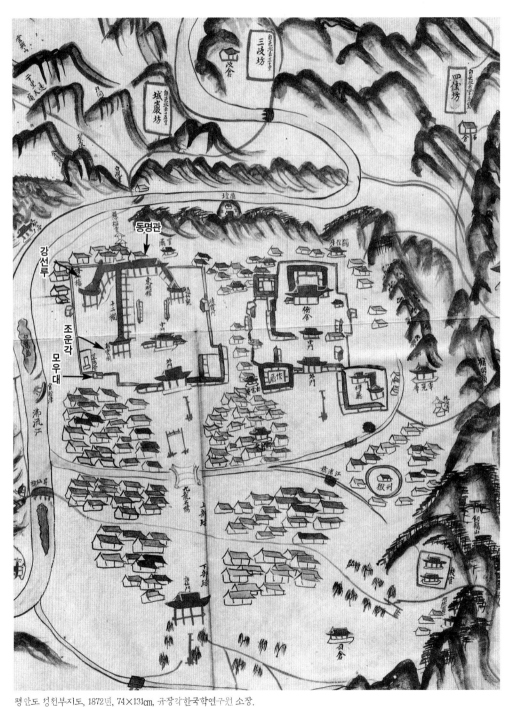

평안도 성천부지도, 1872년, 74×131cm, 규장각한국학연구원 소장.

객사 동명관東明館 주변에 강선루降仙樓, 조운각朝雲閣, 모우대暮雨臺 등이 보인다. 이는 중국 고대 전철인 초나라 양왕과 선녀의 사랑을 배경으로 한 조운모우朝雲暮雨 이야기에 바탕을 둔 것이다. 선녀와 잠자리를 한 양왕이 이별을 아쉬워하자 선녀가 아침에는 구름으로 저녁에는 비로 그대 곁에 오겠다고 말했다는 이야기이다. 운우지락雲雨之樂이라는 고사성어로 널리 알려져 있다. 이 객사에는 왕래하는 사신들의 잔치가 많았는데, 잔치에 참여한 기생은 여기서 선녀로 받아들여졌다.

평안도 성천의 객사 동명관東明館. 동명관은 규모나 아름다움에 있어서 조선시대를 대표하는 건물이다. 6 · 25 전쟁 때 미군의 폭격으로 소실되었고 이후 복원하였다. 사진은 일제시대에 간행된 『조선고적도보』에 실린 것이다.

기생에게
사랑은 무엇?

국립중앙도서관에는 『소수록』이라는 기생 관련 시문집이 있다. 여기에는 해주 기생 명선이 쓴 자술가를 비롯하여 기생 자신이 자기 인생을 돌아보고 쓴 시와 글들이 있다. 이런 것을 통해 기생의 시각에서 기생의 의식과 삶을 약간이나마 이해할 수 있다.

해주 기생 명선의 자술가를 보면, 명선은 열두 살에 처음 남자와 잠자리를 했다고 한다. 상대 남성은 황해도 관찰사로 추정된다. 명선은 그 순간을 "짐승과 같았다"고 회고하고 있다. 자신의 처지가 짐승 같다는 것인지, 상대의 행동이 짐승 같다는 것인지는 정확히 알 수 없다. 그런데 명선의 짐승과 같은 인생은 예외적인 것이 아니다. 연암 박지원처럼 당대 어느 누구보다도 다른 이들의 고통을 잘 이해했다고 알려진 사람조차 명선의 고통은 이해하지 못했다. 연암은 안의 현감으로 있을 때 찾아온 벗 박제가에게 열세 살짜리 기생을 데리고 자게 한 적이 있다. 명선을 보면 기생은 유치원 들어갈 나이인 대여섯 살에 동기童妓가 되었고 중학교도 들어가기 전에 남자를 경험했다. 이것이 기생이 겪는 보통의 현실이었다.

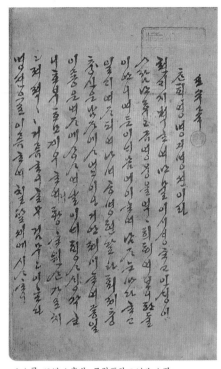

소수록, 19세기 후반, 국립중앙도서관 소장.

조선후기 서울 기방의 풍속을 보면 처음 손님 앞에 나온 기생들은 혹독한 신고식을 치러야 했다. 여성이 가장 부끄러워하는 곳을 여러 남자 앞에 보이게 했는데 그런 상황에 익숙해지도록 반복해서 시켰다고 한다. 그리고 여기에는 어김없이 폭력이 수반되었다. 손목 한번 잡히는 것만으로도 정절을 잃은 듯 자살까지 생각해야 하는 유교사회의 여성이 이런 일을 거듭 강요받으면서 갖게 되는 수치심은 견디기 어려운 것이다. 스스로를 '짐승'으로 여기지 않을 수 없다. 보통의 기생에게 남성이란 자신을 야만으로, 또 짐승으로 몰아가는 존재였다.

溪西野談, 19세기, 규장각한국학연구원 소장.

　　기생에 대한 남성의 일방적이고 강압적이며 폭력적인 태도는
기생 관련 설화에서 무수히 찾아볼 수 있다. 한 야담집에는 불량
배들이 기생을 '점중요강店中溺綱'이라고 부르는 장면이 나온다.
여기서 '점'은 객점客店 곧 여관이니, 번역하면 '여관집 요강'이
다. 기생을 인간이 아니라 물건으로 보는 기생 물화物化의 대표
적인 표현이다. 이처럼 기생을 인격으로 보지 않으니 기생을 강
간하는 것쯤은 아무것도 아닌 일이 된다.

　　『계서야담』을 보면 어떤 곳 마름이 평안도 관찰사에게 자기
평생소원을 이루게 해달라고 청을 넣는 이야기가 있다. 마름의

소원이란 예쁜 기생과 잠자리를 하는 것인데, 그는 못생기고 더러워 비위가 상할 정도였다고 한다. 감사가 감영 기생 가운데 하나를 골라보라고 하니 추남이 바로 기생들에게 달려들었다. 기생들은 그를 피하려고 이리저리 도망쳤는데 결국 한 기생이 추남에게 잡혀 담장 구석에서 강간을 당했다. 기생은 죽고 싶은 마음이었지만 그러지 못했고, 더럽혀진 자기 몸을 깨끗이 씻었지만 며칠 동안은 비위가 뒤집혀 밥을 먹을 수 없었다고 한다. 권력의 명령에 따른 기생 강간은 숱했다. 일상적으로 되풀이되는 모욕과 잊을 수 없는 수치심을 겪으면서 기생들의 인격은 왜곡되지 않을 수 없었다. 그들 스스로를 인간이라고 여겨서는 살아가기 힘든 상황이었다.

사랑을 모욕과 강요의 다른 이름이라고밖에 생각할 수 없는 기생에게 진정한 사랑을 기대한다는 것은 남성들의 착각과 오해다. 기생에게 사랑의 신표로 이빨을 빼준 남자가 나중에 기생이 변심했다는 말을 듣고 이빨을 찾으러 갔더니 기생이 이빨주머니를 던져주더라는 이야기는 기생에게 사랑이 무엇인가 하는 것을 잘 말해준다고 할 수 있다.

기생들은 남자 손님들을 다섯 유형으로 나누기도 했다. 불쌍하여 동정심이 드는 남자인 '애부'와 돈 많고 풍채 좋아 인기 있는 남자 '정부', 서로 그리워하면서도 잘 만나지 못하는 남자 '미망', 여자를 지성으로 섬기는 남자 '화간' 및 기생에게 빠져 생사도 분별하지 못하는 바보 남자 '치애'가 그것이다. 기생을 사랑의 화신으로, 늘 임을 그리는 가녀린 여인으로 보는 것은 바로 기생들이 치애痴愛라고 부른 '바보 남성'의 생각일 뿐이다.

돈이
최고라

기생에 대한 최초의 종합 연구서인 이능화의 『조선해어화사』
(1927)에는 기생어미와 동기童妓의 흥미로운 문답이 한 편 소개되
어 있다. 기생어미가 동기에게 돈은 없지만 잘생긴 남자와 못생
겼지만 돈 많은 남자 가운데 누구를 택하겠냐고 묻자, 동기는 돈
많은 자를 취하겠다고 답했다. 그러자 기생어미가 동기를 양심도
없는 창녀라고 꾸짖었다는 이야기이다. 동기의 답변은 기생다우
며 기생어미가 좋아할 만한 것이다. 기생어미는 동기의 본심을
잘 알기에 꾸짖었을 뿐이다. 동기는 돈을 알기에는 어린 나이라
는 것이다. 이 이야기에는 기생은 무엇보다 돈을 우선시한다는
생각이 깔려 있다.

　돈 많은 기생으로는 제주도의 만덕萬德(1739~1812)을 들 수 있
다. 만덕은 1790년대 초 제주도에 해를 이어 기근이 들자 자신의
재산 일부를 바쳐 굶주린 백성을 구휼한 기생이다. 이 일은 정조
임금에게까지 알려졌는데, 정조가 그에게 소원을 묻자 궁궐과 금
강산을 구경하고 싶다고 대답하여 이것이 이뤄졌다. 정조는 채제
공 등에게 만덕의 전기를 짓게 하였는데, 그것을 보면 만덕은 양
가良家의 여자로, 어려서 어머니가 죽자 몸을 맡길 곳이 없어 관
아의 기적妓籍에 이름을 올렸다고 한다. 하지만 만덕은 행실을 기
생처럼 하지는 않았는데 스무 살이 되자 관가에 청을 넣어 기적
에서 이름을 빼고 다시 양인이 되었다고 한다. 돈벌이에 수완이
있어서 결혼도 하지 않고 홀로 살며 수십 년 동안 큰돈을 벌었다

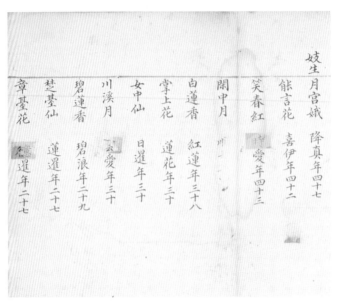

妓生月宮娥　降眞年四十七
笑春紅　喜伊年四十三
熊言花　喜伊年四十二
閑中月　州□□□
白蓮香　紅蓮年三十八
掌上花　道花年三十
女中仙　日運年三十
川溪月　武愛年三十
碧蓮香　珀浪年二十九
楚臺仙　蓮運年二十七
章臺花　恕道年二十七

영노비판안, 규장각한국학연구원 소장.
1750년 전라도 감영의 노비 명단이다. 노비 명단에는 그림과 같이 기생 명단이 따로 있다. 기생 명단은 기생의 출석 호명 명단 방식으로 되어 있다. 기생 호명 명단에 대해서는 『나는 기생이다』 참조.

고 하며, 모은 돈으로 이처럼 선행을 했다는 것이다.

그런데 만덕에 대한 칭찬 일색의 평가 가운데서 심노숭(1762~1837)의 평가는 전혀 다른 내막을 들려준다. 심노숭은 기생 계섬의 이야기를 적은 「계섬전桂纖傳」 말미에다 만덕을 음흉하고 인색한 사람으로 소개했다. 심노숭은 제주 목사인 아버지를 따라 제주에 머물면서 그곳 사람들에게서 만덕에 대한 이야기를 들었다고 했다. 심노숭에 따르면, 만덕은 돈을 탕진하고 떠나는 남자들에게서 바지저고리까지 빼앗았다고 한다. 그렇게 모은 바지저고리가 수백 벌이나 되었는데, 그것들을 햇볕에 늘어놓고 말릴 때면, 동료 기생들까지 침을 뱉고 욕했다고 한다. 만덕은 이렇게 치부하여 제주도 최고의 부자가 되었고, 제주도 여자는 육지에 갈 수 없는 국법을 넘어서, 서울과 금강산을 구경하기 위해 그렇게 큰 기부를 했다는 것이다. 곧 만덕의 선행이 자선심이 아니라, 기부자의 기부액에 따라 정부의 보상이 높아지는 것을 이용해서 자기 평생소원인 서울과 금강산 구경을 이루고자 한 때문이라는 것이다.

만덕은 정말 심노숭의 전언처럼 지독하게 돈을 모았는지도 모른다. 하지만 그 지독함이 만덕의 선행을 덮을 수는 없다. 또 그 동기가 불순하다고 해서 그의 구호를 낮게 평가할 수도 없다. 그가 건진 많은 목숨을 가벼이 여길 수 없는 것이다. 그의 선행에 철저한 계산속이 있었다 해도 기생이 겪는 일들을 염두에 둔다면 만덕의 행동은 극히 현실적이고 현명한 것이다. 그는 서울에 와서 내의원 행수 기생이 되었다. 내의원 행수 기생은 기생이 오를 수 있는 가장 높은 자리이다. 만덕은 비록 스무 살에 기적에서 몸을 뺐다고는 하지만 다른 사람들에게는 여전히 기생으로 받아들여졌고, 그 역시 그 세계를 완전히 떠나지 못했던 것이다.

아무나 만덕이 될 수는 없다. 아무 기생이나 큰돈을 벌 수는 없었다. 보통 기생은 자신을 사랑하는 힘 있고 돈 많은 남자를 만나길 바랄 뿐이다. 그런 높은 지위의 남자가 기생을 아내로 들일 리 없으니 그저 그런 남자의 첩이라도 되길 바랄 뿐이다. 그 중에는 춘향이처럼 성공한 기생도 있고 함경도 명천의 기생 군산월처럼 배신당하고 버려지는 이도 있었다.

춘향이처럼 현업에서 물러나 자신의 지위를 높인 기생의 대표적
인 예로 나합羅閤을 들 수 있다. 나합은 나주 기생으로, 후에 김
좌근의 첩이 되었다. 김좌근은 순조비 순원왕후의 동생으로 19
세기 안동 김씨 세도를 연 권세가이다. 김좌근은 나합에게 빠져
그의 말이라면 뭐든 들어주었다. 나합의 손에서 감사가 나오고
고을 수령이 나온다는 말이 나돌았다. 심지어 나합이 화가 나 김
좌근의 뺨을 때리기도 했다는 소문까지 있었다. 상황이 그런지
라 그를 미워하는 사람들이 나주 정승이라는 뜻에서 나합이라는
별명을 붙였다. 정승들은 흔히 자기가 사는 마을 이름 아래에다
존경의 뜻을 나타내는 '합閤'을 붙여 불렸다. 어처구니없는 권력
을 조롱한 말이지만, 나합은 기생으로서는 최고의 성공을 이룬
셈이다.

실패한 기생 군산월은 함경도 명천으로 유배 온 안동 출신의
문관 김진형이 첩으로 삼은 여인이었다. 유배객에게 무슨 볼 것
이 있어서 첩이 되었겠냐 하겠지만 유배 왔다가 풀려나면 바로
중앙의 명관이 되기 일쑤니 그저 죄인으로만 볼 일은 아니었다.
더욱이 함경도에서는 서울에서 온 김진형 같은 고관은 전통적으
로 명사 대접을 받았다. 유배객의 첩이 된 여인들을 따로 배수첩
配修妾이라 부를 정도였다. 유배지의 현지 첩인 셈이다. 김진형
은 군산월에게 유배에서 풀려나면 자기 집으로 데려가겠다고 약
속했다. 결과적으로 김진형의 유배생활은 두 달 만에 끝났다. 김
진형은 고을 원의 후원으로 관비인 기생을 사사로이 첩으로 삼

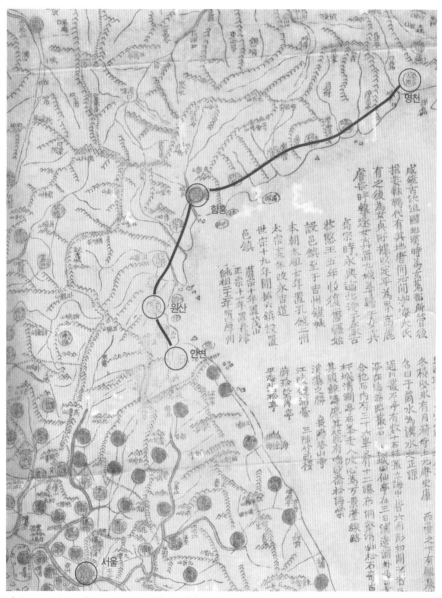

해좌전도, 19세기 중반, 98×57.5㎝, 규장각한국학연구원 소장.
졸로 표시된 부분이 군산월의 행로이다. 군산월을 데리고 명천을 출발한 김진형은 스무 날이 넘는 여정 끝에 안변에
도착했고 여기서 군산월을 명천으로 돌려보냈다.

을 수 없다는 국법을 어기고, 약속을 지켜 군산월을 남장시켜 데려갔다. 그런데 서울로 오는 도중에 안변에서 갑자기 마음을 바꾸어 군산월을 명천으로 돌려보냈다. 유배객이 귀로에 기생을 데리고 간다는 것이 부담스러웠던 것이다. 그 일을 김진형은 자신의 유배 가사인 「북천가北遷歌」에서 노래했고, 군산월은 자신의 아픔을 「군산월애원가」에 나타냈다. 두 가사에서 김진형이 군산월을 버리는 장면을 보자.

닭 울 때 세수하고 군산월을 깨워버너
몽롱한 깊은 잠에 이슬에 젖은 거동
괴怪코도 아름답고 유정하고 무정하다
"옛일을 이를 게너 네 잠깐 들어봐라
이전에 장대장이 제주 목사 지낸 후에
정들었던 수청기생 버리고 나왔더니
바다를 건넌 후에 차마 잊지 못하여
배 잡고 다시 가서 기생을 불러버어
비수 빼어 벤 다음에
돌아와 대장되고 만고영웅 되었으너
나는 본래 문관이라 무인과 다르기로
너를 도로 보버는 게 이것이 비수로다"

　　　　　　　　　　－「북천가」 중에서

연약한 계집 몸이 여러 날 길에 나서
노독路毒이 심하구나

버 온 걸 생각하니 전생인가 몽중인가

주막에 잠을 자고 아침에 조반 후에

행장을 수습하여 한 술 뜨고 일어서니

나으리 거동 보소 변색하고 하는 말이

"가련하고 어여쁘다 너를 처음 만날 적에

언약이 금석 같고 인정人情이 태산 같아

춘풍 삼월 꽃 필 적과 유월 훈풍 좋은 때와

온갖 슬픔 요란하고 심사가 뒤숭하며

고향 생각 간절할 때

주야로 너를 데려 객의 회포 위로하며

고향산천 같이 가서 슬하에 두잤더니

지금 와 생각하니 난처하고 어려워라

버 본래 잘못하여 너를 이제 속였으니

섭섭히 알지 말고 좋게좋게 잘 가거라"

-「군산월애원가」 중에서

김진형은 제주 목사 장대장의 이야기를 들려주며 자신이 단호
히 애기愛妓 군산월을 끊었다고 자랑삼아 얘기하고 있다. 장대장
은 칼로 애기를 죽여 미련을 끊었지만 자기는 문관이라 그렇게
는 못 하고 그저 돌려보낸다는 말이다. 끔찍한 협박이다. 주위
사람들과 후손에게 자신이 얼마나 엄정하고 단호한지를 보여주
고자 한 듯하다. 그런데 군산월이 들었다는 말은 협박이 아니라
신의를 저버린 데 대한 사과다. 나이 쉰셋의 명사가 손녀 뻘인
기생한테 그렇게 모질게 협박했다는 것은 믿기지 않는다. 자신

이 얼마나 단호히 여색을 물리쳤는지 자랑하기 위해 후에 이렇게 노래했던 것으로 이해된다. 어쨌든 김진형의 배신은 군산월로서는 견디기 힘든 일이었다. 하지만 그것이 현실이다. 좋은 집안일수록 기생이 들어가기는 더욱 어려웠다.

혹 성공해서 첩이 되었다고 해도 행복이 보장된 것은 아니었다. 남편이 자신을 사랑하지 않는다면 첩은 아무것도 아닌 존재이기 때문이다. 기생첩은 안주인은커녕 집안을 망치려고 들어온 여우로 취급되었다. 조선후기 양반집 가훈을 보면, 첩을 조심하라는 말로 가득 차 있다. 낯선 집에서 포용하고 배려해도 쉽지 않을 터인데, 사갈시하고 있으니 마음인들 편하며 몸인들 편하겠는가. 낯선 집에 들어와 경계와 질시의 시선을 한 몸에 받고 있는 고단한 기생첩의 신세는 「별실자탄가」에 잘 나타나 있다.

> 음전하고 진중하면 대가 세다 논란이요
> 새침하고 얌전하면 방자하다 돌리고
> 조용 않고 떠들면은 거만하다 수군수군
> 똑똑하고 어여쁘면 여우라 별명이요
> 능수능란 은근하면 흉측하다 별명이요
> 맵시 있고 간드러지면 방정맞다 쓴 말이요
> 생그럽고 민첩하면 간물奸物로 지목하고
> 경우 밝고 눈치 빠르면 얄밉다 통문 돌고
> 정직하고 씩씩하면 밥맛이라 삐죽삐죽
> 여기 좇고 저기 좇아 득인심得人心하려 한 즉
> 고맙단 말 하나 없이 미쳤다 흉을 보며

순진하고 무던하면 물어미라 지목일쎄

잘한다는 말이 없고 칭찬 들을 일이 없네

여기 자기 신세를 한탄하는 첩이 기생 출신인지는 분명하지
않다. 다만 첩은 거개 기생첩이고 기생첩이 이와 다른 처지일 수
는 없다. 대부분의 기생은 첩이 되어도 별실의 한탄을 노래할 수
밖에 없다. 하지만 그렇다고 해서 다른 대안이 있는 것은 아니었
다. 만덕처럼 예외적으로 큰돈을 번 경우가 아니라면 「노기자탄
가」의 늙은 기생처럼 초라하고 외로운 신세가 될 수밖에 없다.

늘 봄날로 알았더니 이십 삼십 잠깐이라

동원도리편시춘東園桃李片時春은 나를 두고 이름이라

색태 믿고 거만타가 인심조차 잃었구나

분분호접紛紛胡蝶 날아가니 어느 친구 날 찾으리

구시월 적막초옥寂寞草屋에 소슬 바람 차도 차다

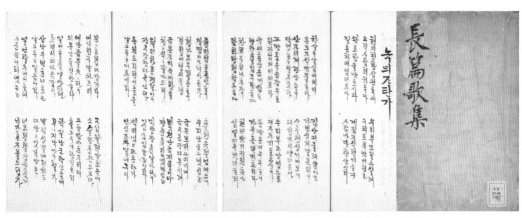

녹의자탄가, 19세기, 『장편가집』에 수록, 규장각한국학연구원 소장. 늙은 기생이 자기 신세를 한탄하는 내용이다.

세간 줍물 찾아 파니 의복인들 오죽하랴

나이 들수록 얼굴은 얽고 몸은 볼품없어진다. 얼마간 기예가 있다고 해도 초라한 예인을 찾는 경우는 드물다. 찾아오는 사람이 줄어드니 수입이 줄고 생계조차 막막하다. 하던 일을 계속하려면 이패 기생인 은근짜를 면할 수 없고, 그렇지 않으면 주막이라도 열어 목구멍에 풀칠이라도 해야 한다. 이렇게까지 되면 본래 미천한 데다 추락의 아픔까지 더해 더욱 비참하다. 현명한 기생이라면 노후를 준비하고 착실히 돈을 모은다. 믿을 것은 돈밖에 없다. 『소수록』에서 남자 손님을 다섯 부류로 나누어본 기생 옥소가 결국 돈 많은 남자를 최고로 친 까닭도 여기에 있다. 그것이 바로 기생의 현실이다.

나는
기생이다

기생의 삶에는 빛과 그늘이 있다. 화려한 옷차림으로 고관과 명사를 상대하며 많은 돈을 벌고 권력의 언저리에 이를 수도 있지만, 일찍부터 모욕과 수치를 겪으며 배신과 버림을 당해 빈곤과 외로움에 고통을 겪을 수도 있다. 해주 기생 명선은 자기 몸을 의탁한 김진사와 장래를 기대하면서 "한 술 밥의 작은 은덕, 눈을 흘깃 작은 원한, 마음대로 못 갚을까"라고 노래했다. 자기 임이 나중에 높은 벼슬아치가 될 때를 미리부터 생각하여, 원한 갚을 계획부터 세운 것이다. 그만큼 사무치는 아픔이 있다.

하지만 기생 신세가 이렇다고 해서 그들을 마냥 불쌍히만 볼 일은 아니다. 기생은 상대 남성들의 쪼들린 삶과 자기 삶을 이렇게 비교하기도 했다.

임자 일 버 타 아오 기껏해야 무명 이불
어린 것의 오줌똥은 무늬를 그려 버고
춘흥春興이 방농方濃하여 야사夜事나 좀 하려 하면
자는 아이 요강 찾고 어린 것은 젖 달라너
편하고 호화롭기 화류장花柳場에 비겨 보오
황금옥黃金屋의 호사 생활 재물을 아낄쏜가

인목왕후 편지, 1603년, 41.4×19.6cm, 규장각한국학연구원 소장.
편지 중간에 의녀가 언급되어 있다. 버의원 의녀는 약방기생이라 하여 최고의 기생으로 대접받기도 했다.

기생의 편안하고 화려한 삶은 부정과 비난의 대상이기도 했지만 가난한 민중에게는 동경과 질투의 대상이기도 했다. 18세기의 이야기책 『어수신화』에는 서울의 한 재상가의 행랑채에 사는 가난한 부부가 각자 태어날 아이를 위해 발원을 하는 장면이 있는데, 딸은 수청시녀隨廳侍女, 선정각씨善釘閣氏, 전갈비자傳喝婢子, 찬색항아饌色姮娥, 아기유모阿只乳母, 모전분전말루하毛廛粉廛抹樓下, 의녀무녀醫女巫女, 수모중매首母仲媒 등이 되기를 기도하고 있다. 다 궁중이나 관청의 하인, 유모, 시정의 가게 주인, 무

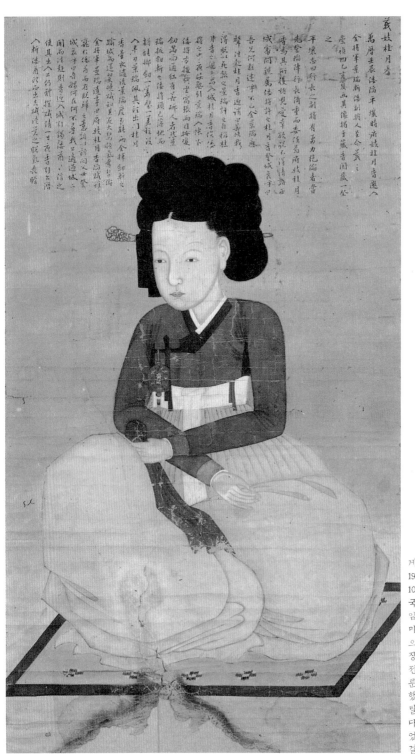

계월향 초상, 작자미상,
19세기, 비단에 채색,
105×70cm,
국립민속박물관 소장.
임진왜란 때 평안도 병
마절도사 김응서의 애첩
으로 김응서를 도와 왜
장의 목을 베게 했다는
전설이 전한다. 일을 이
룬 다음 계월향은 자결
했고 이로써 평양성을
탈환할 수 있었다고 한
다. 이 그림은 평양에 있
었던 계월향의 사당에
걸렸던 것이다.

녀, 결혼중매 등 하천인인데, 여기에는 의녀까지 포함되어 있다. 의녀는 당시 약방 기생이라 하여 최상급 기생 대접을 받았던 자이다. 이런 천한 기생도 더 가난한 평민, 천민들에게는 희망이었던 것이다.

기생은 특별한 동경의 대상도 아니고, 특수한 연민의 대상도 아니다. 그저 전근대를 살아간 힘없는 민중의 한 부류일 뿐이다. 그들이 늘 주장하고자 한 한마디는 '나는 기생이다' '나도 사람이다' 라는 외침이다. 그 외침을 가장 극명히 드러낸 사람들이 이른바 의기義妓이다. 논개가 가장 유명하고 평양에는 계월향이 있다. 일제 때 국채보상운동 등에도 기생들이 적극 참여했고, 민족 반역자를 준엄히 꾸짖은 산홍과 같은 의기도 있었다. 기생은 결코 기생寄生이 아니었다. 남자에 목을 맨 기생적인 존재가 아니라 엄연히 주체적 자립적 존재였다. 그들은 기생어미를 둔 신분적 태생적 조건 때문에, 또 절대적인 빈곤 때문에 기생이 되기도 했지만, 스스로가 인간이기를 포기한 적은 없었다. 세상 사람들이 아무리 창녀라고 손가락질해도 그들 스스로는 그것을 결연히 거부했던 것이다.

6장

금하고자 하나 금할 수 없었다

여성에 대한 규제와
그 틈새

정지영 | 이화여대 여성학과 교수

만들어진
'이조 여인'

조선시대에 가부장제는 유동적으로 구성되는 과정 속에 있었다. 조선초기 국가 운영에 참여한 이들은 주자학적 이념에 따른 생활 관행을 정착시키기 위해 여러 가지 조치를 마련했다. 친영제親迎制의 시행, 재가녀자손금고법再嫁女子孫禁錮法, 부녀상사婦女上寺 금지, 음사淫祀 금지, 내외법內外法 등이 그것이다. 또 족보 기재, 재산의 상속, 제사의 계승이 적장자 위주로 이뤄지면서 조선은 점차 종법질서에 기반을 둔 가부장제 사회가 되어갔다.

　여성의 행동과 삶을 규제하는 제도들은 권력을 가진 사람들의 이해관계에 따라 세밀한 방식으로 만들어진 것으로, 특정한 역사 국면에서 구축되었다. 조선시대 이상적인 여성의 모습은 이러한 제도가 정착되는 과정에서 만들어졌고, 그것은 한국 근대 사회 속에서 '한국의 전통적 여인상'의 원형으로 채택되었다. 이렇듯 조선시대의 특정한 제도 속에서 만들어진 여인은 근대 한국 사회의 남성 중심적 역사 담론 속에서 부활하여 근대적 성별관계를 구성하는 주요한 근거로 활용되었다.

하지만 그러한 이미지와 과거의 현실이 그대로 일치하지는 않을 것이다. 조선시대의 자료를 보면, 국가에서 금지한 음사에 참가해서 술에 취해 집에 돌아오는 사대부집 부녀에서부터 떼를 지어 몰려다니는 비구니들에 이르기까지 전형적인 '조선의 여성'과는 사뭇 다른 이들을 만나볼 수 있다. 이러한 여성들은 당대에 만들어진 다양한 금제를 위반하거나, 그 규제를 넘나든 존재이다. 조선시대 여성에 대한 다른 상상을 해보는 것은 근대 사회 틀에서 설정된 특정한 방식의 '남녀관계'에 대한 고정관념에 균열을 내는 시작점이 될 수 있을 것이다.

"평교자를 금했지 걸어다니지 말란 법은 없잖은가"

조선시대에는 규방의 여성에 대해 밖으로 나가는 것, 길을 다니는 것, 얼굴을 내놓는 것에 대한 규제가 만들어졌다.

양반 여성은 길을 나설 때면 사방이 막힌 가마를 타도록 규정되었다. 원래 조선의 양반 여성들은 평교자를 타고 다녔다. 평교자는 말 그대로 사방에 막힌 것이 없는 들것과 같은 모양의 가마였다. 이런 평교자는 간편하고 가벼웠을 것이며, 그것을 탄 여성은 지나는 길에 만나는 사람들과 풍경을 자유롭게 볼 수 있고 또 그 광경에 관여할 수 있었다. 그런데 조선 초기에 건국의 혼란이 수습되자 만들어진 이른바 의장 법도를 바르게 하는 조치들 속에 3품 이상의 정실부인은 평교자를 탈 수 없도록 하는 규정이

혜원 신윤복의 풍속화첩 중 제5면.
조선시대 양반 계급 여성들이 얼굴을 가리기 위해 너울羅兀 대신 외출할 때 간편하게
착용한 것으로, 1930년대까지 흔히 볼 수 있었다. 모양이 한국의 전형적인 치마와 비슷
한데, 머리 위로 불룩하게 쓴 후 치마허리로 양 뺨을 감싸 턱밑에서 마주잡는다.

포함되었다. 가마의 사면을 부축하는 종들과 옷깃을 스치고 어깨를 비비게 되어, 흉허물 없이 가까워진다는 것이 그 이유였다. 이제 3품 이상에 해당하는 관원의 정처正妻인 여성들은 옥교자, 곧 지붕이 있고 사방이 꽉 막힌 가마를 타야 했다.

옥교자를 타도록 한다는 것은 여성을 보호한다는 명분을 내걸고 있었지만 현실적으로는 여성이 바깥세상과 소통할 수 없게 됨을 뜻했다. 사실 부녀들이 평교자를 타지 못하도록 한 조치는 태종 때에 이미 반포되었지만 이것이 현실화되는 데에는 상당한 시간이 걸렸다. 세종 26년의 기록을 보면 평교자를 타지 말라는 금령이 내려진 뒤에도 공공연하게 이를 타고 다니는 일이 있어 사헌부에서 다시 법을 만들었다는 내용이 나온다. 평교자를 타던 여성들에게 옥교자를 타도록 하는 것은 쉽게 관철될 만한 일이 아니었다. 금지령이 내려와도 이에 개의치 않았던 여성들이 있었고, 그들은 문지방을 넘어 뜰을 지나 중문을 나와서도 금법을 어기며 나들이를 했다.

평교자를 타지 말도록 하자는 논의에서 눈길을 끄는 것은, 태종 때 3품 이상의 정처에게는 옥교자를 타게 했지만, 3품 이하의 정처에게는 평교자 대신 말을 타도록 했다는 점이다. 당시에 여성들이 말을 타는 일은 매우 흔한 일이었던 듯하다. 조선시대에 규방 여성은 거동이 자유롭지 못하고 사방이 막힌 가마 안에 얼굴을 감추어야 했던 것도 사실이지만, 한편으로는 말을 타고 다닌 여성들이 있었다는 점은 흥미롭다.

그런데 또 한편에서는 걸어다니는 여성들이 있어 문제가 되었다. 평교자를 타지 말라는 조치가 내려오자 사대부의 아내, 사족

옥교자, 조선후기, 81×101×113cm, 서울역사
박물관 소장.
가마는 비빈이나 양반 사대부가 부녀자들의
교통수단이자 버외의 수단이었다. 바깥출입
이 제한되어 있던 부녀자들이 문밖에 나설 때
에는 지붕이 있는 가마, 즉 옥교자를 탐으로써
다른 사람들과의 접촉을 피하도록 했다.

의 딸 등이 길거
리를 걸어다닌 것
이다. 평교자를 타
지 말라고 했지 걸어다니지 말라는 말은
없었으니 여성의 입장에서 볼 때 크게 잘못된
일도 아니었을 터이다. 하지만 국가 입장에서 보면, 평교자를 타
지 말고 옥교자를 타거나 말을 타라고 했으니 걸어다니는 것이
권장되지 않았다는 것은 명백하다. 하지만 부녀들은 평교자를
타지 말라고 한 뒤부터 버젓이 길을 활보한 것이다. 즉 국가에서
'천한 사람들, 특히 남성'과 접촉하는 것을 막기 위한 방책이 오
히려 스스로 길을 활보하도록 만들었는데, 혹 여성들은 이런 방
식으로 국가에 은밀히 저항했던 것은 아닐까?

다른 상상,
조선시대 여성의 외출과 놀이

사치스럽게 몸을 꾸미고, 옥교자를 타거나 말을 타고, 혹 아무것
도 타지 않고 걸어서 나선 그 여성들은 어디를 간 것일까? 문지

풍속도 중 '노상풍정',
작자미상, 19세기, 지본채색,
76×39cm, 국립중앙박물관 소장.

조선시대 풍속화 중 말을 타고 가는 여인의 모습.
종복이 앞서고 여노비가 짐을 들고 뒤따르고 있다. 비교적 얼굴을 흿히 드러내고 자유롭게 행보하는 모습이다.

풍속화첩 중 '소 등에 탄 여인', 작자미상, 19세기, 지본채색, 56.4×36.5cm, 국립중앙박물관 소장.

방을 넘어 바깥에 나온 양반 부녀들은 길에서 얼굴을 가리는 천을 걷어올리고 무엇을 보려 했던 걸까? 혹 누군가에게 자신을 드러내려 했던 것은 아닐까? 또 바깥세상에 대한 관심은 어떤 것이었을까?

· 거리 행사 구경하기

규방 여성들은 관람하는 것을 즐겼다. 중국에서 사신이 오거나 왕이 행차할 때 양반 부인들은 길가에 나와 행사를 구경했다. 부녀들은 거리에 모여 장막을 설치하거나 누각의 난간에 기대어 구경하곤 했다. 얼굴을 내밀며 흘끔 훔쳐보는 그들은 남성의 눈에 위태로워 보였고, 이 때문에 구경을 금지하자는 의견이 사헌부에서 제기되기도 했다. 그러던 중 성종 24년 2월에는 왕이 친경親耕하는 행사를 하자, 구경 나온 사족의 부녀들이 비를 만나 이를 피하는 과정에서 종과 헤어져 혼자 밤거리를 헤매다가 낯선 집의 문을 두드리며 하룻밤 묵어갈 것을 청하기도 하고, 길에서 넘어지기도 하는 사건이 벌어진다. 그 와중에 홍효정의 아내는 밤새 혼자 길가에 있기까지 했다.

한편, 왕이 거둥할 때는 사족의 부녀들이 그 행차를 구경하기 위해 미리 길가의 소옥에 와서 머물며 하룻밤을 지내는 경우도 많았다. 성종대에 이에 대한 논란이 끊이지 않았지만, 왕은 다만 부녀들이 몸을 드러내고 정면으로 보거나 얼굴을 드러내는 것에 대해서만 금했다. 그러다가 중종대에 이르러 마침내 사족 부녀자의 관광이 엄격히 금지되었다. 하지만 그 이후에도 부녀들이 구경에 나서는 행동은 멈춰질 기미가 없었다. 선조대의 기록을

화성능행도병 중 '화성성묘전배도'(부분), 김득신 외, 1795년, 견본채색, 151.5×66.4cm, 국립중앙박물관 소장.
1795년 정조가 윤2월 9일부터 16일까지 8일간 어머니 혜경궁 홍씨를 모시고 부친 사도세자의 묘소 현륭원을 행차한 뒤 성대한 연회를 베푼 장면을 그린 것 중 한 장면. 그림 왼쪽에 부녀자들이 길에 나와 행차를 구경하고 있는 모습이 그려져 있다.

보면, 사족의 부녀들이 구경을 삼가기는커녕 가마를 타고, 화장을 짙게 하고 구경하여 더 큰 문제가 되었음을 알 수 있다. 낮에도 뜰 밖으로 나오지 않아야 할 규방의 부녀자들은 교외로 나가 보고 싶은 것을 마음껏 구경하고, 한껏 치장한 가마를 자랑하고, 화장한 얼굴을 가리지 않고 드러냈던 것이다.

· 산과 계곡에서 모여 놀기

여성들은 국가가 주최하는 행사를 구경할 뿐 아니라 스스로 놀이 행사를 주관하기도 했다. 사족의 부녀들은 친지를 전송한다는 핑계로 산간 계곡에 모여 모임을 갖고, 그곳에서 갖가지 놀이를 하고 춤추며 어울렸다. 이런 가운데 간혹 술에 취하는 일도 있었다. 성종 3년에 예조에서는 사족의 부녀들이 산간 계곡에서 연회를 베풀고 술을 마셔 취하여 부축을 받고 돌아오기까지의 일에 대해 규찰할 것을 요청한 바 있다. 또 연산군대에 대사간 이자견은 사족의 부녀들이 풍악을 울리고 술 마시며 마음대로 노는 풍속을 엄하게 금단할 것을 청하고 있다. 흥미로운 것은 왕이 이에 대해 "법을 세운다 하더라도 따라 실행하지 않는 데야 어찌할 것인가?"라고 무기력한 대응을 보이는 점이다.

한편 사족의 부녀들은 온천이나 냉천 등을 찾아다니며 목욕을 즐겨 했다. 온양 온천의 경우 재상과 사족의 부녀들에게 개방된 곳이었다. 또, 명종 18년에는 광주 땅 논 가운데서 솟은 냉천에 부녀들이 가마를 타고 일시에 몰려와 30여 채의 가마가 늘어서는 등의 일이 화제가 되었다. 가마를 타고 올 수 있었던 여성들

사계풍속도 중
'화류유희花柳遊戱',
작자미상, 19세기,
견본채색, 76×39cm,
국립중앙박물관 소장.

은 꽤나 지위가 높은 집안의 부녀들이었을 것이다. 재미있는 것은 그녀들은 개별적으로 조용히 움직이지 않고, 일시에 30여 채의 가마가 함께 몰려오는 방식으로 집단적으로 몰려다니며 유흥을 즐겼다는 사실이다. 이 밖에도 사대부집 부녀들이 모여서 남산과 삼청동으로 놀러다니고, 사찰을 두루 관람하기도 하여 문젯거리가 되었다. 이러한 일에 대해 놀라고 괴이하게 여겼다지만, 결국 처벌은 그 가장의 몫으로 돌아갔고, 그것은 바로 사대부의 가정을 올바르게 하기 위함이었다.

· 불사와 음사

태종 4년부터 부녀자의 절 출입을 금하도록 하는 조치가 내려온다. 하지만 부녀자가 사찰에 출입하는 일은 조선시대 내내 완전히 차단되지 못했다. 사족의 부녀들은 절에 올라가 불공을 드리고 숙박을 하며, 이른바 '잡담'을 나누어 문제가 되기도 했다.

세종 때는 앞서 살펴보았듯이, 여성의 생활문화를 유교식으로 바꿔나가기 위한 규제들이 정비되고 강화된 시기이다. 그런데 이러한 때에 왕실에서 주관하는 불교 행사가 공공연하게 열렸고, 이에 서울의 선비와 부녀들이 모여들었다. 세종 14년 2월에는 효령대군 이보가 7일 동안 한강

탁발(부분), 신윤복,
지본담채, 28.2×35.3cm,
간송미술관 소장.

에서 수륙재를 개설했는데, 서울 안의 선비와 부녀들이 구름같이 모였으며, 양반의 부녀도 맛좋은 음식을 장만하여 가지고 와서 공양했다.

세종 7년에는 죽은 판부사 이화영의 아내 동씨가 그 어머니와 딸뿐 아니라 친족의 부녀들을 이끌고 절에 가서 3간 정도의 작은 암자에서 중들과 함께 있었다. 또 금은을 녹여서 법화경을 베끼고 닷새 동안 그것을 읽었을 뿐 아니라, 유밀과를 만들어 중들을 대접했다. 세종 16년에는 양주에 있는 회암사가 수리를 위한 불회를 열어 사대부의 아내, 여승, 부녀자들이 서로 구경하고자 몰려들어 또 하나의 사건이 되었다. 이때 세 명의 중이 무애희無㝵戲(서역에서 들어온 불교극으로 무애를 들고 춤을 추며 노래를 부름)를 시작하자 부녀자들이 시주라면서 옷을 벗어주어 물의를 빚기도 했다. 그런데 이러한 일에 대해 왕이 "부녀자들이 사리를 모르고 그랬다"는 식으로 처벌을 피하는 것을 볼 수 있다. 이렇듯 회암사에 부녀들이 모였던 사건은 세종대에 큰 문제가 되었지만, 결국 사족의 부녀와 여자 중에게 장 80을 선고하고 속전贖錢(돈을 내고 형의 집행을 면제받는 것)을 거두는 것으로 마무리되었다.

성종 25년에는 월산대군의 부인이 흥복사에서 불사를 열자 사대부와 사족의 부녀자들이 구름처럼 모여들었다. 그런데 "승도들과 뒤섞여 머물러 잤다"는 것이 빌미가 되어 커다란 문제가 되었다. 이때 절에서 이루어진 광경은 이렇게 묘사되어 있다. '악공을 불러 풍악을 울리고, 초를 만들고, 화초를 만들며, 금은 채단을 부처 앞에 나열하고 남녀가 뒤섞여 있었다.' 하지만 왕은 여전히 이러한 일은 근거를 찾아내기 어렵다는 이유로 처벌을 미루었다.

유교가 지배하는 사회, 곧 유교라는 질서와 규범에 맞게 살아가는 것이 권장된 사회에서 여성들은 불교를 믿으며 불교식 제사를 지내고, 불교 행사를 열어 참여했다. 국가의 규제나 처벌이 결코 이런 문화적인 흐름을 바꾸지 못했는데, 여성들은 사찰에 가면서도 다른 한편으로는 무속의 행사를 주관하고 향유해 사회적으로 문제를 빚곤 했다. 무속은 '음사淫祀', 곧 음란하고 도리에 어긋난 제사라고 일컬어졌다. 조선시대에 무당은 성 밖에 멀리 떨어진 곳에 모여 살게 하여, 무당 마을이라며 구별지으려 했다. 하지만 현실은 그렇지 못했다. 세종 13년에 사헌부에서 주장한 바에 따르면, 당시에 무당이 성안에 섞여 들어와 지내고 양반의 부녀들이 때를 가리지 않고 왕래했다고 한다. 뿐만 아니라 부녀자들이 병이 나면 무당집에 가서 의지하는 일이 많았다. 이에 세종 25년에는 금령禁令을 범한 부녀가 만약 가장이 없으면 그 장자를, 그 장자가 없으면 차자를, 차자가 없으면 장손을, 장손이 없으면 차손을 죄주고, 만약 가장과 자손이 없으면 부녀자 '자신'에게 죄를 줄 것임을 명확히 했다.

하지만 이른바 음사는 사족의 부녀 입장에서 보자면 단순한 신앙 차원에서 벌인 것이 아니라, 그녀들이 중심이 되는 하나의 놀이판이었다.

귀신을 즐겁게 한다고 칭탁하여 풍악을 치고 즐기기를 극진히 하고, 밤을 지내고 돌아오면서 도로에서 자랑하고 떠벌리며, 광대

송씨부인도, 조선시대, 59×94cm, 경희대박물관 소장.
무당이 신앙하는 특정 신을 사실적이고 회화적인 기법으로 그린 종교화인데, 이처럼 조선시대에는 무속신앙이 여전히 성행했고,
그 흔적은 여러 유물과 사당에 남겨져 있다. 이 그림에서는 송씨 부인이 주된 무조신巫祖神으로, 서울 지역에서 마을의 수호신으
로 믿어진 부군신府君神의 신당에 신체神體로 봉안되었던 신상神像이다.

와 무당이 앞뒤에서 난잡하게 말 위에서 풍악을 베풀어 방자하게
놀이를 행하여도, 그 남편이 금하지 않을 뿐 아니라 아무렇지도
않게 함께하며, 이를 이상하게 여기지 않는 자가 이따금 있습니
다. (『세종실록』권52 13년 6월 25일)

술과 반찬을 성대하게 베풀며 귀신을 즐겁게 한다지만 그 자
리에는 그 제사를 주관하는 여성과 네트워크를 가진 다른 여성

들이 참여했을 것이다. 그들은 봄가을, 가장 놀기 좋은 때에 산에 찾아가 풍악을 울리고 밤새 즐겼으며, 거기서 그치지 않고 도로에서 자랑하고 떠벌렸다.

불사와 음사는 종교적인 행사이면서 동시에 관등놀이, 산과 계곡을 오가며 구경하고 잔치하는 여성들만의 축제였다. 지방 양반의 부녀들은 술과 고기를 가지고 공공연히 모여서 오락을 하며, 유교 국가가 여성에게 가르치고자 한 이른바 '바른 풍속을 향한 교화'의 과정을 더럽혔다. 이러한 여성들의 생활과 놀이 문화는 조선시대 남성 지배자들의 의지로써 규제되어 자연스럽게 서서히 사라진 것이 아니었다. 금지를 하고자 하는 유교에 바탕을 둔 남성 지배자들과 그 금지를 '공공연하게' 무시한 양반 부녀자들의 오랜 줄다리기가 있었던 것이다.

금하고자 하나
금할 수 없다

조선왕조실록에는 여성에 대한 규제 조항을 둘러싸고 조정에서 벌어진 숱한 논의가 담겨 있다. 이는 곧 그 규제가 쉽게 관철되지 않았음을 입증한다. 규방 여성들을 처벌하는 일은 좀처럼 강력하게 시행되지 못했다. 절에 올라가지 말라는 금제를 어긴 경우 여성들을 처벌해야 하는 게 마땅했지만, 부녀들은 "지각이 없으므로" 처벌하기 어렵다는 것이 왕의 입장이었다. 왕은 "부녀자들이 사리를 모른다"는 이유로 직접 벌을 받게 하지 않았다.

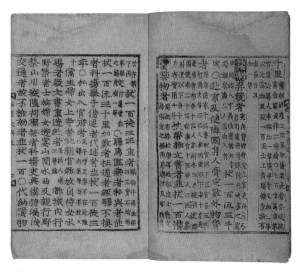

경국대전, 1485년, 서울역사박물관 소장.
『경국대전』은 부녀자가 절에 가거나 산과 계곡으로 놀이를 나가면 장 100대에
처한다(형전 금제조)는 등 여인들의 바깥출입을 엄격하게 제한하고 있다.

이에 오히려 그 자리에 함께 있던 중들만 직첩을 거두는 방식으로 처벌이 이뤄졌다. 물론 심한 경우에 여성에게 장 80대의 처벌을 내렸지만 그것도 대개 속전을 받는 것으로 대신했다.

이런 상황에서 대간의 관원들은 그 가장을 처벌하는 방식으로 부녀자의 행동을 징벌할 것을 요청했다. 곧 사리분별이 없는 부녀를 직접 벌할 수 없으므로, 이들이 금제를 어겼을 때 대개 그 가장에게 죄를 주는 것이었다. 이러한 처벌의 방식은 한 집안의 가장에 대한 징계라는 점에서 더 무겁게 여겨졌을 수도 있지만, 어쨌건 부녀의 입장에서는 국가의 형벌을 피해갈 수 있었다.

사실 부녀가 놀러 다닌 것을 국가에서도 규찰하기 어려운데 그것을 다스리지 못했다는 이유로 남편, 곧 가장을 처벌하는 일은 더 현실성이 없는 것이었다. 국가 입장에서도 사실 따지고 보면 직접 죄를 범하지도 않은 가장을 함부로 처단하기 어려운 상황이어서, 결국 아무에게도 죄를 주지 못했다. 아니 어쩌면, 그 가장을 처벌하자고 주장하는 당사자들, 또는 그 친인척들이 바로 처벌받아야 할 그 '가장'들일 수도 있었다. 만일 그러한 여성의 가장을 처벌하고자 하면, 당시의 유명한 가문의 남성들이 집

단으로 처벌 대상이 되었을 것이며, 처벌의 주체가 다시 처벌의 대상이 되는 형국이 되었을 수도 있는 것이다.

　결국 "금하고자 하나 금할 수 없다"는 탄식이 왕의 입에서 끊임없이 흘러 나왔다. 조선시대 규방 여성은 스스로를 꾸미고 드러내려는 욕망을 가진 존재들이었다. 그러한 규범에 그대로 따르는 여성들이 있었던 반면, 다른 한편에는 금제에도 불구하고 하고 싶은 대로 하며 사는 규방의 여성들이 있었다. '규방'이라는 곳은 이른바 문지방을 함부로 넘을 수 없는, 창살 없는 감옥 같은 곳이지만, 동시에 은밀하고 침범할 수 없는 내밀한 장소이기도 했다. "규방을 일일이 들여다볼 수 없으니 어떻게 규제할 수 있겠는가"라는 말은 역설적으로 규방이 여성들만의 영역이며, 남성 지배자의 직접적인 통제가 그 속까지 미칠 수 없었음을 말해주는 것이 아닐까.

＊

조선은 유교라는 이념을 국가를 운영하는 기본 원리로 삼았다. 유교적 예법을 생활에 도입하는 것은 곧 유교 이념과 질서를 현실에서 구현하는 길이었다. 조선시대에 규방 여성에 대해서도 유교적인 예법에 맞게 생활하도록 유도하고, 그 질서를 내면화하도록 만들기 위한 여러 조치들이 마련되었다. 이 과정에서 금지 조항들이 더욱 늘어나게 되었다. 가만히 금지 조항의 내용을 살펴보면, 그 핵심은 외출과 노출에 대한 규제에 있었음을 알 수 있다. 부녀가 자유롭게 돌아다니거나, 자신을 드러내거나, 사람들과 만나거나, 모여서 놀이를 하는 것을 막는 것이었다. 곧 여성이 바깥세계와 소통하는 것에 대한 규제였다. 밖으로 돌아다니는 것도 문제였지만, 얼굴을 노출하는 것은 더욱 큰 문젯거리가 되었다. 얼굴을 내놓고 밖에서 놀이를 하는 것도 허할 수 없었지만 모여서 다니는 것은 더 심각한 일로 취급되었고, 불사와 음사처럼 여성들이 여성들만의 의례, 행사를 벌이는 것은 용납하기 힘든 일이었다. 하지만 결국 이것들을 규제하는 일이 가장 어렵고도 불가능한 것이기도 했다.

　조선시대 규방 여성의 삶은 양반 남성에 의해, 위로부터 부과된 규제들의 영향을 받지만 그것에 은밀하게 또는 노골적으로 맞서고 대응해온 역사를 감추고 있기도 하다. 국가와 양반 남성의 규제가 규방 여성들의 욕망과 생활을 바꾸는 과정은 매끄럽게 이루어진 것이 아니었다. 여성에 대한 남성들의 통제는 쉽게 이루어지지 않았고, 때로는 그들의 의도와는 전혀 다른 결과를 낳기도 했다. 규방은 양반 여성을 격리시킨 유폐의 공간이지만, 여성들만의 문화가 만들어지고 소통되는 여성들의 장이기도 했던 것이다.

제2부

조선 여성,
그 삶의 현장

7장

여성에게 가족이란 무엇이었나

❁

상식과 다른
조선의 혼인과 제사 규칙

김미영 | 한국국학진흥원 책임연구위원

남자가 장가들다,
남귀여가혼

'겉보리 서 말만 있어도 처가살이 안 한다' 라는 속담이 있다. 시집살이혼을 당연하게 간주하는 우리 사회의 혼인 습속을 잘 드러내는 표현이다. 그런가 하면 항간에는 '시집가다' '장가들다(혹은 장가가다)' 라는 말도 전한다. 시집간다는 것은 혼례를 치른 후 여자가 남자의 집으로 들어가는 것을 일컫고, 장가든다는 표현은 남자가 여자의 집으로 가는 이른바 처가살이혼을 뜻한다. 그런데 시집살이혼이 뿌리박힌 우리 사회에서 '장가들다' 라는 말이 전해 내려오는 까닭은 무엇일까?

남성 중심으로 집(가문)이 계승되는 것을 바람직하게 여기는 유교의 경우 혼인을 하면 『주자가례』에 준하여 여자가 남자의 집으로 들어가는 시집살이혼을 하도록 명시되어 있다. 혼인 당일 아침에 신랑은 자신의 집에서 혼례를 치르기 위해 신부를 맞이하러 가는데, 이를 친영親迎이라고 한다. 그리하여 신랑이 신부를 데리고 집에 도착해 해가 저물기 시작하면 대례를 올렸던 것이다. 이처럼 원래 혼례는 저녁이나 밤에 거행했는데, 이런 연

기산풍속도첩에
실린
전통 혼례의
한 장면인
신부 가마.

유로 『주자가례』에서도 혼례를 '어두운 밤의 의례'라는 의미에서 '昏禮'라고 표기해두었다. 그러던 것이 우리나라로 건너오면서 밝은 대낮에 치르는 것으로 바뀌었으며, 용어 또한 '婚禮'로 대치되었다.

한편, 조선시대에 행해졌던 친영은 신랑이 신부 집으로 가서 그곳에서 혼례를 치른 후 3일이 지나 신부와 함께 자신의 집으로 돌아가는 방식이었다. 이를 '삼일우귀三日于歸'라고 한다. 이처럼 『주자가례』의 친영이 우리나라로 들어와서 변형되었던 까닭은 우리 고유의 혼인 습속인 남귀여가혼男歸女家婚 때문이다. 이는 신랑이 신부 집에서 혼례를 올리고 나서 자신의 집으로 돌아가지 않고 자녀들이 태어나 성장할 때까지 처가에 머무는 방식이다. 흔히 알려져 있는 고구려의 서옥제婿屋制도 여기에 해당하는데, 다음은 『삼국지三國志』에 실린 내용이다.

그 풍속에 혼인을 할 때 구두로 이미 정하면 여자의 집에는 대옥大屋 뒤에 소옥小屋을 짓는데 서옥이라 이름한다. 저녁에 사위가 여가女家에 이르러 문밖에서 자신의 이름을 말하고 꿇어앉아 절하면서 여자女子와 동숙同宿하게 해줄 것을 애걸한다. 이렇게 두세 차례 하면 여자의 부모가 듣고는 소옥에 나아가 자게 한다. 옆에는 전백錢帛을 놓아둔다. 아이를 낳아 장성하게 되면 비로소 여자를 데리고 집으로 돌아간다.

처가살이혼은 고려시대를 비롯해 유교적 가족 이념이 본격적으로 정착하기 시작한 조선중기까지 지속된 것으로 알려져 있다.

이에 관한 단서가 고려사와 조선왕조실록 등에 나타난다.

고려 풍속으로 보면, 남자는 본가로부터 따로 살지언정 여자는 집을 떠나지 않게 되어 있는데 그것은 마치 진秦나라의 데릴사위와 같아서 부모를 부양하는 것은 여자의 임무로 되어 있다. 그러므로 딸을 낳으면 애지중지하여 이를 키워서 밤낮으로 그가 장성하기를 바라니 그것은 딸이 부모를 부양해주기 때문이다.(고려사)

전조前朝의 구속舊俗에는 혼인하던 예법이 남자가 여자의 집으로 장가들어 아들과 손자를 낳아 외가에서 자라게 하기 때문에 외가 친척의 은혜가 중함으로⋯⋯(『태종실록』)

우리나라는 중국과 같이 친영하는 예가 없으므로 처가를 내 집으로 삼아 처의 아비를 아비라 부르고 처의 어미를 어미라고 부르며 평소 부모의 일로 여기니⋯⋯(『성종실록』)

내용으로 미루어보면 처가살이혼은 15세기에도 지속되었음을 알 수 있는데, 16세기에 쓰여진 유희춘柳希春의 『미암일기眉巖日記』(1567~1577)에도 그의 아들 유경렴이 처가살이를 한 것으로 되어 있으며, 손자인 유광선 역시 남원의 처가에서 살았다. 그런데 처가살이혼의 경우 자녀들이 외가에서 성장하면서 어머니 쪽의 친족들과 긴밀한 관계를 유지할 가능성이 높은데, 이는 유교에서 추구하는 아버지 쪽의 친족 형성을 방해하기도 했다. 이런 이유로 조선초기 유교 이념을 준수하고자 했던 사족들은 처가살이혼을 엄격히 금지하고 친영을 시행하도록 건의한다. 당시에는 왕족의 혼인에서나 친영을 따랐을 뿐 민간에까지 확대시키지는 못했으며, 1435년(세종 17) 윤평尹泙이 태종의 13녀인 숙신옹주肅愼翁主를 친영한 것이 최초로 되어 있다.

이처럼 임금이 몸소 친영을 행하는 노력을 기울였음에도 불구하고 제대로 실시되지 않자 중종대에 이르러 본격적인 논의가 시작되어 명종대에는 처가살이혼과 친영제를 절충한 '반친영半親迎' 제도가 시행된다. 『증보문헌비고增補文獻備考』를 보면, "명종조明宗朝에 이르러 사서인

미암일기, 유희춘, 보물 제260호, 유근영 소장.

士庶人의 혼례가 예전의 제도와 달리 약간 바뀌었다. 신랑이 신부 집에 도착하면 신부가 나와서 예를 행하되 교배례와 합근례를 행하고 이튿날 시부모를 뵙는데, 이를 반친영이라고 한다"고 기록되어 있다. 반친영이란 신부 집에서 혼례를 거행하고 그다음 날(또는 3일 후) 신랑 집으로 가서 신부가 시부모에게 예를 올리는 현구고례見舅姑禮를 실시하는 방식이다. 이처럼 혼례를 치른 이튿날 시댁으로 가는 것을 '당일우귀當日于歸'라고 하며, 3일 후에 가는 것을 '삼일우귀'라 한다. 그런데 실제 관행에서는 이보다 훨씬 오랜 기간 친정에 머문 것으로 알려져 있다. 즉 혼례를 거행한 달月을 넘기고 가는 '달묵이'가 있는가 하면, 해年를 넘기는 '해묵이'도 적지 않게 발견된다.

따라서 오늘날의 시집살이혼은 유교가 도입되고 나서 정착된 것이며, '장가든다' 라는 표현은 처가살이혼이 행해졌던 시절에 생겨난 것이라 할 수 있다. 이런 경향은 또한 부계 중심의 가족 이념과 달리 우리 고유의 가족 문화는 남녀 구분이 없는 양계적 兩系的 속성이 주류였음을 보여주는 대목이기도 하다. 실제 유교가 정착하기 전에는 재산과 조상 제사에서 남녀균등상속이 행해졌는데, 이와 관련된 문헌 기록이 적지 않게 발견되고 있다.

딸도 제사를 지내다,
윤회봉사

오늘날 조상 제사는 아들(남성)을 중심으로 행해지고 있으며, 차례 등 각종 제사에 딸이 참석하는 경우는 매우 드물다. 그런데

제사윤회도
위 칸에는 부모의 기제사를 제외한 고조부모, 증조부모, 조부모의 제사 및 각종 명절 제사를 명시해두었으며, 아래 칸에는 담당자를 적어 넣는다.

유교가 도입되기 전만 하더라도 출가한 딸이 부모의 제사를 지내곤 했는데, 다름 아닌 윤회봉사輪回奉祀의 습속이다. 윤회봉사란 아들과 딸이 조상의 제사를 번갈아 담당하면서 지내는 것으로, 고려시대에 성행했던 풍속이다. 불교 국가였던 고려시대에는 조상들의 위패를 사찰에 모셔두고 제사 수행을 의뢰하는 방식을 따랐는데, 이에 소요되는 비용을 형제자매들이 교대로 전담했던 것이다.

이후 조선시대로 접어들어 사찰에서 행하는 전면 금지하고 유교식 제례를 권장함으로써 대부분 집에서 제사를 지내게 되었지만, 윤회봉사의 전통은 여전히 지속되었다. 그런데 조상 제사를 사찰이 아닌 집에서 지낼 경우 사당이나 감실에 모셔진 신주를 어떤 방식으로 제사상에 모셨는지 사뭇 궁금해진다. 이에 대한 실마리는 조선중기의 문신인 이문건李文健의 『묵재일기默齋日記』(1535~1567)에서 찾을 수 있다.

1545년 정월 초4일: 어머니 기일 때문에 (휴가를 받아) 집에서 재계하였다.

1545년 정월 초5일: 어머니 기일이다. 제사의 차례는 큰누님 댁이다. 일찍이 휘(큰형의 아들)와 함께 청파동에 갔더니 염(작은형의 아들)도 막 도착해 있었다. 바로 지방을 써서 제사를 거행하였다. 제사가 다 끝났을 때는 이미 해가 높이 솟았다. 지방을 사르고 제상을 거두고, 누님을 모시고 석사를 하면서 술도 한잔 하였다. 휘는 홍문관에 모임이 있어서 먼저 가고, 나도 하직하고 나와서 (오는 길에) 수찬 안구숙安久淑의 빈소에 들러 문상하였다.

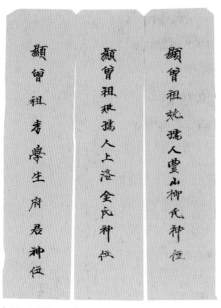

진성 이씨가의 지방紙榜, 20세기, 25.7×18.9cm, 서울역사
박물관 소장.

내용 가운데 '제사의 차례는 큰누님 댁'이라는 대목에서 자녀들이 제사를 번갈아가며 지냈음을 알 수 있다. 아울러 당시 신주는 큰형 집의 사방祠房에 모셔져 있었지만, 이를 제사 장소로 옮기지 않고 지방紙榜을 사용하였다. 흥미로운 점은 사찰에서의 조상 제사가 대부분 단절되었던 조선시대에도 윤회봉사의 습속이 여전히 행해졌다는 사실이다. 『중종실록』에 "우리나라에서 제사를 예문禮文대로 지내지 않는 것을 이미 아뢴 바 있습니다. 적자嫡子가 있으면 지손支孫이 제사를 받들지 못하는 것이 마땅한 예禮임에도 불구하고, 지금의 풍속에서는 자기 어버이의 기일을 맞아 신주는 내버려두고 지방을 만들어 각 집에서 돌아가면서 제사를 지내고 있습니다. 이런 풍속은 예법에 지극히 어긋나는 것이므로 예관禮官으로 하여금 마땅히 금하도록 하소서"라는 내용이 나오는 것으로 미루어, 『주자가례』가 보급된 이후에도 상당 기간 지속되었음을 알 수 있다.

윤회봉사는 재산 상속과 밀접한 관계가 있다. 이와 관련하여 유교 이념의 영향을 거의 받지 않았던 고려시대에

제례 때 사용했던 청동향로,
조선, 박문규 소장.

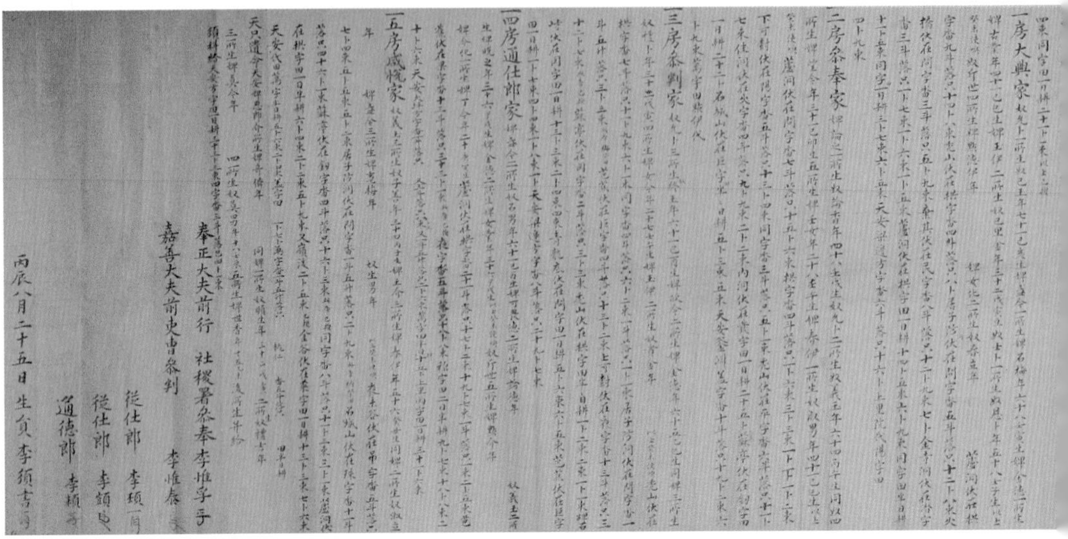

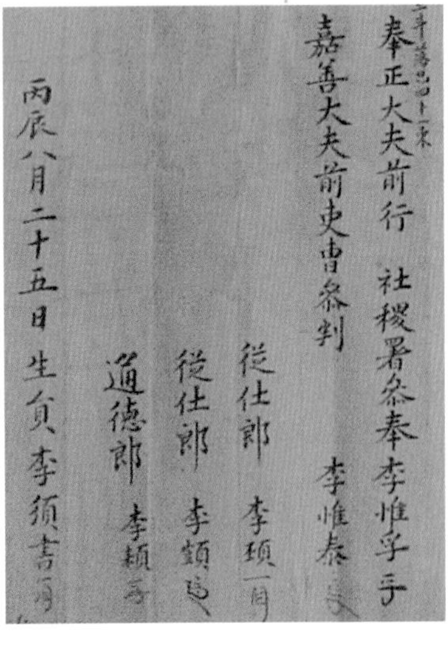

문재기-화회문기, 1669, 63×274cm, 이정우 소장.

1669년 8월 7일에 이서李曙의 자녀 6남매가 부모가 돌아가신 후 화회분급한 문재기이다. 문재의 대상은 자녀들로 장매長妹 송씨가宋氏家, 대흥가大興家, 참봉가參奉家, 참판가參判家, 통사랑가通仕郎家, 함열가咸悅家 등 6남매이다. 이 문재기의 특징은 봉사조와 묘전墓田 등에 대해 상속 몫과 용도를 매우 세밀하게 기록하고 있다는 점이다. 가령 사당제祠堂祭는 종가에서 주관하고 윤회하지 못하게 했고, 제수까지 구체적으로 기록해놓았다. 묘제는 자손들이 차례로 묘전을 맡아 윤회하여 제사를 행하도록 했고, 이후 친진親盡 후의 처분까지 기록했다. 금산錦山 유곡柳谷의 집터와 와가 5칸, 집 뒤 칠림 종가는 계전하고 나누지 못하도록 했다. 17세기의 상속 관행을 알 수 있는 좋은 자료이다.

는 장자우대상속이 아니라 자녀균분상속을 행했는데, 이러한 내용이 고려사에 나타난다.

충혜왕 4년 (윤선좌는) 병을 얻어 자녀들을 모두 불러서 이르기를 '오늘날 형제들이 화목하지 못한 까닭은 재물을 두고 서로 다투기 때문이다' 하고는, 아들 윤찬을 시켜 문서를 작성하도록 한 다음 재산을 균등하게 나누어주면서 훈계하기를 '서로 화목하고 다투지 말라는 것을 너희들 자손에게도 가르치라' 는 말을 남긴 후에 의관을 정제하고 숨을 거두니, 향년 79세였다.

이처럼 재산을 공평하게 나누다보니 제사 역시 자녀들이 번갈아 지내게 되었는데, 이들 습속은 양계적 친족 이념을 토대로 성립된 것이었다. 그런가 하면 유교가 도입된 조선시대에도 자녀균분상속은 지속되었다. 이를 입증하는 자료로 1671년에 작성된 안동 천전마을에 위치한 의성 김씨 청계靑溪 종가에서 전해 내려오는 분재기가 있다.

"아버지가 생전에 구전口傳으로 5남매에게 논과 노비를 나누어주었으나 그 수량이 정확하지 않았다. 이에 아버지가 돌아가시자 나머지 재산을 5남매가 균등하게 나누어 갖고 부모 제사를 돌아가면서 지내기로 했다."

아울러 보물 제477호로 지정된 「율곡선생남매분재기栗谷先生男妹分財記」에도 1566년 5월 20일, 율곡 이이를 포함한 7남매가 한자리에 모여 부모가 남긴 재산을 균등하게 나누었다는 내용이 적혀 있다. 그런데 주목되는 점은 『경국대전』의 상속편에도 아들과 딸의 차별을 두지 않고 균등하게 배분하도록 명시되어 있다는 사실이다. 그러나 이후 『주자가례』의 보급 등에 의해 가계家系의 영속화를 추구하는 종법 이념이 보편화되었고, 이에 조상 제사家系의 계승은 아들男系 중심으로 이루어지게 되며, 혼인을 함으로써 '다른 집 사람'이 되는 딸은 재산 상속이나 혈통 계승에서 자연스럽게 배제되었다.

외가의 조상을 받들다, 외손봉사

외손이 외가의 조상 제사를 이어받는 습속이 있는데, 이를 외손봉사外孫奉祀라고 한다. 강릉 오죽헌은 조선의 유학자 율곡 이이가 태어나서 자란 곳으로 유명하다. 그런데 오죽헌은 어머니 신사임당의 집, 곧 율곡의 외가이다. 경기도 파주 출신인 이원수李元秀와 혼인한 신사임당은 친정인 오죽헌에서 자녀들을 낳아 기르면서 20여 년 동안 거주하고 나서 서울로 옮겨갔다.

원래 오죽헌은 신사임당의 외외증조부인 최응현의 소유였는데, 자신의 둘째 딸과 혼인한 이사온(용인 이씨, 신사임당의 외조부)에게 물려주었으며 이사온의 외동딸(신사임당의 어머니)이 신명화(신사임당의 아버지)와 혼인하면서 다시 이어받게 된 것이다. 신명화는 딸만 다섯을 두었고, 신사임당은 둘째이다. 신명화가

執筆	長兄	生員	李璿
	妹夫	秉節校尉	趙大南
	次弟	幼學	李璠
	次妹夫	忠義衛	尹涉
	三弟	吏曹佐郎	李珥
	三妹	故學生洪天佑妻	李氏
	四弟	幼學	李偉

율곡선생남매분재기, 1566년, 48×270cm, 보물 제477호, 건국대박물관 소장.
1566년 5월 20일 율곡의 동복형제 4남 3녀가 모여서 부모(부 이원수, 모 신사임당)에게 물려받은 재산을 형제끼리 의론해서 나누고 그 사실을 기록한 화회문기다. 재산상속 문서에는 화회문기와 분급문기가 있는데, 이중 화회문기는 재주(財主)가 사망한 후 상속받는 당사자들이 모여 의논해서 분배하는 것으로, 대개 3년상을 마친 후 작성되며, 참가한 인원수대로 작성해서 각각 한 부씩 보관한다. 서모(庶母) 천씨(權氏)는 일정액의 재산 분배는 받았지만 회의 명단에는 빠져 있으며, 율곡의 셋째 누이동생이 젊은 나이에 과부(寡婦)가 된 것도 알 수 있다. 조선전기는 남녀 구별 없이 균등분배가 원칙이었으나 후기에 들어 장자 상속의 영향이 강하게 나타난다.

세상을 뜬 후 넷째 딸의 아들인 권처균에게 묘소를 보살펴달라는 명목으로 오죽헌을 물려주었으며, 둘째 딸 신사임당의 아들 율곡에게는 조상 제사를 당부하면서 서울의 집 한 채와 전답을 주었다. 오죽헌을 둘러싼 외손봉사의 전통이 율곡 당대에서가 아니라 몇 대에 걸쳐 이루어지고 있음을 잘 보여주는 내용이다. 또한 앞서 예로 든 『미암일기』에도 유희춘이 외가 식구들과 번갈아가면서 외조부모의 기제를 모셨는가 하면 처부모의 기제까지도 지낸 것으로 기록되어 있다.

외외손봉사外外孫奉祀라는 것도 있다. 안동 하회마을 풍산 류씨 입향조 류종혜柳從惠는 인근의 풍산 상리에 거주하다가 친구인 흥해 배씨 배상공裵尚恭과 함께 하회마을로 옮겨온다. 이후 배소裵素(배상공의 아들)가 아들을 두지 못한 탓에 안동 권씨 권옹權雍이 사위로 들어가면서 처가인 흥해 배씨의 제사를 수행하게 된다. 그런데 권옹 역시 후사를 잇지 못해 사위인 류소柳沼(류종혜의 둘째 손자)에게 재산을 물려주는데, 이때 권옹이 지내고 있던 흥해 배씨의 외손봉사도 포함되어 있었다. 이런 배경에서 류소의 후손들은 권옹의 제사를 지내면서 외손봉사를 하게 되고, 또 배상공과 배소의 제사까지 물려받음으로써 외외손봉사를 수행하게 된 것이다. 외손봉사는 친족 구성에서 친손과 외손의 구별이 크게 엄격하지 않았던 유교의 정착 이전에 행해지던 습속으로, 주로 15~16세기에 걸쳐 보편적으로 나타나고 있다.

남녀유별은 유교가 표방하는 주요 실천 덕목으로, '내외內外'라는 명분에 의해 일상의 모든 영역에 적용되었는데 특히 가정에서의 내외 구분은 엄격했다. 대표적인 것으로 가장권과 주부권이 있다. 내외 구분에 따르면 남자는 집 밖의 일(바깥살림)을 담당하고 여자는 집안의 일(안살림)을 책임지는 것이 원칙이다. 예를 들어 경제생활에서 가장은 수입과 관리를, 주부는 지출을 담당한다. 아울러 종교생활의 경우 가장은 유교식 조상 제사를 담당하고 주부는 가신 신앙을 모시면서 이를 관할한다. 자녀 양육에서도 딸의 교육은 어머니가 전담하고, 아들은 대개 예닐곱 살까지는 안채에서 어머니와 함께 지내다가 사리분별을 하기 시작하는 일곱 살쯤이 되면 사랑채로 건너간다.

조선시대 안살림을 떠맡았던 부인들은 바깥과는 구분되는 안채에서 생활의 모든 것을 해결했다.

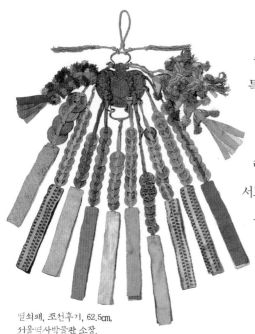

열쇠패, 조선후기, 62.5cm,
서울역사박물관 소장.
열쇠패는 집안살림의 상징이었다. 며느리들은 시어머니로부
터 열쇠패를 물려받음으로써 온전한 안주인이 될 수 있었다.
복주머니형으로 된 쇠판 가운데는 당수복문唐壽福紋을, 주변
으로는 박쥐문양을 양각으로 새기고, 패물과 엽전을 매달아
장식한 것이 특징이다.

주부의 역할 가운데 가족들의 식생활,
특히 식량 관리는 주부의 고유 권한이라
할 수 있는데 이를 가장 잘 드러내주는
것이 '곳간 관리권'이다. 가족들의 식
량을 저장해두는 곳간은 집안 여성 중에
서도 주부권을 소유하고 있는 사람만이 자
유롭게 출입할 수 있었다. 가장은 수확
철을 맞이하여 곳간에 식량을 넣고 나
면 이를 사용하는 일에는 크게 관여
하지 않고 주부에게 맡기는 것이 일반
적인 관례였다. 수확한 곡식을 곳간에
저장해두면서 집안 친척들에게 분배
하거나 이듬해 수확철까지 가족의 식
량으로 남겨두는 일은 안주인의 고유

역할이자 권리였던 것이다. 이런 까닭에 시어머니가 며느리에게
주부권을 넘겨줄 때 곳간 열쇠를 건네주기도 했다.

남녀 역할 구분은 주거 공간의 분리라는 형태로도 나타나는
데, 사랑채와 안채가 바로 그것이다. 전통 가옥에서는 가장이 거
처하는 사랑채와 주부의 영역인 안채를 중심으로 남녀 주거 공
간을 분리하여 일상적인 왕래를 엄격히 통제했다. 심지어 남편
조차 주변의 시선을 의식하여 대낮이 아닌 어두운 밤에 협문을
통해 안채로 드나들곤 했다. 그런가 하면 사랑채를 방문한 외부
방문객이 안채를 들여다볼 수 없도록 중문 앞에 '내외담'을 설
치해두기도 했다.

여성전용 공간으로서 안채의 핵심은 '안방'이다. 그리고 안방의 주인은 주부권을 보유하고 있는 안주인, 이른바 '안방마님'이다. 그러나 기혼 여성이 안방을 차지하기까지는 여러 과정을 거쳐야 했는데, 지역에 따라 두 가지 유형이 나타나고 있다. 첫째는 시어머니가 숨을 거두고 나서 안방을 물려받는 것이고, 둘째는 며느리가 아들을 낳은 후 물려주는 경우다. 전자는 '사후양도형'이라고 하여 호남지역을 중심으로 전승되고 있으며, 후자는 영남지역에서 주로 나타나는 이른바 '안방물림'이다.

'안방물림'을 하기 위해서는 이른바 "고초 당초 맵다 한들 시집살이보다 더할까"라는 며느리 학습 시기를 거쳐야 한다. 그리하여 시어머니를 비롯한 시댁 식구들의 눈치를 살피면서 고단한 일상을 감내해야 하는데, 이후 아들을 출산함으로써 시어머니로부터 주부권을 물려받게 된다. 이로써 며느리는 안살림에 대한

전통 가옥에서 사랑채의 손님들이 안을 들여다볼 수 없게 만들어둔 내외담.

절대적인 권한을 보유한 주부로서의 확고한 지위에 오르는 것이다. 더욱이 이를 계기로 곳간 열쇠와 함께 안방도 건네받는다. 그런 다음 세월이 흘러 자신의 아들이 혼인을 하여 며느리가 아들(손자)을 출산하면 주부권(안방)을 넘겨준 후 건넌방으로 물러앉아 한가로운 노후생활을 보낸다.

주부가 술잔을 올리다, 아헌

『주자가례』에 따르면 제사를 지내기 전 목욕재계하고 근신謹慎하는 과정에서 가장과 마찬가지로 주부 역시 재계를 하면서 경건한 마음으로 제사 준비에 임한다. 또한 제기와 제물을 마련하고 장만하는 일은 주부의 주된 역할로 규정돼 있으며, 제사를 마친 후 제물을 나누어주는 음복과 이를 보관하는 일도 주부의 고유 임무이자 권한이었다. 평소 여성의 출입이 제한되어 있는 사당 역시 이때만큼은 주부들을 비롯한 집안 여성들에게 개방되었다. 예를 들어 사당에서 신주를 모셔오는 출주의례出主儀禮, 제사를 지낸 다음 신주를 사당에 안치시키는 납주의례納主儀禮 등에 주부와 집안 여성들이 동행했다. 또한 여성이 제물을 장만하면 남성들이 진설을 하는 오늘날과 달리 가장과 주부가 제물을 함께 차린다는 내용도 흥미롭다.

특히 눈길을 끄는 대목은 제사의 핵심 역할인 헌관獻官 중에서 두 번째 잔을 올리는 아헌을 주부가 담당하도록 명시되어 있다는

오늘날과 달리 전통적인 제사법에 따르면, 가장과 마찬가지로 주부는 제사 준비의 전 과정에 참여했다. 특히 제사의 핵심 역할인 헌관 중에서 두 번째 잔을 올리는 아헌은 주 부가 담당하도록 돼 있었다.

점이다. 전통 예법을 고수하는 종가의 경우 『주자가례』의 지침에 따라 종부에게 아헌을 맡기는 경우도 있지만, 대부분의 가문에서 는 초헌·아헌·종헌의 역할을 남성들이 담당한다. 아울러 '유식 侑食'의 절차에서는 가장이 첨작添酌을 하고 나서 주부가 숟가락 을 밥그릇에 꽂고 젓가락을 가지런히 놓는 삽시정저揷匙正箸를 하 고, 조상에게 차(숭늉)를 드리는 헌다獻茶에서도 가장과 주부가 고 위考位와 비위妣位에게 각각 올리도록 되어 있다. 이처럼 제사에 서 명시된 여성의 주체적 역할은 가족의 핵심 존재로서 주부의 위상을 잘 보여주는 것이라 하겠다.

여성의 출신지로 집 이름을 짓다,
택호

기휘사상忌諱思想 혹은 기휘 관념이라 하여 이름을 지을 때나 그외의 일상생활에서 임금이나 아버지 등 조상의 이름자를 쓰는것을 '침휘侵諱'로 여겨 기피하는 습속이 있다. 기휘 관념은 중국에서 비롯된 것인데, 전하는 말에 따르면 진시황의 이름인 정政을 기휘하여 동일한 발음을 가진 정正마저도 사용하지 못하게함으로써 당시의 문헌에는 정월正月이 단월端月로 표기되었다. 우리나라에서도 고려 때 충목왕의 이름인 흔昕자를 기휘하여 예천 흔씨昕氏를 예천 권씨權氏로 바꾸도록 한 바 있다. 일상생활에서 기휘 관념은 어른의 개인명personal names을 지칭하는 것을 금기시하거나 기피하는 행위로 나타난다. 이런 연유로 성인(남성)이 되면 자字·호號·별호別號 등으로 이름을 대신하였다. 택호宅號 역시 기휘 관념에 의해 생겨난 것이라 할 수 있는데, 반가班家의 기혼 여성은 자신의 출신 지명으로 지어진 택호로써 이름을대신했으며 남편 역시 부인의 택호로 불려졌다. 택호는 말 그대로 풀이하면 '집 이름'이 되지만 실제로는 집뿐만 아니라 개인의 호칭terms of address과 지칭terms of reference에도 사용된다. 특히 택호는 부계적 성향이 강한 조선시대에 여성의 출신 지명을차용하여 짓는다는 점에서 큰 주목을 받아왔다.

전통사회에서는 며느리를 맞이하면 시부모나 집안 어른들이며느리의 출신 마을 이름으로 '여성의 출신 지명+댁'하는 식으로 택호를 지어줬다. 예를 들어 '송곡'이라는 마을에서 시집온 여성이라면 '송곡댁'이라는 택호를 갖게 되었다. 그리하여 일상 생활에서 '송곡댁'이라는 택호는 "송곡댁에 간다"라는 표현에서 처럼 집을 일컫기도 했다.

　그런데 만약 한집에 시할머니와 시어머니, 며느리가 있다면 택호가 셋이 되는 셈인데, 이때 누구의 택호를 사용할 것인가 하는 문제가 발생했다. 이런 경우 대개 현 시점에서 그 집의 안주인 역할을 하고 있는 여성의 택호가 채택되는 편이었다. 또한 화자와 청자에 따라 사용되는 택호가 달라질 수도 있었다. 예를 들어 화자가 시할머니의 연배라면 시할머니의 택호를, 며느리 연령층에서는 며느리의 택호를 즐겨 쓰는 것이다.

　택호로 개인을 직접 부를 경우에는 '송곡댁'이 되며, 그 외 가족들을 가리킬 때는 '송곡댁 아무개'라는 방식으로 사용되었다. 즉, 남편이라면 '송곡 어른(양반)'이 되고, 자녀의 경우에는 '송곡댁 큰아들' '송곡댁 큰딸' '송곡댁 사위'처럼 택호 뒤에 개인을 나타내는 용어를 결합시키는 것이다.

　택호는 친족 용어와도 결합되어 사용되었다. 숙부가 여럿일 경우 이들이 모인 자리에서 "숙부님!" 혹은 "작은 숙부님"이라고 하면 변별력을 갖지 못한다. 이때 숙모의 출신 마을이 '양촌'이라면 "양촌 숙부님"이라고 함으로써 변별력을 높일 수 있었다. 다만 고모에게 사용되는 택호의 작명 방식은 약간 달랐다. 분동 마을에서 대곡마을로 시집간 고모를 칭할 때 '택호는 여성의 출신 지명을 차용하여 짓는다'는 통념에 따라 "분동 고모님!"이라고 부르면, 고모가 여럿 있을 경우에는 모두 '분동 고모님'이 되어버렸다. 따라서 이런 경우에는 고모부의 출신 지명을 차용하여 "대곡 고모님!", 즉 '고모부의 출신지명+고모'로 칭해야만 변별성을 가질 수 있었다.

　부인의 출신 지명으로 짓는 택호는 혼반婚班을 나타내는 기능을 하기도 했다. 마을의 기혼 여성들은 혼인에 의해 새로 들어온 외부인이다. 따라서 '여성의 출신 지명+댁'이라는 형태를 취함으로써 그 여성이 어느 지역, 어느 가문의 출신인지를 쉽게 파악할 수 있었다. 택호는 또한 가문의 지체班格를 드러내는 수단으로도 이용되었다. "남자의 택호를 보면 가문의 지체를 알 수 있다"는 언설이 전하듯이, 부인의 출신 지명으로 짓는 택호를 통해 혼인관계를 파악하면서 해당 가문의 품격을 가늠했다. 이러한 경향은 택호가 주로 양반들 사이에서 통용되었다는 점을 통해서도 잘 입증되는데, 즉 혼반을 내세울 필요가 있었던 양반들은 그 수단으로 택호를 적절히 이용했던 것이다.

8장

여학교는 없었다,
그러나 교육은 중요했다

✻

가문의 영광을 비추는
거울 만들기

한희숙 | 숙명여대 역사문화학과 교수

19세기 말 이 땅에 문호가 개방되고 처음으로 여학교가 세워질 때까지 조선 사회에 여성을 위한 교육 시설은 없었다. 의녀나 궁녀처럼 특별한 경우가 아니면 여성을 위한 제도 교육은 이뤄지지 않았고, 대부분의 여성은 '낫 놓고 기역자도 모르는' 문맹의 처지였다. 여성의 사회 진출이 금지된 유교사회에서 딸은 공부를 해도 관료가 될 수 없었고, 어차피 집 안에서 일할 것이라면 학문은 써먹을 데가 없다고 여겨졌다. 그런 까닭에 여성들의 지식 정도는 가정생활을 해나가는 데 불편함이 없을 정도면 만족스러운 것이었다.

여성에게 가장 크게 요구된 것은 그들의 지식 정도가 아니라 가부장적 가족 구조 속에서 순종하고 인내할 줄 아는 품성을 갖추는 것이었고, 이에 대한 거부는 '집안을 망칠 암탉'으로 여겨졌다.

그러나 조선시대라 해도 사회가 추구하는 성리학적 질서에 부응하는 이상적인 여성들을 만들 필요는 있었기에, 여성에게도 부덕婦德 함양 교육과 기본적인 문자 교육은 실시했다. 사회적 교육 시설은 만들지 않았지만, 딸과 며느리는 집안과 가문의 구성원이자 아들을 낳고 키울 어머니들이었기 때문에 가정 내에서도 여자들을 교육하는 목적과 효과에 대해서는 분명히 인식하고 있었다. 따라서 여성교훈서가 만들어지고 이것을 말과 글을 통해 가르쳤는데, 그 여성 교육의 실상이 어떠했는지 살펴보자.

문자는 가르치지 않아도
품성 교육은 필요해

조선왕조를 건국한 사대부들이 추구한 사회질서는 충·효·열을 생활화하는 성리학적인 것이었다. 조선 건국의 최고 참모이자 일등공신이었던 정도전은 '학교는 교화의 근본이니 여기에서 인륜을 밝히고 인재를 육성한다'라고 하여 교육의 중요성을 강조했다. 교육을 통해 유교적 윤리 규범을 확립하는 일은 불교 국가였던 고려왕조에서 벗어나 새로운 국가의 통치질서를 다지는 지름길이라 여겼던 것이다. 그리하여 중앙에는 성균관과 오부학당을, 지방에는 향교, 서원, 서당 등을 두었다. 그러나 이것들은 모두 남성을 위한 것이었을 뿐이다.

사농공상이라는 직업에 따른 신분적 구분이 강했던 조선시대 사람들은 아들에게는 사회생활과 관직을 지내는 데에 필요한 지식을 가르친 반면 딸에게는 생활에 필요한 기능적인 것을 가르쳤다. 양반 여성의 경우는 여기에다 천자문이나 『소학』 등 기초

여학교는
없었다,
그러나
교육은
중요했다

215

적인 교육이나 역대 나라 이름과 조상 이름 같은 지식을 가르쳤다. 특히 양반 가문에서도 남자가 글을 모르는 것은 부모와 조상을 욕되게 하는 흉이었지만, 여자에게는 그다지 흠이 되지 않았다. 여성의 사회활동이 금지된 사회에서 그들에게 굳이 힘들여 글을 가르칠 필요가 없었고, 차라리 그 시간에 생활에 필요한 기능적인 일을 배우거나 부덕을 닦기를 원했던 것이다.

물론 조선시대 위정자들은 여성을 남편의 내조자로서만이 아니라 가정일의 현명한 관리자로, 부모를 잘 봉양하는 자로서 사회질서의 근간이 되도록 만들기 위해서는 교육이 필수라고 보았다. 이에 '남편은 하늘이고 아내는 땅이다'와 같은 음양의 이치에 따라 '삼종지도'를 가르치면서 일상생활의 예의범절을 익히도록 교육했다. 당대의 여성들 스스로도 이러한 규범을 인식하고 있었다. 조선초기에 성종의 어머니인 소혜왕후 한씨는『내훈內訓』을 지어 여성 교육의 필요성에 대해 다음과 같이 말하였다.

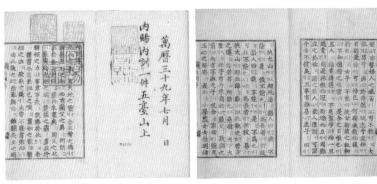

내훈, 규장각한국학연구원 소장.
세조의 맏며느리이자 성종의 어머니인 소혜왕후가 중국 역대의 교화서에서 부녀자의 훈육에 필요한 부분을 가려 뽑아 쓴 책이다. 1475년 간행한 것을 1611년 훈련도감자로 3권 3책으로 중간했다. 이후 원문을 제시하고 이어 언해문을 실었다.

소학언해, 조선시대, 충현박물관 소장(위).
공가에서는 초학하는 여성들이 여성으로서의 역할을 내면화하고 교양을 높이도록 『소학』을 익히도록 했는데, 특히 일반 부녀자들이 쉽게 볼 수 있도록 국문본인 『소학언해』로 간행하였다. 이 책은 금천 오리 이원익가에 전해져오는 것이다.
윤음編音, 조선시대, 충현박물관 소장(아래).
임금이 백성에게 내린 조칙을 한글로 필사한 윤음언해 먹서 공가에서 부녀자들을 교육하는 데 주교재로 쓰였다.

"한 나라 정치의 치란과 흥망은 비록 남자 대장부의 어질고 우매함에 달려 있다고 하지만 역시 부인의 선악에도 달려 있는 것이다. 그러니 부인도 가르치지 않으면 안 된다. 대개 남자는 마음을 호연 중에 단련하고 뜻을 여러 가지 오묘한 가운데서 익히게 하여 제 스스로 시비를 분별하여 가히 몸을 지탱할 수 있도록 하여야 한다. 그러니 어느 누가 나의 가르침이나 기다렸다가 행할 것인가. 그러나 여자는 그렇지 못하다. 한갓 길쌈의 굵고 가는 것만을 달갑게 여기고 덕행의 높음을 알지 못하기 때문에 이것이 바로 내가 날마다 한스럽게 여기는 것이다."

한 나라의 운명이 경각에 달리거나 흥하고 망하는 것은 남자들만의 몫이 아닌 부인들의 역할에도 달려 있는 것이며, 그런 만큼 여성들도 덕을 쌓고 자신의 품행을 스스로 단속하는 것이 중요하다고 강조하고 있다.

여성들은 주로 가정 내에서 교육을 받았다. 부모와 조부모의 행동과 가르침이 배움의 원천이었고, 친인척의 행동거지와 견문을 보고 들으면서 성장하였다. 딸의 거울은 어머니였기 때문에 혼인을 치를 때면 신랑 될 집안에서 '문명問名'이라 하여, 사람을 시켜 신부 집안의 어머니와 가계부터 먼저 살펴보기도 했다.

물론 여성들이 문자와 서책을 통해 교육받을 기회가 전혀 없었던 것은 아니다. 양반 여성들은 어릴 적 할아버지나 아버지, 오빠로부터 글을 배웠고, 남자 형제들 사이에서 어깨 너머로 학문을 익히기도 했다. 그런 까닭에 그 수준이 그리 높지 못하여 간혹 지식을 갖춘 양반 여성들 중에는 '불행하게 부인이 되어 자

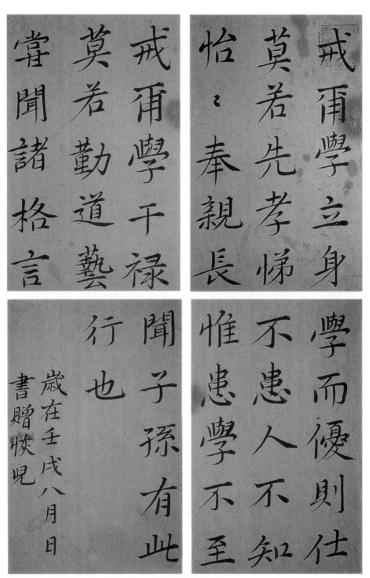

戒爾學立身　莫若先孝悌　怡怡奉親長
學而優則仕　不患人不知　惟患學不至
戒爾學干祿　莫若勤道藝　嘗聞諸格言
行也　聞子孫有此　歲在壬戌八月日　書贈怏兒

계아戒兒, 정명공주 이씨, 25.5×16cm, 숙명여대박물관 소장.

정명공주가 1682년(숙종 8), 여든 살 되던 해에 둘째 아들 홍만회에게 써준 글이다. 내용은 송나라 범질의 「계아시」 전반부와 마원의 「계자문」 앞부분을 필사한 것이다. 입신과 효제로 시작해 벼슬을 구하는 도리와 일상 언어와 행실에 이르기까지 경계할 조목을 포괄하고 있는데, 이는 당시 부녀자들도 많이 읽었던 『소학』 「가언嘉言」에도 실려 있다.

기가 할 바를 놓고 문장과 역사를 공부하지 못하니 이것이 한이 된다'라며 스스로의 처지를 한탄하는 경우도 있었다. 학문의 깊이보다는 품성을 우선시했던 것이 바로 조선시대 여성 교육의 목적이었다.

시대의 요구에 부응하는 여성 만들기, 여성 교훈서의 편찬

조선은 여성들에게 공교육의 기회는 제공하지 않았지만 국가 차원에서 요구하는 여성상을 바로 세우기 위해 국가나 문중에서 여성교훈서를 만들어 널리 퍼뜨렸다. 전기에는 주로 국가에서 편찬했다면, 후기로 갈수록 지식인 계층이 두터워짐에 따라 문중에서 개인이 편찬한 교훈서가 주 교재가 되곤 했다. 그중 주종을 이룬 것은 수신서와 생활실용서였다. 수신서는 여자로서의 올바른 몸가짐에 대해 가르치고 있다. 조선이라는 국가는 사회에 여전히 만연한 불교의 흔적을 지워버리려고 애썼고, 유교 덕목으로 풍속을 다잡기 위해 경전에서 부덕婦德 함양을 강조했다.

그 대표적인 교훈서가 바로 『열녀전』이었다. 이는 중국으로부터 들여왔지만 조선 여성들에게 더욱 강조되었다. 효와 열은 유교사회의 핵심 미덕이었고, 여자가 정절을 지킨다는 것은 곧 남편에 대한 열烈로서, 이는 임금에 대한 충忠이나 부모에 대한 효孝와 동등한 가치를 지녔다. 이에 세종대에는 충·효·열을 강조한 『삼강행실도』를 간행해 반포하기도 했다.

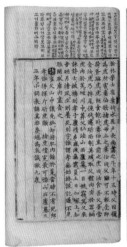

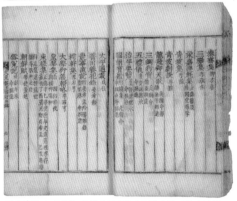

삼강행실도 언해본, 규장각한국학연구원 소장. 『삼강행실도』의 언해본은 16세기와 조선후기에 간행된 것이 남아 있다. 일본에서 조선본을 저본으로 번각할 정도로 동아시아에 널리 보급된 책이다.

사회가 온통 성리학으로 무장되어 간 성종대에는 여성에게도 그 이념이 더욱 강요되었는데, 그 시대적 흐름을 주도한 것은 바로 앞서 말한 『내훈』이었다. 서문에는 이 책의 편찬 동기가 잘 나타나 있다.

나는 홀어미인지라 옥 같은 마음의 며느리를 보고 싶구나. 이 때문에 『소학』 『열녀』 『여교』 『명감』 등이 지극히 적절하고 명백한 책이었으나 권수가 많고 복잡하여 쉽게 알아볼 수가 없었으므로 이에 네 권의 책 가운데에서도 중요하다고 여겨지는 가르침을 취합하여 일곱 장으로 만들어 너희에게 주는 것이다. 아아! 한 몸에 대한 가르침이 모두 여기에 있다. 그 도를 자칫 한번 잃게 된다면 비록 후회한다 하여도 좇을 수 있겠느냐. 너희는 이를 마음에 새기고 뼈에 새기어 날마다 성인의 경지를 바라도록 하여라. 밝은 거울은 빛이 나는 것이다. 경계하지 않아서 되겠는가.

『내훈』은 『소학』 『열녀』 『여교』 『명감』 등 네 권의 책 가운데 중요하다고 여겨지는 내용을 뽑아서 만든 것이다. 1권은 「언행를

어학교는
없었다,
그러나
교육은
중요했다

221

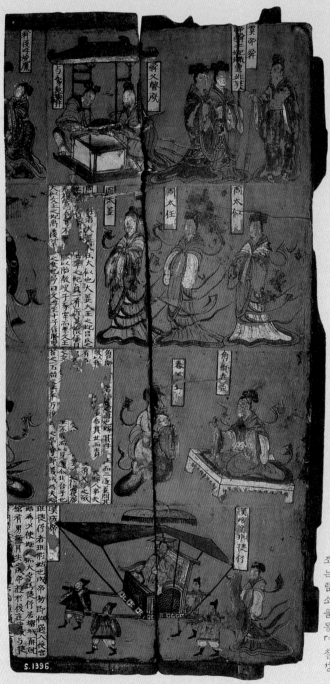

조선의 열녀 관념 혹은 이데올로기는 중국으로부터 영향을 받았다. 그림은 한대의 유명한 궁중 여인인 반소班昭가 전통적인 남녀유별의 격식을 지키기 위해 황제와 같은 가마에 동승하기를 거부했다는 고사를 그린 「열녀고현도」이다. 484년 이전, 채색 칠병, 각 조각 80×20cm, 중국 산서성 대동 문물관리위원회 소장.

行」「효친孝親」「혼례婚禮」, 2권은 「부부夫婦」, 3권은 「모의母儀」 「돈목敦睦」「염검廉儉」 등으로 구성되었다. 참고 서적이나 권의 제목만 보더라도 이 책이 무엇을 가르치고자 하는 것인지를 쉽게 알 수 있다. 이 가운데 「부부」는 남편을 어떻게 대할 것인가에 관한 내용을 담았는데, 전체에서 가장 많은 분량을 차지한다. 이는 곧 부부간의 도리, 즉 순종을 가장 중요하다고 여겼기 때문인 것 같다. 이혼이 금지된 농업국가에서 여성들이 남편에게 잘못 보여서 내쫓김을 당할 경우 이것은 친정과 시집에 큰 누를 끼치는 행위이자 여성 자신의 삶의 근거지를 잃어버리는 것이 되기 때문에 큰 사회문제가 될 여지가 있었다. 『내훈』은 처음에는 주로 왕실 비빈들의 수신서로 활용됐지만, 점차 사대부 여성이나 일반민들에게도 영향을 미쳤다.

또 성종은 재위 12년에 부녀자들의 교화를 위해 언문으로 된 『삼강행실열녀도三綱行實烈女圖』를 간행하여 반포하게 하였다. 그리고 예조로 하여금 부녀자들에게 강습시킬 절목을 마련하여 올리도록 했다.

예조에 전지하기를 "국가의 흥망은 풍속의 순박한 것에서 말미암는데, 풍속을 바르게 하는 일은 반드시 집안을 바르게 하는 데에서 비롯해야 한다. 예전에는 동방은 정신貞信하여 음란하지 않다고 일컬었는데, 근자에는 사족의 부녀 중에도 혹 실행하는 자가 있으니 내가 매우 염려한다. 언문으로 된 『삼강행실열녀도』 몇 부를 인쇄하여 경중의 오부와 여러 도에 나누어주어, 시골 거리의 부녀가 다 강습할 수 있게 하라. 그러면 아마도 풍속을 바꿀 수 있

여학교는
없었다,
그러나
교육은
중요했다

223

을 것이다" 하였다.

예조에서는 성종의 뜻을 받들어 서울의 경우 종친이나 양반 집안뿐만 아니라 가문이 미약한 자라도 가장으로 하여금 가족들을 가르치게 하고, 지방에서는 가난한 시골이라도 나이 든 사람 가운데 명망이 있는 자를 골라 마을에서 두루 가르치게 했다. 또 가장이나 여종들로 하여금 잘 알도록 배움에 힘쓰게 하고, 잘 깨우쳐서 행실이 남보다 뛰어난 여성에게는 특별히 정려문을 세워주게 하였다.

조선후기에 이르러서 영조도 여성 교육에 관심을 많이 가졌는데, 이덕수로 하여금 『여사서女四書』를 한글로 번역하게 하였다.

임금이 말하기를 "당판唐板인 『여사서』는 『내훈』과 다름이 없다. 옛날 성왕의 정치는 반드시 가문을 바로잡는 일로써 근본으로 삼았으니, 규문의 법은 곧 왕화의 근원이 된다. 이 서적을 만약 간행하여 반포한다면 반드시 규범에 도움이 있을 것이나, 다만 언문으로 해석한 후에야 쉽게 이해할 수가 있을 것이다" 하고, 교서관으로 하여금 간행하여 올리게 하였으며, 제조 이덕수로 하여금 언문으로 해석하도록 명하였다.

『여사서』는 『여계女誡』 『여논어女論語』, 명나라 인효문황후仁孝文皇后의 『내훈』 『여범女範』 등 네 권의 여성교훈서를 엮어 만든 책이다. 영조는 조선의 여성들이 이를 쉽게 배워서 실천해야 한다고 생각하여 한글로 번역하도록 명했다. 중국에서 여성들을

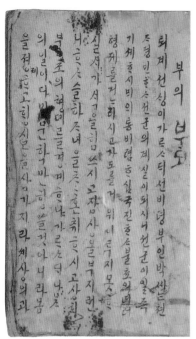

규중요람, 이황, 1544년, 국립중앙도서관 소장.
이황이 한문으로 저술한 것을 문인 중 한 사람이 언
해한 것이다. 퇴계 이황은 현모양처가 되기 위하여
부덕婦德·부언婦言·부용婦容·부공婦功 등의 사
행四行에 힘쓸 것을 강조하고 있다. 조선시대 성리
학자들의 여성관을 살펴볼 수 있다.

가르치던 교훈서를 바탕으로 조선의 여성들도 그렇게 따르도록 교재로 삼았던 것이다.

이러한 국가 차원에서의 정책뿐 아니라 개인들도 저마다 나서서 교훈서를 저술했다. 조선중기 이후로는 이황의 『규중요람 閨中要覽』을 비롯해 선비들이 자신의 소견과 경험을 바탕으로 여성교훈서를 집필했다. 더욱이 후기로 가면서 가문의식이 강조되고 문중을 중심으로 한 유교적 가부장제가 강화되는 가운데 남성들은 자신들이 요구하는 이상적인 여성을 만들기 위한 교훈서를 저술하였다. 대표적으로 송시열의 『우암선생계녀서尤庵先生戒女書』, 한원진의 『한씨부훈韓氏婦訓』, 이덕무의 『사소절士小節』, 박문호의 『여소학女小學』 등을 들 수 있다. 이러한 여성수신서는 윤리의식과 여자로서의 몸가짐을 다루고 있어 양반 여성들은 스스로 필사본을 만들어 가문의 여성교훈서로서 활용했다.

이외에도 『소학』 『오륜가』 『명심보감』 『효경』을 비롯해 조상의 내력과 족보 등을 두루 활용해 여성들을 가르치는 교재로 삼았다.

교훈서에서 요구하는 여성이 되기란 결코 쉬운 일은 아니었지만 당시 대부분의 양반 여성들은 이러한 국가적·사회적 노력에 부응하여 많은 인내와 고통을 감내해가며 유교적 윤리에 순응했

여학교는
없었다,
그러나
교육은
중요했다

225

다. 특히 양반 가문의 여성들은 스스로 모범이 되기 위해 앞장서서 실천하기도 하였다.

왕실 여성의 교육,
모든 여성의 모범이 되어야

왕실 여성에 대한 교육은 양반 여성들에 비해 훨씬 엄격했다. 왕실 여성 대부분은 양반 가문에서 교육을 받고 시집온 이들이지만, 그들이 사는 궁궐은 양반집과는 구별되는 정치·사회·문화적으로 특수한 공간이었다. 이 여성들에게 왕실에서는 제도와 법규, 예의, 행실, 품성 등에 대해 엄정한 잣대를 들이댔고, 한 치의 실수도 용납하지 않았다. 왕실 여성은 모든 여성의 모범이 되어야 했기 때문이다. 왕비를 국모라 하지 않았던가. 왕은 국가를 상징했지만 여성인 왕비는 만백성의 어머니를 상징했던 것이다. 왕비 자리는 그만큼 높고도 힘든 자리였다.

1427년(세종 9) 4월 세종은 김오문의 딸 휘빈 김씨를 왕세자(훗날 문종)빈으로 봉했으나 그녀의 실덕失德을 문제 삼아 2년 뒤에 페빈시켰다. 또 1429년(세종 11) 10월 봉여의 딸 순빈 봉씨를 다시 왕세자빈으로 봉하였는데, 그녀 또한 1436년(세종 18) 10월에 쫓아냈다. 세종이 말한 이유는 다음과 같다.

처음에 김씨를 폐하고 봉씨를 세울 적에는, 그에게 옛 훈계를 알아서 경계하고 조심하여 금후로는 거의 이런 따위의 일을 없게 하고자 하여, 여사女師로 하여금 『열녀전』을 가르치게 했는데, 봉씨가 이를 배운 지 며칠 만에 책을 뜰에 던지면서 말하기를 '내가 어찌 이것을 배운 후에 생활하겠는가' 하면서, 학업 받기를 즐기지 아니하였다. 『열녀전』을 가르치게 한 것은 나의 명령인데도 감히 이같이 무례한 짓을 하니, 어찌 며느리의 도리에 합당하겠는가. 또 생각하기를, 부인이 반드시 글을 배워서 정사에 간여하는 길을 열게 해서는 안 될 것이라 하여, 다시 그에게 가르치지 못하게 하였다.

왕실 내에서는 왕실 여성들의 교육을 전담하는 여사女師를 별도로 두고 며느리들에게 무엇보다도 『열녀전』을 배우게 했다. 그런데 봉씨는 이를 잘 배우려 하지 않았으며 정사에 관해서도 간여하려 했던 것으로 보인다. 이외에도 여러 가지 이유가 더 있었는데, 결국 시아버지의 명을 거역한 꼴이었다. 그래서 쫓겨난 것이다. 잘 알려져 있다시피 성종대에 연산군의 어머니 윤씨가 폐비되고 죽임을 당하게 된 것도 부덕을 상실했다는 이유 때문이었는데, 칠거지악 중 '말이 많으면, 순종하지 않으면, 질투하면 버린다'는 조항에 저촉된 것이다. 다시 말해 침묵하고, 순종하고, 투기하지 않으면 쫓겨나지 않고 지위를 보장받는다는 것이었다.

왕실 여성들의 교육서로는 일반 사대부 여성들이 배우는 교훈서 외에도 왕실 보첩류와 역대 왕과 왕비의 행적을 기록한 열성록 등이 있었다. 사대부가의 여성들이 혼인한 후에는 시집의 족보를 깨쳐야 했던 것처럼, 왕실 여성들 또한 왕실의 족보는 물론

여학교는
없었다,
그러나
교육은
중요했다

227

이고 앞선 왕들의 행적을 익혀야만 했다. 왕실 보첩 중 대표적인 것으로 『선원록璿源錄』과 『선원계보기략璿源系譜記略』 등이 있다. 『선원록』은 왕의 친인척의 인적 사항을 기록한 왕실의 족보이고, 『선원계보기략』은 왕의 내외 후손을 기록한 것이다. 이외에 중국 역대 후비들의 행적도 익혀야 했는데, 귀감이 되거나 경계할 만한 내용을 발췌한 『후감后鑑』을 비롯해 왕후들의 지문誌文, 행록行錄, 행장行狀 등을 수록한 『열성후비지문列聖后妃誌文』『열성지장통기列聖誌狀通紀』 등의 열성록류를 공부하였다. 이러한 것들은 왕실 여성은 물론이고 왕실 구성원들이 알아두어야 할 교양이었다.

영조는 소혜왕후의 『내훈』에 직접 소지를 붙이고, 『어제내훈御製內訓』이라는 제목으로 다시 간행하여 왕실 여성은 물론 사대부 여성들의 교화서로 활용하게 했다. 혜경궁 홍씨가 아홉 살에 왕세자빈으로 간택되어 별궁에서 훈련받는 50여 일 동안 공부한 것은 『소학』『내훈』『어제훈서』 등이었다. 결혼하고 처음 인사하러 온 며느리 혜경궁에게 시아버지 영조는 "눈이 넓어 어떤 것을 보아도 궁중에서는 예삿일이니, 네 모르는 체하여 먼저 아는 모습을 보이지 말라"고 충고했다. 알고도 모르는 척하는 것, 아는 것을 내세우지 않는 것, 이것이 당시 왕실 여성들에게 요구된 미덕이었고, 이하 모든 여성들에게도 요구된 부덕이었다.

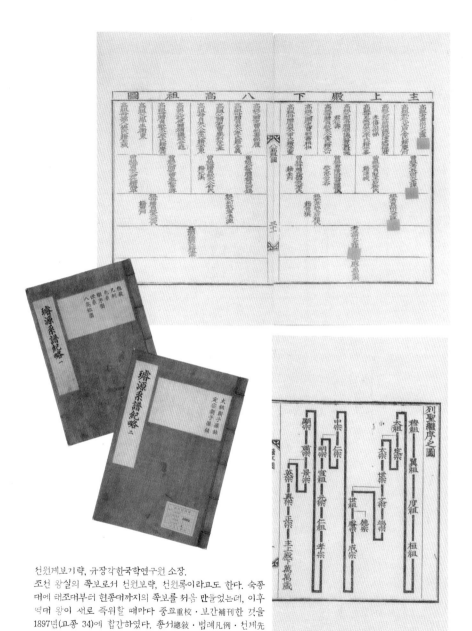

선원계보기략, 규장각한국학연구원 소장.
조선 왕실의 족보로서 선원보략, 선원록이라고도 한다. 숙종
대에 태조대부터 현종대까지의 족보를 처음 만들었는데, 이후
역대 왕이 새로 즉위할 때마다 중교重校·보간補刊한 것을
1897년(고종 34)에 합간하였다. 총서總敍·범례凡例·선계先
系·계서도繼序圖·세계世系·팔고조도八高祖圖 등이 수록되
었다.

혼전에는 효녀가,
혼인 후에는 순한 며느리가 최고

조선시대 여성 교육의 목표는 내외법이나 남녀유별관에 입각하여 가정생활에 필요한 부덕과 예의범절을 가르치는 것이었다. 딸이 혼인을 해도 계속 친정에 머물러 사는 풍속이 강했던 조선 전기에는 딸의 행동거지 등이 그리 크게 흉잡힐 일이 아니었지만, 결혼 후 시집에 들어가서 살아야 하는 풍속이 강해지는 조선 후기에는 남의 집 며느리가 되는 딸의 언행은 곧 친정 집안의 법도와 도리에 짝하는 것이라 여겼기 때문에 양반 집안에서는 가문의 명예를 위해 딸에 대한 교육에 신경을 쓸 수밖에 없었다. 이러한 점은 조선후기의 대표적인 성리학자인 송시열이 시집가는 딸에게 준 『계녀서戒女書』에서 잘 나타나 있다.

> 남자의 『소학』과 같이 알아 이 책을 공경하고 시가에 가서 대소사에 네 허물로 말미암아 부모의 시비 없이 하는 것이 큰 효가 되니 이것을 심두에 먹여 매사를 이대로 하면 네가 비록 내 곁을 떠나나 슬하에 있어 내 말을 듣는 듯할 것이니라. 부디부디 경계하여 명심하여라.

송시열의 희망은 딸이 시집가서 친정 가문의 명예를 떨어뜨리지 않도록 행동거지를 잘 다스리는 것이었다. 『계녀서』에서 제시한 내용은 20여 가지로 부모, 남편, 시부모를 섬기는 도리를 비롯해 형제·친척과 화목하는 도리, 자녀 양육, 제사 봉행 등

송시열 영정(우재영소),,
김진규 초草, 지본수묵,
56.5×36.5㎝,
우암종택 소장.

유·언-네쥬지라, 송시열, 지본묵서, 29.7×62.3㎝, 개인 소장.
1679년(숙종 5) 2월 5일 우암이 한 부인에게 쓴 한글 유언遺言이다. 서두에서 주자가 서로 친한 부인에게 천당賽堂이 아니어도 편지하시던 일이 있었다고 전제하고, 그에 의거해 자신도 하려 했지만 머뭇거리다 이제 적는다고 하였다. 혼사婚事와 산소山所에 대하여 자손에게 경계하는 사연이 담겨 있다. 한문으로 작성한 「여러 자손에게 버리는 글」과 함께 우암이 후대의 자손을 위해 당부한 마음을 엿볼 수 있다.

수신과 가사노동에 필요한 방도들이었다.

　이러한 딸에 대한 바람은 『규중요람』과 『사소절』 등에서도 잘
나타나는데 '아들을 올바르게 교육하지 않으면 우리 집이 망하
고, 딸을 가르치지 않으면 남의 집을 망하게 한다'고 직접적으로
역설하여 여성 교육의 중요성을 강조했다. 이덕무는 『사소절』에
서 여성들의 생애 주기에서 평생 지켜야 할 몸가짐에 대해 다음
과 같이 이야기했다.

> 가정에서는 효녀가 되고, 결혼함에 순부順婦·숙처淑妻가 되고,
> 자녀를 낳음에 현모가 되며, 불행히 과부가 되거나 환난을 당함
> 에는 평소의 뜻을 변치 않게 하고 정녀貞女·열녀烈女가 되어 후
> 세에 여종女宗이 된다.

　즉 여성들이 교육받은 것은 결혼하기 전에는 부모에게 효녀가
되기 위함이었고, 결혼 후에는 착한 며느리이자 정숙한 아내가
되려 함이었으며, 과부가 되었을 때에는 정절을 지키고자 함이
었다. 유교적인 실천 양식에서 효는 만행의 근본이라 생각하여
이것을 중심으로 한 가정의 질서는 다른 모든 사회질서의 근간
이 된다고 여겼다. 효는 도덕 수양의 제1원리였다. 이에 시집가
는 딸을 위한 교육에서 무엇보다 중요시했던 것은 결혼 전의 부
모에게 했던 효의 연장으로 남편에 대해 순종하고, 시부모에 대
해서는 친정부모에게 한 것 이상으로 효도하게끔 주입하는 것이
었다. 대부분 십대 중반에 결혼하던 당시 여성들은 자아를 드러
내는 드센 며느리가 되기보다는 자신을 죽여가며 말 잘 듣는 착

한 며느리가 되어 시집에 충성하고, 그 집안의 '귀신'이 될 때까지 희생하며 부덕을 갖추도록 교육을 받았다.

대체로 여성들은 '수신 교육'으로 성품·언어·행동·교양 교육을, '인륜 교육'으로 혼례·부부·효친·돈목을, '가사 교육'으로 의복·음식·제사·접빈객을, '자녀 교육'으로 태교·육아법·자녀 교육·혼전 교육을 받았다. 이러한 여성 교육이 가능했던 것은 조선 사회가 성리학적 이념을 기반으로 한 농업 사회이자 순수 혈통을 강조한 가부장적 사회였기 때문이다.

가문의 영광을 지켜갈
자녀들의 교육자, 어머니

결혼한 여성에게는 아내와 며느리로서의 역할 못지않게 어머니로서의 역할이 강조되었다. 여성의 결혼은 선택이 아닌 필수적인 통과의례였던 당시에 결혼한 여성은 소수를 제외하고는 대부분 어머니가 되었기 때문이다. 이에 자식 교육에 대해 어머니로서 갖춰야 할 훌륭한 품성이 강조되었고, 특히 딸 교육에 대한 책임은 전적으로 어머니에게 달려 있었다.

어머니가 자식에게 가장 먼저 영향을 미치는 것은 바로 임신 초기부터라고 생각했다. 따라서 여성이 임신을 하면 태교부터 출산 후의 육아법까지 모성 함양에 필요한 많은 내용을 교육했다. 산모의 성품과 언행이 태아의 성장 발달과 출생 이후의 성격을 형성하는 데 커다란 영향을 미친다고 여겼기 때문이다. 조선시대

여학교는
없었다,
그러나
교육은
중요했다

233

남녀 공통으로 최고의 수신서였던 『소학』의 첫머리를 보면 훌륭한 자식을 낳기 위해서는 반드시 태교를 해야 한다고 적고 있다.

『열녀전』에 옛적에 부인들이 아이를 가지면 잠자리가 틀어지지 않게 하고 앉기를 한쪽으로 기울지 않게 하고 한쪽 발로 서지 않으며, 사특한 음식을 먹지 않고 자름이 반듯하지 않으면 먹지 않고 자리가 반듯하지 않으면 앉지 않으며, 사특한 빛깔을 보지 않고 방탕한 소리를 듣지 않으며, 밤에는 소경으로 하여금 시를 외고 올바른 일을 말하게 했으니, 이렇게 하면 출생한 아이가 얼굴이 단정하고 재주가 남보다 뛰어날 것이다.

조선시대 왕실 여성 및 사대부 여성들의 교훈서로 가장 많이 읽혔던 『열녀전』에도 첫머리에 태교에 관한 것을 실었고, 이것을 빌려 『소학』의 첫머리에서도 태교를 강조했던 것이다. 결혼한 여성에게 가장 먼저 주어진 임무는 대를 이을 아들을 낳는 것이었고, 임신할 경우 태아가 미래에 훌륭한 인물이 될 자질을 가지고 태어나도록 행동을 조심하는 것이었다. 태교에 대한 중요성은 더욱 강조

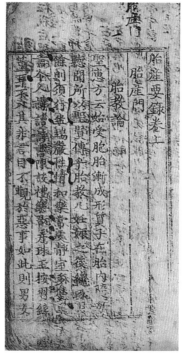

태산요록, 보물 1179호, 가천박물관 소장. 이 책은 조선 세종 때의 의학자인 노중례가 세종 16년(1434)에 왕의 명을 따라 편찬한 것으로 임신과 육아의 질병 치료에 관한 전문 의학서이다. 상·하 2천인데, 상권은 임산교양을 서술하고 '태산문'이라는 제목하에 태교론, 전녀위남법(여아를 남아로 바꾸는 법), 식기론(꺼려야 할 음식) 등 20항목이 수록되었다. 하권은 젖먹이의 보호법을 서술하고 있는데 '영아장호문'이라는 제목하에 거아법, 식구법, 장포의법 등 27개의 항목이 수록되어 있다. 15종이나 되는 의학서적을 참고하여 실용에 편리하도록 편찬하였다.

되어가 태교 관련 서적으로 『태산요록』, 『태산집요』, 『태교신기』 등이 편찬되었다.

　여성들은 출산 후 육아법에 대해서도 많은 신경을 썼다. 『내훈』에서는 아동의 연령 수준에 따라 교육하고 사랑으로 그 맡은 바 임무를 다할 것을 강조했다. 자녀가 올바른 사람이 되고 못 되는 것은 어머니에게 달렸다는 것이다. 지식을 갖춘 양반 여성들의 경우는 어린 자녀들에게 인격적인 교육뿐만 아니라 기초적인 유교 경전을 가르치기도 했다. 가문의 보전과 흥망이 자녀 교육 여하에 달려 있다고 믿었기에 여성들이 직접 나서서 가르쳤고, 공부하기 싫어하거나 말 잘 안 듣는 자식을 설득하여 공부에 힘써 훌륭한 관리가 되도록 뒷바라지를 했다.

　죽은 이에 대한 기록인 행장을 보면 조선후기에는 가정 내에서 여성들의 글공부가 강화되어갔다. 당시 양반가 여성들은 지적 수준이 높은 가정 내의 분위기 때문에 직간접적으로 글공부를 하여 상당 수준의 지식을 갖추기도 하였다. 더 이상 여성들의 무식함이 미덕이 아니고 유식함이 부끄러움이 아니게 되었다. 공부를 위해 여성으로서 해야 할 일을 망각하지만 않는다면 학식과 덕망을 갖춘 여성들은 더 존경을 받을 수 있었다. 정시한의 어머니 횡성 조씨는 홍문관 직제학을 지낸 아버지 조정립으로부터 시서詩書와 예의의 교훈 및 고금 인물들의 훌륭한 말과 좋은 행실을 듣고 배웠다. 또한 박세채의 양어머니 유인 조씨도 책과 역사를 좋아하여 『논어』 수십 편을 통독했을 뿐만 아니라 『강목』에서 『춘추』까지 네 가지 책을 늘 보았다고 전해진다. 김주신의 어머니 풍양 조씨는 『소학』을 매우 좋아해 실을 잣는 틈틈이 쉬지 않고 읽

여학교는
없었다,
그러나
교육은
중요했다

235

었으며, 아이들에게도 먼저 『소학』을 가르쳐서 자신이 지향해야 할 바를 알게 해주는 것이 옳다고 했다. 김만중의 어머니도 아들에게 『소학』, 『사략』, 당시唐詩 등을 직접 가르쳤던 것으로 유명하다. 그 외에 『내훈』이나 『경서』, 『사기』, 『시전』, 『맹자』 등을 익히면서 뛰어난 자질과 학업 성취로 인정받은 여성도 적지 않았다. 양반 여성들 가운데에는 경서와 사서에 밝고, 의리에 막힘이 없는 인물을 드물지 않게 볼 수 있었다. 어머니들의 궁극적인 목표는 아들을 훌륭하게 키워 가문의 영광을 보전하는 것이었기 때문에 그들 스스로 아들의 가정교사가 되기도 하였다.

봉제사 · 접빈객에서
시부모 입맛 못 맞출까 마음 졸임까지

조선시대 여성 교육의 내용을 관통하는 두 가지 요소는 순종과 의존성을 의미하는 삼종지도三從之道와 언행과 솜씨를 의미하는

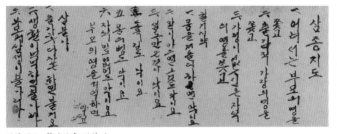

삼종지도, 칠거지악, 삼불거.
"여자는 세 가지의 좇아야 할 길이 있는데女子有三從之道, 집에서는 아버지의 뜻을 따르고在家從父, 시집을 가면 지아비에게 순종하며適人從夫, 지아비가 죽으면 아들의 뜻을 좇아야 한다夫死從子."

4행四行으로 요약된다. 삼종지도는 어려서 자랄 때는 아버지를 따르고, 결혼해서는 남편을 따르며, 남편이 먼저 죽으면 아들을 따른다는 것으로 여자의 한평생은 남자에 의지해 살아야 편안하다는 가르침이었다. 또한 4행은 부덕婦德(절개를 지키며, 순종, 부끄러움이 없도록 바르게 행동하는 것), 부언婦言(할 말을 분별하여 하는 것), 부용婦容(몸을 깨끗하고 청결하게 하는 것), 부공婦功(웃고 노는 것을 즐기지 않고 오직 길쌈에 전념, 가족과 손님 대접을 잘하는 솜씨를 지니는 것)이다. 장래 집안의 안주인으로서 갖추어야 할 행동과 품성, 가정을 규모 있게 이끌어갈 실용적인 내용을 익히도록 했던 것이다.

이 가운데 특히 여공女功이라 하여 바느질, 수놓기, 길쌈, 손님

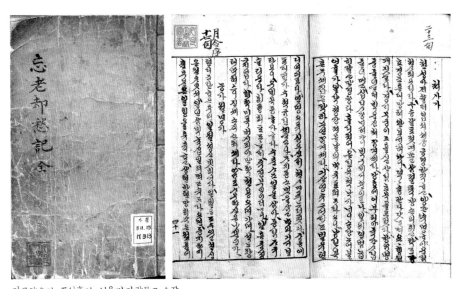

망로각수기, 조선후기, 서울대 가람문고 소장.
「규중칠우쟁론기」는 몇 가지가 전하고 있으나『망로각수기』에 실린 것이 가장 자세하고 정확하다. 규중 부인들의 손에서 떨어지지 않는 침선의 일곱 가지를 의인화하여 인간사회를 풍자하고 있다.

접대 등 가사노동도 매우 중요하게 가르쳤다. 가정 안에서 주부의 손재주, 즉 수공의 기술을 연마하는 것은 우수한 안방 문화를 만들고 문화적 교류를 하는 데 중요한 사회적 기능을 했다. 바느질과 수놓기는 하인을 많이 거느린 양반 계층의 여성이라도 기본적으로 알아야 할 것이었다. 옷을 공장에서 만들어내는 것이 아니라 집 안에서 여성들이 만들어 입히던 시절이었기에 바느질은 여공의 첫째로 꼽혔다. 길쌈과 바느질은 모든 여성의 필수 노동이자 배워야 할 과정이었다.

바느질 그릇, 33.8×9.4cm,
경기도박물관 소장.

음식 또한 마찬가지였다. 내외법에 의해 남녀의 성역할이 강조된 유교문화에서 부엌에서 음식을 만드는 일은 오직 여성의 몫이었다. 옷 만들기, 음식 만들기 등을 비롯한 여러 일의 시중을 하인들에게 시킬 수도 있었지만 기본적으로 안주인이 할 줄 알아야 했던 것이다. 특히 종가를 중심으로 가문이 발달하면서 양반 여성들에게 가장 중요한 임무로 주어진 것이 봉제사 접빈객이었다. 조상신을 끔찍이 존중하던 조선시대에 제사 음식을 마련하는 것은 당연히 여성의 몫이었고, 외식문화가 거의 발달하지 않은 당시 사회에서 집에 찾아오는 손님을 접대하는 책임도 오로지 주부의 몫이었다. 따라서 음식을 만드는 주체인 여성 스스로가 다양한 음식 관련 실용서를 만들어 가문의 여성들에게 요리비법을 전수하기도 하였다. 특히 술과 안주는 빠질 수 없는 중요한 품목이었기 때문에 양반 가문에서는 특유의 가양주와 음식 문화가 발달하기도 하였다. 대표적인 요리

음식디미방, 안동 장씨, 1670년, 25.5×18.8cm, 삼성출판박물관 소장.

숙종 때의 학자 갈암 이현일의 어머니인 안동 장씨가 저술한 음식을 조리하는 방법과 술 빚는 방법을 기록한 음식조리서이다. '음식디미방'이라 이름 붙인 것은 '좋은 음식 맛을 버는 방문飮食知味方'의 뜻으로 풀이된다. 책표지 안쪽에 당나라 중기 때의 시인 왕건王建의「신가낭사新嫁娘詞」를 적어놓아 갓 시집가서 시부모의 식성을 알지 못해 마음 졸이는 새색시의 마음을 통해 책의 저술 동기를 간접적으로 밝혀놓았다.

"시집온 지 삼일 만에 부엌에 들어가三日入廚下
손 씻고 국을 끓인다洗手作羹湯
시어머니 식성을 알지 못하여未諳姑食性
소부에게 먼저 맛보게 하네先遣小婦嘗"

또한 책 뒷표지에는 "이 책을 이리 눈이 어두운데 간신히 썼으니 이 뜻을 알아 이대로 시행하고 딸자식들은 각각 벗겨가오되, 이 책 가져갈 생각일랑 생심 말며 부디 상치 말게 간수하여 쉽게 헐어버리지 말라"는 당부를 적고 있다.

서로서『규곤시의방閨壼是議方』(음식디미방),『음식보』『음식뉴취』『김승지댁 주방문』『술 빚는 법』『술 만드는 법』『시의전서』등을 들 수 있다. 특히『규곤시의방』과『규합총서』는 음식 만드는 조리법이나 술 빚는 법을 총망라한 문헌이라는 점에서 그 가치가 매우 높다.

여학교는
없었다,
그러나
교육은
중요했다

239

조선시대 여성 교육의 특성은 인간의 타고난 능력과 자질을 계
발하는 것이 아니라 음양론에 바탕을 둔 유교적인 여성상을 형
성하는 것이었다. 여훈서의 저자들이 여성을 위한 교재가 없음
을 비판하고 그 교육의 필요성을 강조했지만, 그 내용은 여성에
대한 지배와 통제를 정당화하는 성리학적 명분론과 남존여비의
여성관에 바탕을 두고 있었다.

　조선은 전기보다 후기로 길수록 성리학적 이데올로기가 강화
되고, 가부장적 가족 구조는 더욱 확고해져갔다. 이와 짝하여 가
정을 중심으로 한 여성 통제와 교육은 더욱 심화되었다. 따라서
남성의 공부가 어린 시절부터 출세를 위한 과거를 목표로 적극
적으로 이루어졌던 것에 비해, 여성의 학문적 공부는 결혼 후 복
잡하고 힘겨운 가정생활 속에서 중단되었다가 노년기에 접어 들
면서나 가능한 것이었다. 여성들의 교육은 문자에 의존하기보다
는 기억을 통해 이루어지고 말을 통해 전수되었다.

　그럼에도 불구하고 당대에 가장 이상적인 여성상이자 최고의
여성으로 받아들여진 것은 여군자女君子였다. '군자'가 유교적
교양과 덕을 완성한 인간형으로 조선 사회 남성들이 추구했던
이상적인 모델이었다면, 이와 마찬가지로 여성에 대한 가장 높
은 찬사 역시 '여군자女君子' '여사女士' '여처사女處士'였다. 여
성이면서 군자라는 찬사는 당시 여성에게 붙여주는 최고의 가치
였으며, 존경의 의미였다. 조선은 여성 교육을 강조하면서도 한

편으로는 경계하는 양면성을 보여주고 있었지만, 그 가운데서도 일부 여성들은 여군자가 되기 위한 남다른 모습을 보여주기도 했다.

여학교는
없었다,
그러나
교육은
중요했다

241

9장

규중을 지배한 유일한 문자

번역소설에서 게임북까지,
여성의 문자생활과 한글

이종묵 | 서울대 국문과 교수

한글과 궁중 여성의
문자생활

1446년 세종이 훈민정음訓民正音, 곧 한글을 창제했다. 창제 초기
에 한글은 국왕과 왕자를 비롯한 극히 최상층에서만 사용되다가
곧바로 상하 신분의 여성들에까지 빠르게 보급되었다. 『세조실
록』에 따르면, 세조의 비인 정희왕후貞熹王后가 한글로 쓴 글을 세
조에게 올렸다고 하니, 15세기 중엽부터는 왕실 여성이 한글을
자유롭게 구사했음을 알 수 있다. 이후 단종과 성종 때에 이르러
서는 대비나 비빈, 종실의 부인 등 최상류층을 포함하여 궁녀나
시녀, 유모, 의녀까지도 한글로 편지를 쓸 정도가 되었다.

이에 궁중의 여성에게 한글은 공식적인 문자로서의 지위를 차
츰 굳혀갔다. 정희왕후 이후 성종대에도 수렴청정을 하면서 한
글 전교를 여러 차례 내려 왕실 여성의 문서가 한글로 제작되는
전범을 마련했다. 이러한 전통은 조선이 망할 때까지 이어졌다.
행적을 기록하는 글도 한글로 제작하는 것이 관례였다. 자순대
비慈順大妃가 나라에서 성종의 전기傳記를 편찬할 때 남편 성종의
행적을 직접 한글로 지었고, 또 사후 자신의 전기를 만들 때 쓸

수 있도록 스스로의 행적을 한글로 적은 바 있으며, 문정왕후文定王后 역시 인종의 행적을 한글로 기록해두었다.

왕실 여성과 관련한 제문이나 책문 등도 한글로 번역되는 것이 관례였다. 『연산군일기』에 따르면, 죽은 궁녀를 위해 제문을 짓고 이를 한글로 번역해 의녀로 하여금 읽게 했다는 내용이 나온다. 『중종실록』에는 혼인 및 책봉과 관련한 책인 『세자친영의주世子親迎儀註』와 『책빈의주冊嬪儀註』를 한글로 번역하여 대궐과 세자빈의 집에 보내라고 하였다. 이러한 사례로 보아 왕실에서는 여성과 관련된 문서나 책을 한글로 옮겨야 했음을 알 수 있다. 또 비록 후대의 자료이기는 하나 『숙종실록』에는 대비의 장례에 여관女官으로 하여금 시책문諡冊文과 애책문哀冊文을 읽게 하기 위해 한문과 한글 두 가지로 작성했다는 기록이 보인다. 물론 한글이 국가의 공식적인 기록물에는 공식 문자로 채택되지 못해 한문으로 재번역되었다. 『성종실록』에 처음 대비의 한글 전교를 한문으로 번역하도록 했다는 기사가 보이는데, 이러한 전통은 후대까지 이어졌다. 왕과 대비의 행장을 만드는 데 한글로 쓴 것도 역시 한문으로 번역되어 사용되었다.

이러한 과정을 거쳐 한글은 궁중 여성의 공식 문자로 자리 잡았다. 더욱이 그것은 한글을 짓는 사람뿐만 아니라 글을 받는 대상이 여성일 때에도 적용되었다. 『명종실록』에 따르면 조정의 대신들은 나이 어린 임금의 행실을 경계하는 글을 지어 바치면서 임금에게는 한문으로, 대비에게는 한글로 된 것을 올렸다. 이후 한글 편지에서도 동일한 현상이 발견된다. 발신자나 수신자 중 어느 한쪽이라도 여성일 경우 모두 한글이 공식 문자가 된 것이

사미인곡, 규장각한국학연구원 소장.
정철의 「사미인곡」과 「속미인곡」을 비단에 필사한 책이다. 맨 앞에 19세기 작품으로 추정되는 그림이
실려 있다. 김상숙이 두 편의 가사를 우리말로 옮긴 것이 1764년의 연도 표기와 함께 실려 있고 이어
「사미인곡」과 「속미인곡」이 필사되어 있다. 마지막에는 성대중의 발문이 실렸다. 우리말 노래가 거꾸
로 한문으로 번역되어 유통되는 사례를 확인할 수 있다.

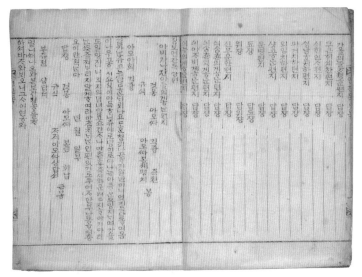

증보언간독, 지은이 미상,
조선말기,
서울역사박물관 소장.
언간독은 일종의 편지 서식으로
사대부가의 부녀자나 일반 서민
들이 편지를 쓸 때 참고하는 모범
답안과 같은 것이었다. 문밖 나들
이가 자유롭지 못했고, 친정과 시
집을 마음 놓고 내왕하는 일이 쉽
지 않았던 여성들은 편지를 통해
가족의 안부를 확인하고, 집안어
른들에게 인사를 올릴 수 있었다.
따라서 한글을 읽고 쓰며 한글 편
지의 문투를 익히는 일은 바느질,
요리와 함께 아녀자들이 갖춰야
할 덕목 중 하나였다.

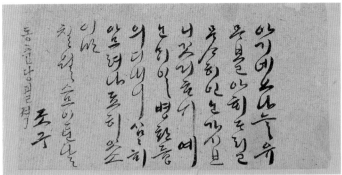

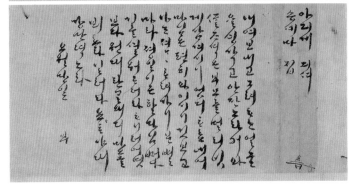

송준길한글편지, 송준길,
17세기, 지본묵서, 35.1×25.3cm,
대전선비박물관 소장(위).
17세기의 학자 송준길(1606~1672)이
손자며느리인 안정나씨에게 보낸
안부 편지다.
정경세한글편지, 정경세,
1630년경, 지본묵서, 21.9×41.5cm,
대전선비박물관 소장(아래).
조선중기의 문신이자 성리학자인
우복 정경세(1563~1633)가 한글로
쓴 편지로 송준길에게 출가한 막
내딸에게 보낸 안부의 글이다. 편
지에는 딸자식을 시집보내고 그리
워하는 아비의 애틋한 정이 잘 드
러나 있다. 출가한 딸아이를 '아
긔'라고 부른 것이 흥미롭고도 정
스럽다.

다. 민간에서뿐만 아니라 발신자가 국왕일 때에도 사정은 마찬가지였다. 선조가 옹주에게 내린 편지도 한글로 되어 있다.

　민간에서도 점차 여성들의 공적인 문서에 한글을 사용해나갔다. 『광해군일기』에 한글로 작성된 소지를 올렸는데 전례가 없다고 한 것으로 보아 여성들이 국가에 올리는 공식 문서도 이 무렵 한글로 작성했음을 알 수 있다. 그러나 한글 문서의 출납은 법으로 금지되어 있어 문제가 되었다. 현존하는 상당수의 한글 고문서 역시 관인이 찍혀 있지 않으므로 공문서로서의 효력을 갖지 못한 듯하다.

　이러한 상황에 이르면 여성들은 한문을 알아도 한글을 써야 하고, 한문으로 된 책을 읽고자 해도 한글로 된 책을 읽어야 하는 언어적인 차별을 당해야만 했다. 이와 관련하여 최근 소개된 순조의 비 순원왕후純元王后의 한글 전교가 이채롭다. "죵고후비지님됴뎡 내유국지대불행야라 미망인이이 만만불행지인 쳐만만불행지디하여 거연위칠년지구의라…"로 필사되어 있어,* 번역이라기보다 한문 원문에 한글로 구결을 달아 적은 것에 불과하다. 조선초기 한글 전교가 내려질 때에는 구어에 가까운 글이었겠지만, 조선후기 한글 전교가 관례화되어 공식적인 기능을 수행할 즈음에는 비록 한글로 표기했다고 해도 한문으로 적은 것과 다름없는 체재를 따르게 된 듯하다.

　이러한 전통에서 여성들을 대상으로 한 책은 한글 전용으로 씌어졌다. 한글로 된 텍스트라야만 여성들의 공식적인 접근이

---

* "예로부터 대비와 왕비가 조정에서 정치에 관여하는 것은 국가의 큰 불행이다. 내가 매우 불행한 사람으로 불행한 처지를 당한 지 어언 7년이나 오래되었다"는 뜻이다.

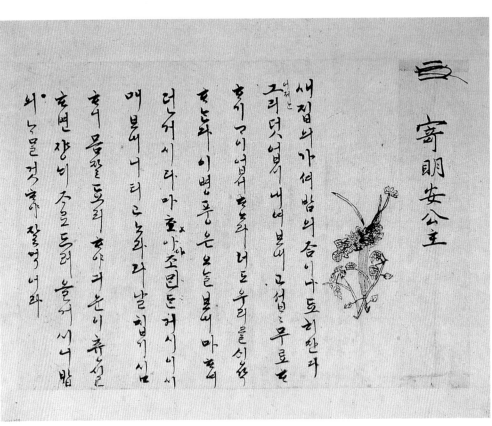

寄明安公主

새 집의 가셔 밤의 줌이나 됴히 잔다
어제는 그리덧 어버 내여 보내 그섭ㅅ 무료호
호기 그이 어엽ᄲ 호로 더도 우리를 심심
호노라 이번 풍운 오놀 보내 마ᄒ
더ᄂ서시다마 호나 조면든 거시니시
매 보내 터그노로라 날 칩기시
후 몸쟐 됴히 호여 눈니 슈ᄒ
호편 쟝이 조으로 도리 올여 시니 밤
뇌ᄂ 물 것 ᄒᆞᆫ 잘 먹어어라

현종간찰, 현종, 조선 17세기, 33.5×28.1cm, 강릉시 오죽헌시립박물관 소장.

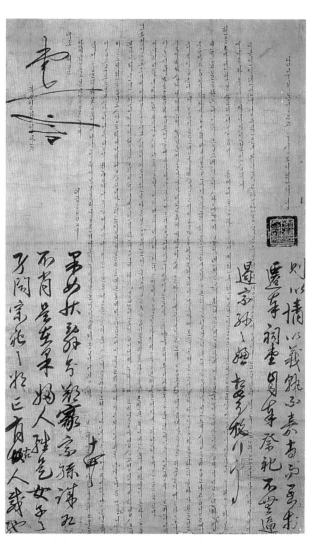

청씨 부인이 올린 한글 상소, 1687년, 83×57.5cm, 국립중앙박물관 소장.

가능했던 것이다. 조선후기에 왕실 여성의 교화나 교양과 관련하여 많은 번역서들이 나온 것은 이 때문이다. 가령 『시경詩經』을 발췌하여 번역하고 이를 여성들에게 읽혔는데, 이는 여성을 교화하거나 그들의 교양을 증진시키기 위한 것으로 보인다. 같은 『시경』이라 해도 남성을 독자로 한 것과 여성을 독자로 한 것은 그 체재부터가 다르다. 남성을 위한 책은 원문 한 글자마다 그 뒤에 한글로 음을 적고 구결을 달았으며 이어 축자역의 번역을 했지만, 여성을 독자로 한 책은 한글 전용으로 되어 있다. 19세기 무렵 『시경』을 발췌·번역한 『국풍國風』이라는 책도 마찬가지다. 여기에 선발된 작품은, 왕실 여성의 직분을 중심으로 한 것이어서 이 책의 주 독자가 여성이었음을 짐작케 한다. 『국풍』은 "관관져구여 재하지쥬로다 뇨됴숙네 군자호구로다"처럼 구결을 달아 원문을 한글만으로 적었을 뿐,* 한자는 전혀 쓰지 않았다. 더욱 주목되는 것은 원문을 번역하지 않았다는 점이다. 주자의 『시집전詩集傳』에 나오는 주석 중 시를 이해하는 데 필요한 기본적인 것을 추려 번역했을 뿐이다. 이러한 체재는 여성들이 『시경』의 원문을 한글로 한번 읽어보고 주석을 통해 여성의 미덕을 배우라는 뜻으로 해석할 수 있다. 작품 자체의 의미는 중요하지 않게 여긴 것이다.

　『시경』을 번역한 책이 여성의 교화를 위하여 널리 읽혔거니와, 특히 역대 왕실 인물의 행적을 교육하기 위한 서적도 꽤 자주 번역되었다. 조선전기부터 왕실 여성과 관련한 행사에 필요

＊ "울음 우는 물새가 물가에 있는데, 행실이 바른 여성이 군자의 좋은 짝이라네"라는 뜻이다.

한 글이 한글로 번역되었을뿐더러 이러한 전통을 이어 조선시대 왕과 왕비의 비문과 전기를 모은 『열성지장통기列聖誌狀通紀』의 한글본이 18세기 전반에 나온 이래, 『열성후비지문列聖后妃誌文』 등 유사한 책들이 지속적으로 번역되었다. 특히 『열성지장통기』 에는 왕과 왕비의 전기, 비문, 제문, 한시 등 다양한 글들이 수록 되어 있다. 한시만 원문을 한글로 적었을 뿐, 나머지 양식은 모두 번역문만 수록했다. 이 책을 번역한 것은 왕실의 여성들로 하여금 역대 왕과 왕비의 행적을 알게 하기 위한 것이겠지만, 이를 통해 왕실의 여성들이 한시나 제문, 악장 등 한문학 작품도 한글로 향유하게 되었다는 사실 또한 주목할 만하다.

왕실을 중심으로 여성들의 교양을 위하여 수많은 책들이 한글 전용으로 번역되었다. 50책이 넘는 『조야회통朝野會通』『조야기문朝野奇聞』『조야첨재朝野簽載』, 70책이 넘는 『정사기람正史紀覽』 등이 한글 전용으로 번역되어 전하는데, 『정사기람』을 번역한 윤용구尹用求의 서문에 따르면 고종이 궁중의 대비와 왕비, 후궁들이 역사를 알아야 함을 강조하고 있기에, 이러한 책자가 왕실 여성의 역사 교육을 위해 번역되었음을 알 수 있다. 나아가 단순히 교육용만이 아니라 19세기 이후 왕실 여성이 정사에 관여하는 일이 잦아지면서 이를 위한 광범위한 독서물이 요구되었으리라는 추정도 가능하다.

중국 여행기인 한글본 연행록이 궁중으로 들어온 것도 왕실 여성의 견문을 넓히기 위한 목적이었던 듯하다. 가령 김창업의 『노가재연행록』과 홍대용의 『을병연행록』, 서유문徐有聞의 『무오연행록』, 홍순학洪淳學의 『연행록』, 그 밖에 『표해록漂海錄』 등도

무오연행록(6책), 서유문, 조선후기, 한국학중앙연구원 장서각 소장.
조선후기의 문신 서유문이 지은 연행록을 한글로 번역하고 필사한 여행기이다. 서유문은 1798년
(정조 22) 10월 삼절연공겸사은사三節年貢兼謝恩使의 서장관으로 북경에 파견됐다가 이듬해 4월
2일 귀국했다. 이 책은 일기 형식으로 된 서유문의 160여 일간의 북경 여정을 한글로 번역한 것
인데, 한문본은 현전하지 않는다.

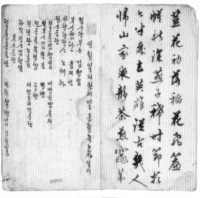

노가재연행일기, 규장각한국학연구원 소장.
1712년 김창업이 중국 사신 일행을 따라 북경
에 갔다가 그 이듬해 귀국하여 쓴 연행일기
다. 9권 6책의 한문본이 규장각에 전하고, 일
부를 한글로 번역한 국문본이 따로 전할 만
큼 널리 읽혔다. 표지에는 '가재연행록稼齋
燕行錄'으로 되어 있다. 한글본은 93장으로
되어 있다.

왕실의 도서 목록인 『대축관서목』에 보이는 것으로 미루어, 왕실 여성들이 이들 한글본을 통해 해외 견문까지 넓혔음을 짐작할 수 있다. 물론 이들 책자 역시 일반 기사문은 한문 원문 없이 한글로 되어 있지만, 한시는 한글로 구결을 달아 읽는 체재를 그대로 따르고 있으며, 때에 따라 한시의 원문을 한글로 함께 제시하기도 한다. 특히 홍대용이 한글로 제작했다는 『을병연행록』에는 조선과 중국 문인들의 한시가 상당수 번역되어 있다. 홍대용이 모친을 위하여 지은 것이라는 설을 감안할 때, 조선후기 여성들의 독서 취향에서 한시가 차지하는 비중이 상당했음을 알 수 있고, 또 한시를 한글 원문과 번역문으로 향유한다는 전통노 확인할 수 있다.

한글로 향유하는 한시

여성의 공식적인 문자로서 지위를 굳힌 한글을 통해 조선 왕실의 여성들은 한문 자료를 광범위하게 섭렵했다. 이러한 환경에서 조선후기에는 양반가 여성을 위한 번역이 왕성하게 이뤄졌는데 이들 역시 철저하게 한글로만 되어 있다. 특히 가문의식의 성장과 함께 여성들에게도 선조의 행적을 알리고자 가승家乘이나 실기류實記類를 널리 번역해 보급하도록 했다. 더욱 주목되는 것은 여성들의 문집이 한글로 번역되어 읽혔다는 점이다. 호연재浩然齋 김씨金氏의 『호연재유고浩然齋遺稿』, 의유당意幽堂 남씨南氏의

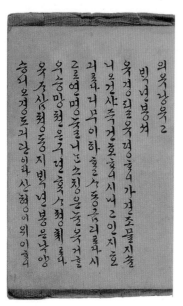

의유당유고, 의령 남씨 지음, 1843년,
류탁일 소장.
석대石臺의 한글 필사본. 의령 남씨의 시문집
으로 「백년봉셔白蓮筆序」「춘경春景」「긔어유
손寄於幼孫」 등 한문 3편, 한시 17수, 국문 3편
을 싣고 있다. 의령 남씨는 정조의 비 효의왕
후의 이모로 「의유당판북유람일기」 등의 작
품을 남겼다.

『의유당유고意幽堂遺稿』와 작가가 알려져 있지 않
은 『기각한필綺閣閒筆』 등이 현재까지 전하며, 빙
허각憑虛閣 이씨李氏의 『빙허각전서憑虛閣全書』에
도 한글로 번역된 한시가 100수 이상 실렸다.

이러한 시집은 오직 한글로만 표기되어 있다.
한시 원문조차 한글로만 표기되고 어려운 단어
만 간혹 한글로 간략한 주석을 달아놓았다. 이러
한 것이 여성이 한시를 향유하는 기본적인 문자
생활이었다. 규장각에 소장되어 있는 『익종간첩
翼宗簡帖』에도 효명세자와 누이가 주고받은 한글
편지와 한시가 수록되어 있어 여성의 문자생활
을 잘 보여준다. 명온공주는 "낫것 잡수시고 안
녕이 지내십니까? 이 글은 소인이 지었으니 보시
고 어떠한지 보아주시기 바랍나이다"라고 먼저
적은 후 "구츄상야댱, 독대옥촉명. 져두요상형,
격유문홍명"이라 적은 다음 다시 "깊은 가을 서
리 내린 밤이 긴데, 홀로 밝은 촛불을 마주하고 있노라. 머리를
숙여 멀리 형을 생각하고, 창 너머 기러기 울음소리를 듣는다"라
고 번역하였다.

이 편지를 받은 효명세자는 감사의 뜻을 전한 다음 "산챵낙목
향, 긔쳡신인슈. 슈월몽변고, 쟌등위슈유"라 하여 역시 한글로
한시를 적고는 "산속 집의 창에 낙엽 소리가 울리니, 그 얼마나
시인을 시름겹게 하는가? 파리한 달이 베갯가에 외로우니, 가물
거리는 촛불은 누구를 위하여 켜 둘 것인가?"라는 번역문을 실

직 금 도

익종간첩(2첩), 규장각한국학연구원 소장.
익종으로 추존된 효명세자가 누이인 명온공주 등에게 보낸 시문과
이를 한글로 번역한 책이다. 19세기에 필사한 것으로 추정된다. 「직
금도織錦圖」는 누이에게 보이기 위해 그림으로 된 시를 한글로 적
어 보낸 것이다.

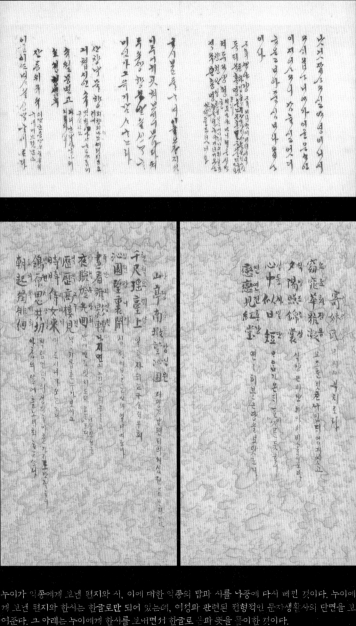

누이가 임종에게 보낸 편지와 시, 이에 대한 임종의 답과 시를 나중에 다시 베낀 것이다. 누이에게 보낸 편지와 한시는 한글로만 되어 있는데, 여성과 관련된 전형적인 문자생활사의 단면을 보여준다. 그 아래는 누이에게 한시를 보내면서 한글로 뜻과 음을 풀이한 것이다.

었다. 먼저 한글로 원문을 적고 이어 번역하는 형식을 따르고 있다. 이 점에서 남성조차 여성과 함께 한시를 향유하고자 할 때 한문보다 한글을 우선시했음을 알 수 있다.

그런데 이들 한글로 번역된 여성의 시집에는 원문이 잘못 필사되거나 음이 잘못 표기된 경우가 상당수 발견된다. 이런 점으로 미루어볼 때, 한글로 된 문집을 읽는 이들이 한문 원문 자체에는 큰 관심이 없었고, 그저 한시를 우리말로 한번 읊조리고 다시 그 풀이를 읊조리는 방식으로 향유했을 가능성이 크다. 시의 뜻을 중심으로 향유될 때 원시의 한자음이 부분적으로 잘못된 것이나 행의 착간 등은 문제가 되지 않기 때문이다.

이러한 한시의 새로운 향유 방식은 한글소설로도 확대되었다. 『명행정의록』이나 『삼강명행록』 등 상층 여성을 대상으로 한 소설에는 수많은 한시가 한글로만 된 원문과 번역문으로 삽입되어 여성들에게 향유되었다. 『명행정의록』에는 등장인물들이 가족과 어울려 시회를 열고 그곳에서 제작되었다면서 『명시종明詩綜』이나 『산당사고山堂肆考』 등 17세기에 널리 읽힌 중국책에 실린 한시가 여러 편 포함되었다. 이런 상황은 상층 여성들이 읽는 장편소설뿐만 아니라 판소리계 소설 등 일반 대중을 대상으로 한 통속 소설에까지 확대되었다. 소설을 읽으면서 그 안에 삽입된 한시를 한글로 읽는 즐거움이 새로운 소설 문화의 한 양상으로 나타난 것이다. 소설에 삽입된 한시의 원문과 번역문을 옮기는 과정에서 상당한 오탈자가 발견되므로, 한글 소설의 독자들은 글이 아닌 말로 한시를 즐기게 된 것이라 하겠다.

이황이 편찬했다고 전해지는 『규중요람閨中要覽』에서는 여성

학석집(한글본), 효명세자 지음, 1책, 한국학중앙연구원 장서각 소장.
『학석집』한글본은 문재가 뛰어났던 효명세자가 자신의 시집을 누이를 위해 직접 번역하여 준 것으로 추정된다. 한글로된 문집이라는 점에서 의의가 크며, 19세기 전반기의 번역의 양상을 살필 수 있는 자료다.

들이 책을 읽어 역대 나라 이름과 조상의 이름을 아는 것에만 그쳐야 하니, 글씨를 빼어나게 쓰거나 시를 아름답게 쓰는 것은 기생의 일이요, 양반가 여인이 행할 바가 아니라 하였다. 여성이 한문으로 문학활동을 한다는 것은 사회적으로 허용되지 않는 일이었다. 『내훈』에서도 정이천程伊川의 모친이 글을 좋아했지만 글을 짓지 않았고, 이미 짓거나 쓴 글조차 남에게 보내는 것을 가장 더럽게 여겼다는 일화를 들어 여성의 문학활동을 부정적으로 규정했다. 현모양처의 전형으로 형상화되는 여성의 묘지墓誌에도 젊은 시절에 글을 알았지만 시집간 이후에는 붓을 들지 않았다는 것을 미담으로 기록할 정도였다. 이렇듯 여성이 문학하는 것에 대한 비난을 피하다보니 한글로 활동하는 기이한 현상이 벌어진 것이다. 이온李媼이라는 무반의 처는 한문을 몰랐지만 김이곤金履坤의 증조부를 모시면서 곁에서 시를 배웠는데, 증조부가 죽은 후 갑자기 쓰지는 못하지만 입으로 시가 술술 나왔다는 일화가 전한다. 즉 이 여성은 한글로 시를 외우다보니 글이 아닌 입으로 절로 한시를 지을 수 있는 단계에까지 이른 것이다.

한시를 이용한 여성의 놀이

조선후기에 한시가 대중적인 장르가 되면서 한시 짓는 일에 가담하는 여성이 많아졌다. 이미 조선전기에 황진이, 허난설헌, 이옥봉, 이매창 등 일부 사족의 부인이나 첩, 기생 등에 의해 꾸준히 여성 작가의 맥이 유지되어왔으며, 후기에는 더욱 많은 여성이 한시를 쓰고 향유하게 된다. 여러 자료에 몇 편의 시가 전하는 여성 작가 외에 김호연재, 서영수합, 김청한당, 임윤지당, 강정일당, 홍유한당, 신산요각, 황정정당, 김삼의당, 남정일헌, 남의유당 등은 문집까지 남겼다. 18세기 이후에는 사대부가의 부인뿐만 아니라 평민이나 천민 출신의 여인도 한시를 창작하고 향유한 사례가 발견된다.

소설이 여성들에게 중요한 소일거리가 되었을 뿐 아니라 한시 자체도 여성의 중요한 놀이 도구가 되었다. 조선후기 여성들이 소설과 한시를 즐기는 양상은 『규방미담閨房美談』에 잘 드러난

유한집, 유한당 홍씨, 1854년, 규장각한국학연구원 소장(왼쪽).
조선 순조 때의 여류 시인 유한당 홍원주의 시집으로 5언과 7언의 장단시 187수가 수록되어 있다. 홍씨의 아버지는 홍인모이며, 어머니는 영수합 서씨이고, 홍석주의 누이이다.
정일헌 시집, 정일헌 남씨, 1923년, 국립중앙도서관 소장(오른쪽).
조선말기 여류 시인 정일헌 남씨의 시집으로 모두 57수가 수록되어 있다. 오랜 수절생활에서 오는 규원閨怨과 규범을 노래한 것이 많다. 권두에 이건창의 서문과 권말에 이건승의 발문이 실려 있다.

다. 『규방미담』은 미국 캘리포니아 대학(버클리 대학)에 소장된 한글소설로 필사본 1책이다. 명나라 가정 연간에 항주의 종백희라는 이가 편모 황씨를 모시고 살다가 열세 살에 정부인 남씨와 혼인하고 계상서의 딸을 두 번째 부인으로 맞는다. 과거에 급제하여 옥당의 한림에 오른 후 성묘를 하고 모친을 뵙기 위해 고향인 항주로 내려갔을 때 천진교에서 낙양 기생 사홍련을 만나 첩으로 들인다. 벼슬이 상서에 올라 2처 1첩을 거느리고 행복하게 지낸다. 그후 엄숭이 현신 양계성을 죽이려 하자 종백희가 상소

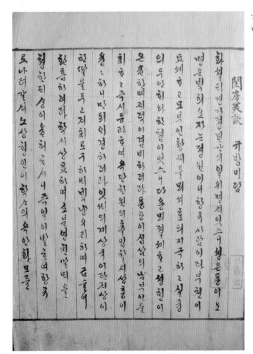

를 올리는데 이 때문에 소주자사로 좌천된다. 3년 후 엄숭이 처
단되고 호부상서로 복귀한 후 4자 2녀를 두어 부귀영화를 누린
다는 단순한 줄거리로 되어 있다.

　그러나 『규방미담』의 중심은 이런 줄거리에 있지 않다. 『규방
미담』은 여성이 놀이로서 한시를 즐길 수 있게 만든 일종의 오락
서다. 『규방미담』에는 「귀문도龜文圖」나 「직금도織金圖」와 같은 선
기도璇璣圖를 여러 종 삽입하고 있다. 「귀문도」와 「직금도」는 합
쳐서 빙글빙글 돌려서 읽는다 하여 선기도라고 한다. 진秦의 소
약란蘇若蘭이 시를 짓고 이를 비단에 짜 넣어 사막으로 유배된 남
편 두도竇滔에게 보낸 데서 유래한다. 이러한 배경으로 인하여 선

기도는 여성에게 환영받는 양식이 될 수 있었다. 『규방미담』에는 5종의 선기도를 실어 다양하게 시를 가지고 놀이를 하도록 했다. 그중 기생 사홍련이 지은 선기도를 예로 보인다.

큰 글씨로 쓴 것만 종서로 읽으면 '소첩홍련小妾紅蓮 재배헌시 再拜獻詩 소주자사蘇州刺史 상공합하相公閤下'가 되는데 이것이 제목이다. 시는 하단에 크게 쓴 '사使' 아래 칸의 '거去'에서 시작하여 그 오른쪽 '랑郞'으로 돌아오게 되어 있다. 『규방미담』에 풀이된 것을 함께 보인다. 한글로 된 것만 읽으면 한 편의 애정 가사를 읽는 듯하다.

작년에 낭군이 소첩을 이별하고①

금년에 소첩이 낭군을 그리워합너다.②

저의 마음으로 낭군을 위하여 한하노너③

낭군의 마음이 소첩과 어떠한가요?④

낭군은 다정한 낭군이 되고⑤

소첩은 박명한 소첩이 되었네요.⑥

낭군의 눈물은 청삼을 적시고⑦

소첩의 눈물은 붉은 뺨에 흘러버립너다.⑧

(…)

낭군의 마음은 반석 같고⑥⑤

소첩의 마음은 연실 같아서⑥⑥

연실은 끊어져도 끌면 나오지만⑥⑦

반석은 박혀 있어 움직이지 않네요.⑥⑧

낭군이 하늘가에 있는데⑥⑨

『규방미담』에 실린 사홍련의 시그림. ①번에서 시작하여 화살표 방향으로 따라가면서 시를 짓는 것이며, ⑰번에서 시 놀이는 끝나게 된다.

소첩은 홀로 독수공방 합니다. ⑦⓪

소첩의 정을 담은 글을 가지고 ⑦①

정이 있는 낭군에게 부칩니다. ⑦②

①　　　②　　　③　　　④
去年郎別妾 今年妾思郎 妾意爲郎恨 郎心似妾慷

⑤　　　⑥　　　⑦　　　⑧
郎爲多情郎 妾作薄命妾 郎淚濕靑衫 妾淚下紅頰

(…)

⑥⑤　　　⑥⑥　　　⑥⑦　　　⑥⑧
郎心如盤石 妾心如藕絲 藕絲有牽戀 盤石無轉移

⑥⑨　　　⑦⓪　　　⑦①　　　⑦②
郎在天一涯 妾獨守空房 把妾有情詩 寄與有情郎

　　사홍련의 시그림과 이를 풀이한 것 다음에 1면 남짓한 분량의
서사 단락이 나오고 소설은 끝이 난다. 적당한 스토리를 엮어놓
고 시그림을 통하여 게임을 즐기는 것이 이 소설을 읽는 재미가
되는 셈이다.

　　그런데 『규방미담』은 시의 제목을 가지고 퍼즐을 하나 더 만들
었다. '당언문唐諺文'이 그것이다. 당언문은 ㄱㄴㄷㄹㅁㅂㅅㅇㅈ
ㅊㅋㅌㅍㅎ에 1부터 14까지의 숫자를 대응시킨 것이므로, 이에
따라 오른편 첫 번째 것은 남옥란의 시그림 제목을 적은 '남옥난
효소혜귀문니졍부뉵'(①번 부분)으로 풀이된다. 가운데 남소자의
귀문시 마지막 두 구절은 '인귀하수원 명월하셔잠 목낙경뷔쳐 금
젼미사심'으로 풀이된다(②번 부분). 또 왼편 사홍련의 그림시 제목
은 '소첩홍년 재배흔시 쇼주자사샹공합하'(③번 부분)로 풀이된다.
암호풀이 게임을 하듯 언어의 유희를 한 번 더 즐기게 한 것이다.

　　이처럼 그림을 이용하여 한시를 즐기는 선기도를 가장 잘 배

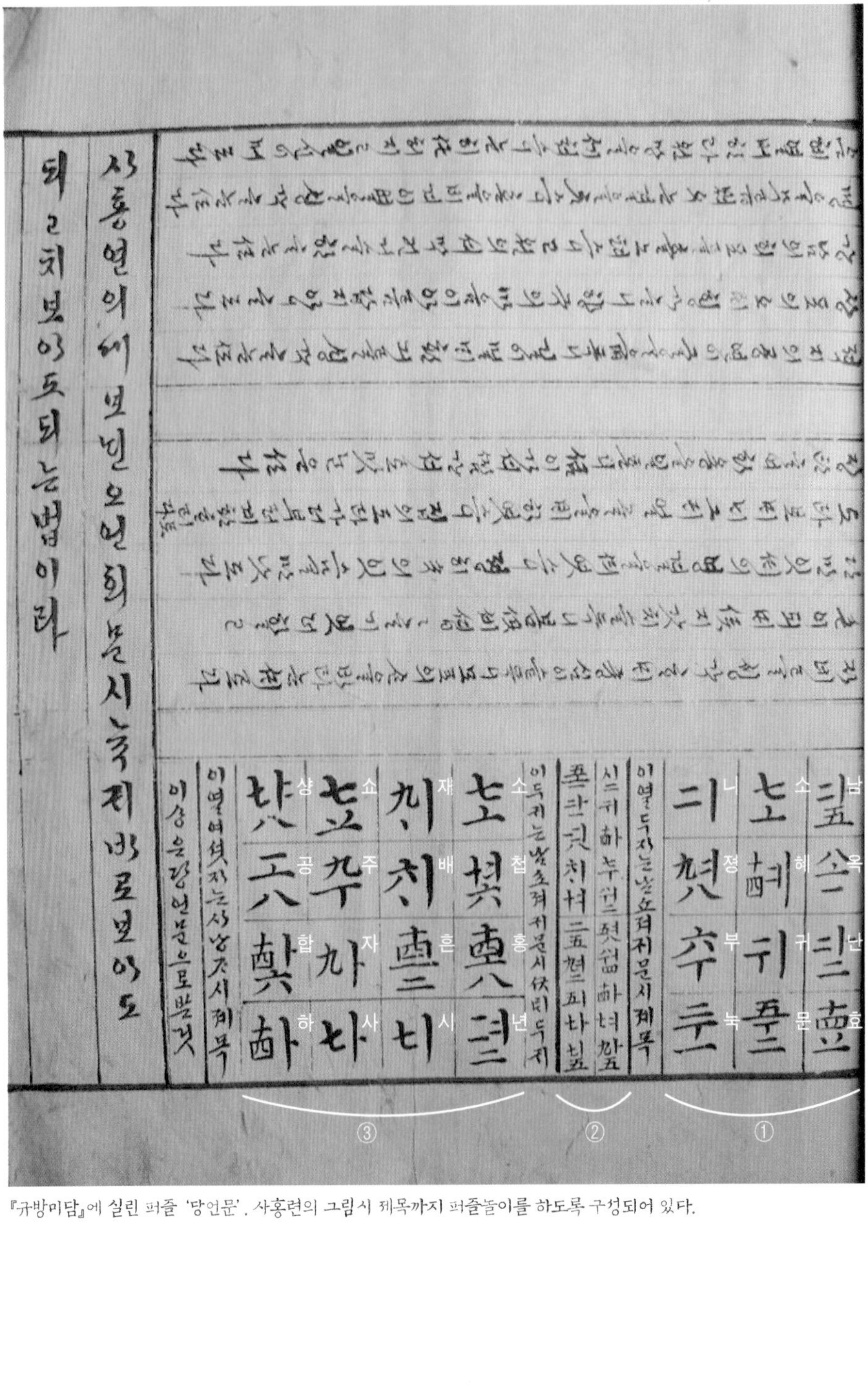

『규방미담』에 실린 퍼즐 '당언문'. 사홍련의 그림시 제목까지 퍼즐놀이를 하도록 구성되어 있다.

열해놓은 책이 『규방미담』이다. 이러한 선기도는 조선후기 여성들에게 큰 인기를 끌었던 듯하다. 이에 대해 19세기의 문인 이규경은 당시 규방의 부녀자들이 선기도를 언문으로 번역하여 가지고 노는 이가 많다고 하면서 자신의 집에도 「선기도」를 소장하고 있다고 한 바 있다.

　순조의 아들인 효명세자孝明世子도 「귀문도」를 제작하고 이를 다시 한글로 풀이하여 누이동생에게 준 바 있는데, 이 또한 19세기에 선기도가 규방에서 널리 유행했음을 보여준다. 비교적 큰 글자가 들어 있는 육각형을 중심으로 상단의 좌우에 있는 방장형 속의 글자를 각기 읽고 난 다음 육각형 안의 글을 읽어 7자로 맞춘다. 이를 왼쪽부터 오른쪽으로 읽어내고 다시 아래 4단까지 내려오면서 읽으면 다음과 같은 네 편의 칠언절구가 된다. 다시 육각형 좌우 사다리꼴 안에 있는 글자를 위에 있는 것까지 먼저 읽고 다시 아래에 있는 것까지 읽으면 8구의 오언율시 한 편이 된다. 다시 육각형 하단 좌우의 글자를 왼쪽부터 오른쪽으로 중간까지 읽고 다시 왼쪽 끝에서 중간까지 같은 방식으로 읽어 4단까지 내려가면서 읽는다. 또 육각형 상단의 마름모형(제일 상단과 하단은 삼각형) 안에 있는 글자를 아래로 읽어 내리면 다시 한 편의 오언절구가 된다. 그래서 하나의 그림에서 6수의 시를 찾아 읽는 재미를 느낄 수 있게 되어 있다.

도 문 귀

효명세자가 한글로 풀이하여 누이동생에게 준 귀문도.

비교적 큰 글자가 들어 있는 육각형을 중심으로 상단의 좌우에 있는 방장형 속의 글자를 각기 읽고 다음 육각형 안의 글을 읽어 7자로 맞춘다. 이를 왼쪽부터 오른쪽으로 읽어버고 다시 아래 4단까지 내려오면서 읽으면 다음과 같은 네 편의 칠언절구가 된다. 다시 육각형 좌우 사다리꼴 안에 있는 글자를 위에 있는 것까지 먼저 읽고 다시 아래에 있는 것까지 읽으면 8구의 오언율시 한 편이 된다. 다시 육각형 하단 좌우의 글자를 왼쪽부터 오른쪽으로 중간까지 읽고 다시 왼쪽 끝에서 중간까지 같은 방식으로 읽어 4단까지 내려가면서 읽는다. 또 육각형 상단의 마름모형(제일 상단과 하단은 삼각형) 안에 있는 글자를 아래로 읽어 버리면 다시 한 편의 오언절구가 된다. 그래서 하나의 그림에서 6수의 시를 찾아 읽는 재미를 즐길 수 있게 되어 있다.

① ② ③ ④ ⑤ ⑥ ⑦ ⑧ ⑨ ⑩ ⑪ ⑫
군아/동로/겹지기, 야형/군매/념참치. 분형/일근/동우애, 공환/양전/승은자.

애이현숙다총혜, 금옥기자빙설기. 옥창야독열녀전, 나황조간관저서.

십오이강봉호구, 화벌명문유가아. 복지누대기주제, 단함화첨망위이.

은촉자수쌍침롱, 주란리장효경규. 수도여행부모원, 유시귀령언고사.

① ② ③ ④ ⑤ ⑥ ⑦ ⑧ ⑨ ⑩
첨/피/척/령/조, 래/서/당/제/지.

의침간운면, 기서하태지.

등림요상망, 료이위아사.

운단천주박, 루상대취미.

① ② ③ ④ ⑤ ⑥ ⑦ ⑧
성광/여/가/접, 의형/호/상/지.

방유양유매, 견의좌우수.

면억해제일, 하증유잠리.

일복귀문수, 자자중십이.

① ② ③ ④ ⑤ ⑥ ⑦ ⑧ ⑨ ⑩
대/식/동/분/상, 투/화/공/규/기.

우우근천성, 평생호상지.

龜文圖

효명세자가 제작했던 귀문도의 원본. 앞쪽에 나와 있는 시를 이 원본에서 따라해보면 그 뜻까지 음미할 수 있다.

16세기 이래 일반 대중의 교화를 목적으로 하는 교화서를 중심으로, 한문 원문 자체의 비중이 급격하게 줄어들면서 번역문의 한글 전용이 서서히 이루어졌다. 또 한글이 왕실에서 여성들의 공식 문자로 자리 잡으면서, 왕실에서 한글 번역이 대규모로 이뤄졌고, 번역서 안에는 철저히 한글만 표기되는 현상이 일어났다. 여성이 한문으로 문자생활을 하는 것이 금기시되던 사회에서는 한문을 알고도 한글로 된 책만 읽고 글을 써야 했다. 이런 상황에서 여성들이 한문으로 지은 한시도 번역문뿐만 아니라 원문까지 한글로 읽는 전통이 생겨났다. 특히 왕실 여성의 경우 역사서나 여행기에 실린 한시를 한글로 향유함으로써, 원문은 장식으로만 존재하고 번역문을 통하여 대강의 뜻을 파악하는 것이 여성들의 한시 향유 방식이 된 것이다.

이러한 현상은 결국 한문에 능통하지 않은 대중의 한시 향유와 크게 다르지 않다. 여성들이 한글 자료를 통해 일상적으로 한시를 접했던 것처럼, 일반 대중도 한글로 제작된 소설을 통하여 한시를 접했다. 예를 들어 「춘향전」의 절정에 달하는 대목에 암행어사가 된 남자 주인공 이도령이 "금준미주는 천인혈이요, 옥반가효는 만성고라. 촉루락시만누락이요, 가성고처원성고라"라고 쓴 한시가 한 수 적혀 있다.* 그리고 이어지는 대목에서 "이 글의 뜻은 '금동이의 아름다운 술은 일만 백성의 피요, 옥소반의 아름다운 안주는 일만 백성의 기름이라. 촛불 눈물 떨어질 때 백성 눈물 떨어지고, 노랫소리 높은 곳에 원망소리 높았더라.' 이렇듯이 지었으되…"라고 적고 있다. 그러나 대부분의 한글소설처럼 「춘향전」 역시 한글만으로 표기되어 있고 삽입되어 있는 한시도 한글로만 적혀 있다. 한시만이 아니다. 한글소설에서는 제법 긴 제문이나 공문서를 삽입하면서 원문을 한글로만 표기해 놓은 예를 쉽게 찾을 수 있다. 이러한 상황에서 평민들이 한글로 써놓은 한시를 보고 한자를 재구성할 수 있었을까? 아마도 대부분은 그렇게 할 수 없었을 것이다. 그저 다음에 이어지는 한시의 풀이를 참고하여 대강 어떠한 내용일 것이라 짐작할 뿐이었으리라. 「춘향전」의 예에서 알 수 있듯이 평민들은 한시에 구결을 날아 원문을 읽고 한글 번역문을 다시 읽는 방식으로 한시를 향유했던 것이다. 주변부의 언어인 자국어로 문명권의 보편어인 한시를 이렇게 향유했다.

대중적인 한글 소설에서 한시가 인용되어 있는 것은 한글을 읽을 수 있는 대중에게도 한시가 생활의 일부였기 때문이다. 소설적인 문맥에서는 굳이 한시를 원래의 형태대로 인용할 필요가 없다. 삽입 시를 통해 극적인 효과를 거두려 한다면, 알기 어려운 한시 원문을 한글로 적어두는 것보다는 그 번역문을 시처럼 읽히도록 인용해도 무방할 것이다. 그럼에도 한시를 직접 인용한 것은 리얼리티를 강조하기 위한 장치다. 「춘향전」에서 이도령이 절정의 장면에 등장하면서 멋있는 시 한 수 정도는 읊어야

---

* 이 한시를 한자로 쓰면 "金樽美酒千人血, 玉盤佳肴萬姓膏. 燭淚落時民淚落, 歌聲高處怨聲高"가 된다. 이 시는 명나라 장수 조도사趙都司라는 사람이 광해군을 풍자하기 위하여 쓴 시 "淸香旨酒千人血, 細切珍羞萬姓膏. 燭淚落時民淚落, 歌聲高處怨聲高"와 흡사하다.

그림이 되지 않겠는가? 더구나 조선후기에는 대중도 한시를 자주 접하게 되어 유명한 시는 그 뜻을 모르더라도 한두 구절쯤은 입으로 외울 수 있게 된 현상을 반영한 것이기도 하다. '문자文字'를 넣어 유식한 척 말하는 화법으로 한시가 인용되었던 것이다. 이 때문에 대중이 향유한 소설이나 가사 등에서도 한시 구절이 흔히 발견된다. 나아가 아예 절구와 같은 한시의 형식을 빌리되 한자가 아닌 한글로 한시를 짓는 이른바 언문풍월諺文風月까지 생겼다. 판소리나 탈춤, 굿판에도 광대나 배우, 무당 등이 한두 마디 한시 구절을 집어넣은 것은 비공식적이고 비주류의 언어인 '한글'을 이용하여 주류의 문화인 '한시'로 자신들의 비주류 문화를 '장식'하고자 한 의도라 할 수 있다.

10장

믿음의 힘으로
유교적 획일화에 맞서다

❀

조선 여성의 신앙생활:
불교를 중심으로

조은수 | 서울대 철학과 교수

불교가 우리나라에 전해진 것은 4세기경이다. 당시 삼국은 불교를 받아들이면서 주술적인 세계에서 벗어나 높은 수준의 종교적 세계관을 새로 접하게 되었다. 신라는 불교를 널리 홍포해 불교의 업과 윤회설에 기반한 윤리관을 백성들에게 심어주고 사회의 정신적 수준을 끌어올렸고 이로써 삼국 통일의 동력을 얻어나갔다. 삼국시대와 고려시대에는 불교가 국교로 숭상됨에 따라 그러한 외호 속에서 여성들의 신행활동은 권장되고 칭송되었다. 그러나 조선조에 들어와 성리학으로 무장한 정치인들이 정권을 잡고 유교를 통치 이념으로 삼으면서, 국가가 억불정책을 표방하고 나서자 불교 교단과 신앙은 곳곳에서 도전을 받게 되었다. 도성 내의 사찰들은 폐쇄되고 결국은 산중 불교라 불리듯이 사찰은 산중에서 명맥을 유지해갔다. 승려들은 천민으로 신분이 강등되고 도성 출입이 금지되었을 뿐만 아니라 과도한 부역에 시달리는 등 사회로부터 멸시를 받곤 했다.

하지만 조선시대에는 우리가 알고 있는 것보다 훨씬 많은 불교활동이 있었다. 경제적·사회적 곤란이나 유학자들의 끊임없는 사상적 공격 속에서도, 불교 수행의 근거지인 사찰들은 지탱되고 있었다. 공적 영역에서 불교와 관련된 신앙활동은 금지됐지만, 사적인 공간에서의 신앙은 그 입지를 잃지 않았다. 특히 여성들에게 불교는 정서적으로나 종교적으로 생활의 일부였다.

금령을 두려워하지 않았던 여성들

유교 사회질서 속에 편입되어 살아가는 남성에 비해, 사회로부터 소외된 여성들에게 신앙은 삶의 중요한 일부분이었다. 그러나 불교 박해와 남존여비 사상으로 인해 불교 신앙을 갖고 있는 여성은 이중의 희생물이 되었다. 조선왕조실록을 보면 불교를 믿는 여성과 관련된 기록이 무수히 등장한다. 부녀의 사찰 출입을 금한 나라의 원칙을 어겨 문초를 받은 여성들, 양갓집 아녀자로서 출가해 사회적으로 물의를 일으켰거나 음행을 저질렀다고 붙들려온 비구니, 정업원 등의 궁궐 내 불당에서의 불교 행사를 비판하는 상소, 그리고 이런 행위를 비판하며 왕조 내내 끊임없이 등장하는 사원 혁파를 주장하는 대신들의 제청이 그런 예이다.

하지만 불교를 믿는 여성에 대한 부정적인 기록들은 정치적으로 배불론이 상승하는 시점마다 불교를 배척하는 정책이나 유교의 여성 통제가 강화되는 시점을 보여주거나, 또는 당시 유학 근본주의자들의 여성관의 면모를 알려주는 기록이다. 실제로 사회

믿음의
힘으로
유교적
획일화에
맞서다

279

내에서 불교가 어떻게 신행되었
는지, 그 여성들의 수행이 어떠
했는지를 보여주는 기록이라고
하기에는 너무 편향된 시각을
담고 있다. 또한 조선조 내내 이
런 사건 기록이 끊이지 않았다
는 것은 불교 수행의 전통이 지
속되었음을 강력히 반증하는 것
이기도 하다. 유생들 스스로가
불평했듯, 이들 여성은 "금령을
무서워하지 않고 마음대로 행동
하여 꺼림이 없었고", 그들의
불교 신앙은 그들 삶 속에서 빛
이 바래지 않았다.

女稱菩薩

기산풍속도첩 중 '보살청녀', 나이 든 여인들이 지팡이를 짚고 절에
가는 모습.

여성 불도,
실절한 혐오의 대상이 되다

민간에서의 불교 신앙이 어떠했는가를 알아볼 수 있는 자료는
거의 전해지지 않는다. 무명의 백성들은 기록에 담기지 않았을
뿐더러 실록 등에 나타나는 인물은 범죄나 사회적 물의를 일으
켰을 때만 그 이름이 밝혀져 있기에 일반 민중의 종교생활을 알
기란 거의 불가능하다. 그러나 불교 신행을 금하는 빗발치는 상

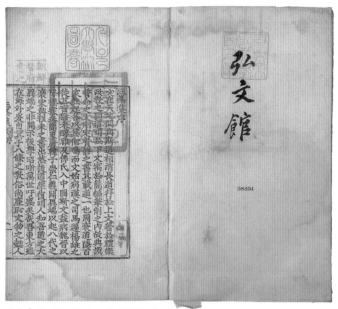

삼봉집, 정도전, 1465년, 규장각한국학연구원 소장.
조선초기의 성리학자 정도전은 『불씨잡변佛氏雜辨』『심기리편心氣理篇』을 지어 불교의
교리를 이론적으로 비판하고 성리학을 유일한 통치 이념으로 삼고자 했다.

소와 사찰에 올라가서 처벌된 여성들의 기록으로 미루어 역설적
으로 불교가 민간에서 여전히 신행되었음을 알 수 있다.

조선조에서 여성의 불교 신앙은 각종 사회적·법률적 기제에
의해 통제당하거나 금기시되었다. "부녀가 중과 같이 절에 올라
가면 실절失節한 것으로 논죄한다"고 하여 여성의 사찰 출입은
남녀부동석이라는 사회적 관습을 어긴 것으로 여겼고, 특히 남
자 승려가 거주하는 사찰에 가서 유숙하는 행위는 그 자체로 정
절을 잃은 것으로 간주했다. 여성이 빗을 잃어버리면 절개를 지
키지 못한 것으로 여긴다든지 전쟁에 끌려갔다 돌아온 여성은
지조를 잃은 것으로 보아 받아들이지 않은 경우도 마찬가지다.

믿음의
힘으로
유교적
획일화에
맞서다

281

조선조 사회는 중국의 『열녀전』 등을 모델로 삼아 열녀나 정절에 대한 이데올로기를 더욱 강화시켜갔다. 중국 역시 송과 명 등에서
일찍이 『열녀전』을 펴내 유명한 현모·양처·열녀·투부妬婦 등의 이야기를 다루었다. 그림은 『열녀전』에 나오는 고사를 그린 그
림 「열녀인지도烈女仁智圖」, 진 고개지, 진 4세기, 견본담채, 전체 25.8×470cm, 북경 고궁박물원 소장.

조선 사회는 여성의 정절에 대해 신경증에 가까운 결벽을 보였는데, 가령 당시 세워진 수많은 정절문은 여성을 정절 이데올로기로 무장시킬 뿐만 아니라 일탈할 가능성이 있는 여성들에 대한 압력으로 작용했다. 남자와 여자가 한 하늘 아래에 함께 어우러져 사는 것이 이 세상인데, 이렇듯 남성과 한자리에 있다고 정조를 잃은 것으로 단죄하는 사고방식은 지나치지만, 정절 이데올로기는 여성의 불교 신앙을 탄압하는 데 유효한 틀로 사용되었다.

『숙종실록』에 나오는 대신들의 상소는 이들 여성에 대한 혐오가 어느 정도였는지 짐작케 한다.

국조國朝 이래로 승려의 도성 출입을 금단한 것은 음란하고 간특함을 징계하여 민속을 바로잡으려는 것입니다. 그런데 이제 부녀로서 지아비를 배반하고 주인을 배반한 자와 일찍 과부가 되어 실행失行한 무리가 앞을 다투어 밀려들어 모이는 장소가 되었는데, 거기서 이들은 간음을 행하며 간사한 짓을 하는 등 현혹시켜 어지럽히는 정상이 한두 가지가 아닙니다.

그럼에도 불구하고 사찰을 방문하여 불공을 드리는 여자들은 끊이지 않았다. 성종 25년에 성종의 형인 월산대군의 부인이 흥복사를 창건하여 불사를 열자 사대부, 사족의 부녀자가 구름처럼 모여들었다. 그러나 이들은 남승·여승들과 뒤섞여 머물다가 유숙하고 돌아왔다는 것이 문제가 되어, 사헌부와 사간원에서 불사를 이끈 중을 국문하고 절에 간 부녀자들을 처벌해달라는

믿음의
힘으로
유교적
획일화에
맞서다

283

관경십육관변상도, 이맹근, 1465년, 견본채색, 269×182.1cm, 일본 치온인 소장. 효령대군이 월산대군, 영응대군부인 송씨 등과 함께 발원한 왕실용 불화이다.

요청이 올라왔다. 이에 대해 성종은 "부녀자가 지아비나 부모를 위하여 불도를 받들고 믿는데, 어찌 사찰을 다 헐어버릴 수 있겠으며, 또 어찌 능히 금지할 수 있겠는가?"라면서 신하들의 의견을 눌렀다.

여기서 흥미로운 것은 실록에 나타나는 사원 철폐나 불교 혁파 등과 관련된 상소, 또는 왕실 내의 비구니원에 사는 비구니들을 환속시키고 서울의 한 비구니 사원에 모아서 통제하자는 신하들의 청에 맞서고 불교인들을 비호한 것은 왕이나 왕비였다는 사실이다. 세종대에 대왕대비의 원찰이며 태조 때부터 조선 왕조와 인연이 깊은 경기도 회암사를 중수하여 낙성을 기념하는 법회가 열렸는데, 이 낙성식에 세종의 비 소헌왕후의 어머니를 포함한 사대부 부인들이 참석하고 절에서 유숙하고 온 것이 크게 문제가 된 적이 있다. 결국 부녀자들에게 속전을 거두는 것으

회암사.

로 일이 마무리되었지만, 회암사가 후락해서 중수해야 하는 것을 국가가 지원해주려 하고, 절에 대한 지방 세도가들의 포악질을 금하게 하거나, 당시 법회에 참석하고 절에서 유숙하고 돌아온 사대부 여인들과 승려들을 처벌할 것을 주장하는 상소에 대해 이를 완화시키고자 노력한 사람은 다름 아닌 바로 왕 자신이었다. 『세종실록』 16년 조목에서 회암사와 관련된 기록이 총 48건이나 나타나는데, 이들 대부분은 유생이나 사간원·사헌부 등에서 왕에게 주청하는 길고 지루하며 극렬한 어조의 상소와 탄원이다.

조선시대의 불교 문제는 단순히 유불의 갈등뿐만 아니라 성리학적 정치관에 따른 왕과 신하의 견제라는 권력적인 관점에서도 해석되어야 할 것이다. 불교를 믿는 여성에 대한 인식과 그에 대한 대응을 둘러싼 정치권 내에서의 공방을 파헤쳐보면 조선왕조의 성격에 대해 새로운 면모를 알게 된다. 어쨌든 승니와 부녀자들의 사찰 집회를 막자는 상소는 조선 전 시기에 걸쳐 끊임없이 이어졌으나 부녀자가 절에 다니는 것은 처벌을 통해 막을 만한 성질의 것이 아니었다.

비구니,
열녀와 열녀 아님의 경계를 넘어선 자들

조선시대의 불교를 살펴볼 때 가장 관심을 끄는 것은 비구니의 존재이다. 비구니란 출가한 여자 승려를 가리키는 산스크리트어로, 남자 승려는 비구, 여승은 비구니라 한다. 불교의 창시자인 붓다는 여성들의 요청에 따라 여성 출가자의 교단을 승인했는데, 불교는 그 시작부터 남성 성직자뿐만 아니라 여성 성직자 교단이 존재한 유일한 종교이다. 한국의 경우는, 고구려를 통해 신라에 불교가 전해질 때 큰 역할을 한 모례의 여동생 사씨史氏가 기록에 나타난 최초의 여승이다. 『일본서기』에는 백제의 비구니들이 일본에 와서 불교를 전파했고, 이후 몇몇 일본 여성이 백제로 와서 비구니 계를 받고 돌아갔다는 기록도 남겨져 있다. 신라시대에는 비구니 승관僧官이 있었을 정도로 비구니의 활동이 뚜렷했다. 고려시대의 여성에게는 스님이 되기 위한 과거시험인 승과僧科라든가 승계僧階가 허용되진 않았지만 수행에 전념한 많은 비구니들이 있었음을 알 수 있다. 우리가 잘 아는 보조 지눌 스님의 제자인 진각국사 혜심의 비문에는 제자들의 명단이 기록되어 있는데, 그중 비구니의 이름도 열거되고 있어 그들의 존재를 구체적으로 확인할 수 있다. 비구니들의 출신 성분을 살펴보면 남편이 죽은 후 출가한 경우가 대부분이고, 그 외에 가난으로 인해 결혼하지 못하고 출가하는 이 등 여러 사연을 품은 여승들이 있었던 듯하다. 귀족층에 속한 이들은 가족 곁에 절을 짓고 살기도 했다.

고려시대뿐만 아니라 조선에서도 남편이 죽은 후 수절과 명복을 빈다는 이유로 출가하는 여성이 많았다. 세조 때의 윤씨 부인은 남편이 죽고 출가했는데, 이에 대해 『세조실록』은 다음과 같이 적고 있다.

믿음의
힘으로
유교적
획일화에
맞서다

287

유자환의 처 윤씨는 재상 윤형의 딸인데, 성품이 질투가 심하고 사납고 방탕하여, 유자환이 살아 있을 때부터 여승들과 몰래 교류를 하였다. 남편이 죽고 난 후 슬픈 빛이 조금도 없었으며, 친속들이 관을 가지고 서울에서 고향으로 버려가는데 마치 따라가는 것처럼 몸차림을 하고 나섰으나 발인하는 날 저녁에 몰래 도망하여 장지로 가지 않고 바로 출가를 해버렸다. 그는 머리를 깎고 여승이 되어서 여러 산을 돌아다니며 종들을 만나 불경을 받고 또한 절에 유숙하였는데, 말로는 죽은 남편을 위하여 복을 비는 것이라고 했지만 실은 자신이 즐기는 대로 마구잡이로 돌아다닌 것이었다.

이러한 기록은 그러나 뒤집어 읽는다면, 종교적 성향이 강한 사대부 집 부인이 출가할 기회만을 기다리다가 남편이 죽고 나서 출가를 결심했으나 주위 친지들의 반대를 피하기 위해 아예 발인하는 날 도망하듯 집을 떠난 것으로 봐야 할 것이다. 어쨌든 윤씨 부인이 훗날 사찰 '정업원'의 주지가 되었다는 사실을 보면, 수행의 도력도 높고 다른 비구니와 신도들의 존경을 받았던 인물인 듯하다. 그는 과부가 되어 열녀로서의 삶을 택하기보다는 수행자가 되는 길을 걸었고, 집을 떠났다.

비구니가 된 여인 중에는 과부나 처녀도 있었다. 여성들은 절에 가서 치성과 불공을 드리고 스님에게서 법문을 들었다. 그러나 『성종실록』에 나오는 내용을 보면, 이런 일들은 도무지 용납되지 않는 음란하고 추악한 행동으로서, 유학자들은 적나라한 혐오감을 감추지 못하고 있다.

처녀와 과부가 머리를 깎는 일이 서로 계속되어 끊이지 않으며, 혹은 선黃을 천장한다고 하고, 혹은 산에서 놀이 한다는 핑계로 친구를 모으고 때를 지어 중들과 섞여 있으므로, 음란하고 추악한 행위가 그 집안의 풍속을 어지럽히게 됩니다.

수절을 명분으로 내세워 여승이 되어서는, '중과 섞여 음란하고 추악한 행위'를 일삼는 과부들에 대한 비난이 이어졌다. 그들은 당대 사회가 요구한 '열녀 되기'를 거부하고 여승이 됨으로써 유교적 가족질서에 정면으로 대항했다. 여성학자 정지영 교수가 기술하듯 이들은 "유교 지배와 사찰 공간의 틈새 속에서 가뿐하게 열녀와 열녀 아님의 경계를 넘어선 여자들"이었다. 더구나 유교적 가족관에서 볼 때 결혼을 하지 않은 여성이란 그 자체로 불안한 존재이므로, 처녀들이 불도를 따르겠다고 집을 나가 출가했던 것은 극심한 비판의 대상이 될 수밖에 없었다.

지금의 여승들은 서인庶人뿐만 아니라 사족士族의 딸에 이르기까지 그 남편이 죽은 지가 얼마 되지 않는데도 곧 머리를 깎고 여승이 되며, 또 나이 젊고 시집가지 않은 여인도 다투어 스스로 머리를 깎으니 온당치 못한 일입니다. 무릇 남자는 아버가 있고 여자는 남편이 있는 것이 인지상정인데 나이가 젊어 여승이 되어 배필을 가지지 않는다면 이것 또한 화기和氣를 손상시켜 재앙을 초래하는 이유일 것입니다. 청컨대 세속으로 불러들여 돌아오도록 하소서.(『성종실록』)

믿음의
힘으로
유교적
획일화에
맞서다

289

사족의 부녀자는 출가하는 것이 허락되지 않았지만 단속이 엄하지 않을 때에는 처녀가 중이 되는 일도 많았다. 그런데 결혼하지 않은 여성이 독신으로 사는 것은 천지조화를 거스르는 일이었으며, 더구나 수행한다고 모여서 집단생활을 하는 비구니 여성들은 누구보다도 불편한 존재였다. 이들은 당시 나라에서 금하는 불교를 신봉하는 멋대로 된 자들이자 불도를 진리로 생각하며 자신의 생각을 굽히지 않는 부류로 취급당했다. 여성들의 이런 삶의 방식은 유교질서와 규범에서 일탈하는 것일 뿐만 아

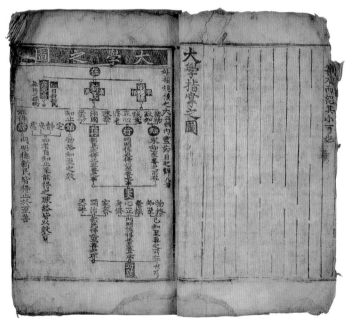

입학도설, 권근, 1390년, 목판본, 성암고서박물관 소장. 1390년(고려 공양왕 2) 권근이 지은 성리학 입문서이다. 성리학의 중심 사상을 뽑아 그림으로 해설하고 있다. 그림의 위치 배열과 해설에서 그의 성리학적 견해를 볼 수 있다. 태극·천명·이기·음양·오행·사단·칠정 등 성리학의 기본 개념들에 대해 풀이하고 있다. 이런 도설은 후에 유교적 질서와 규범이라는 명분하에 조선시대 여성을 옭아매는 수단에 동원되기도 했다.

니라 우주의 질서도 거스르는 것이었다.

조선시대를 통틀어 여승 가운데 남편이 죽어서 절개를 지키기 위해 중이 된 자를 제외하고는, 나이가 젊은 사람은 환속시켜 머리를 기르게 하고 시집가도록 하자는 상소가 끊이지 않고 나타났다.

경전에 이르기를 '안으로는 원망하는 여자가 없게 하고, 밖으로는 탄식하는 지아비가 없게 한다' 하였으니, 이것은 부부의 음양이 화합함을 중하게 여긴 것입니다. 이제 나이 어린 여승들이 마음속으로는 정욕을 쌓으면서도 밖으로는 절의를 가장하니, 마음으로는 비록 혼인하고 싶으나 형편을 말하기 어려워서 한숨으로 날을 보내다가 몸을 마치는 자 또한 혹 있으니 어찌 숨은 원망이 없다고 말할 수 있겠습니까. 중앙과 외방 관리에게 명하여, 30세 이하의 여승들은 머리를 기르게 하여 혼인하도록 하는 것이 어떻겠습니까.(『세종실록』)

그러나 이러한 금지와 탄압과 비판에도 불구하고 비구니의 존재는 조선 전 시대에 걸쳐 나타난다. 상류층 여성들과 종교적 친교관계를 맺고 왕실이나 부유층 후견인들에게서 시주를 받기도 했는데, 이들 후견인은 대개 서울 출신이었다. 물질적인 지원을 받기도 했지만 대체로 비구니들은 사회적인 편견과 경제적인 어려움에 시달렸던 듯하다. 유교 가부장제에 따른 혐오와 비난 속에서 비구니들은 자신들을 가로막는 장애물을 스스로 넘어서야 했다.

믿음의
힘으로
유교적
획일화에
맞서다

291

조선시대의 불교 정책은 왕마다 그 양상을 달리한다. 세종의 한글 창제 이후 세종, 세조, 성종 연간에 왕이나 대비의 명에 의해 많은 불경이 한글로 번역되었다. 이들 언해 불경 간행사업은 여성과 평민을 겨냥한 것으로, 교리적인 내용보다는 내세에 정토에 태어나도록 해달라거나 기도하여 복을 비는 경전이 주를 이루었다. 불경 간행을 전담하던 간경도감이 없어진 후에도 조선 중기까지 불성 간행은 지속적으로 이루어졌다.

왕실은 조선시대의 불교 신앙을 지탱하는 데 주요한 역할을 했다. 왕실의 여성들을 중심으로 지속되던 불교 신앙의 일단을 살펴보면, 『성종실록』에는 인수대비의 불교활동으로 대신들로부터 압박에 시달리는 성종의 모습이 다음과 같이 나타나 있다.

인수대비: 내가 봉선사奉先寺에서 사경寫經(불교 경전을 베껴 쓰는 수행)했다는 것 때문에 조정에서 극렬한 논쟁이 일어났다는데, 그런 일이 있었는가?

성종: 있습니다.

인수대비: 어찌 나에게 말하지 않았는가?

성종: 되지 않은 말로 어찌 어머니의 귀를 번거롭게 하겠습니까?

인수대비: 내가 사경하여서 주상을 해롭게 하였구나. 예부터 불교가 허탄虛誕(헛된 가르침)하다고 하면서도 이전의 임금들은 그것을 없애지 않았다. 내가 어려서 궁에 들어와 하루도 온전하게 돌

아가신 왕을 모시지 못하고 영원히 이별을 하였으니 그 슬픔을 어찌 다 말할 수 있겠는가. 명복을 구하는 일은 예부터 있는 일이고, 나는 위로 선왕을 위하고 지금은 현재 왕을 위하려는 생각을 한시도 멈춘 적이 없었다. 이전 왕 세조께서는 나의 슬픔을 헤아려 봄가을로 남편의 능에 참배토록 배려해주었지만, 지금은 내가 백성의 어머니가 된 입장이므로 오히려 조정의 의논을 두려워하여 어느 한 가지 일도 내 뜻대로 하지 않는다. 그러나 예부터 유자儒者가 부처를 배척하는 이유는 다른 것이 아니라 왕이 불교를 지나치게 숭상하면 절을 세우고 중을 대접하느라 재물을 없애고 백

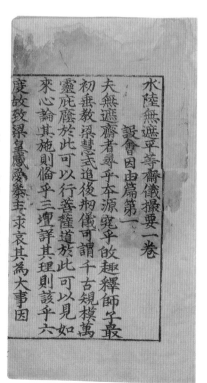

수륙무차평등재의촬요水陸無遮平等齋儀撮要, 1470년, 보물 1105호, 호림박물관 소장.
고혼孤魂과 아귀餓鬼 같은 영혼들에게 법식을 평등하게 공양하여 구제하는 내용을 담고 있다. 우리나라에서는 수륙에서 고통받는 중생에게 공양하는 것을 공덕 가운데 으뜸이라 하여 조선초기에는 왕실을 중심으로 국가적인 수륙재를 자주 열었다. 권말에 김수온의 발문이 실려 있는데, 이에 따르면 이 판본은 광평대군의 부인 신씨가 발원해 그의 아들 영순군에게 필사시켜 간행한 것이다. 수륙재의 기본이 되는 수륙무차평등재의 촬요의 판본 가운데 가장 오래된 것으로, 조선초기 불교 신앙의 구체적인 모습을 보여준다.

믿음의
힘으로
유교적
획일화에
맞서다

293

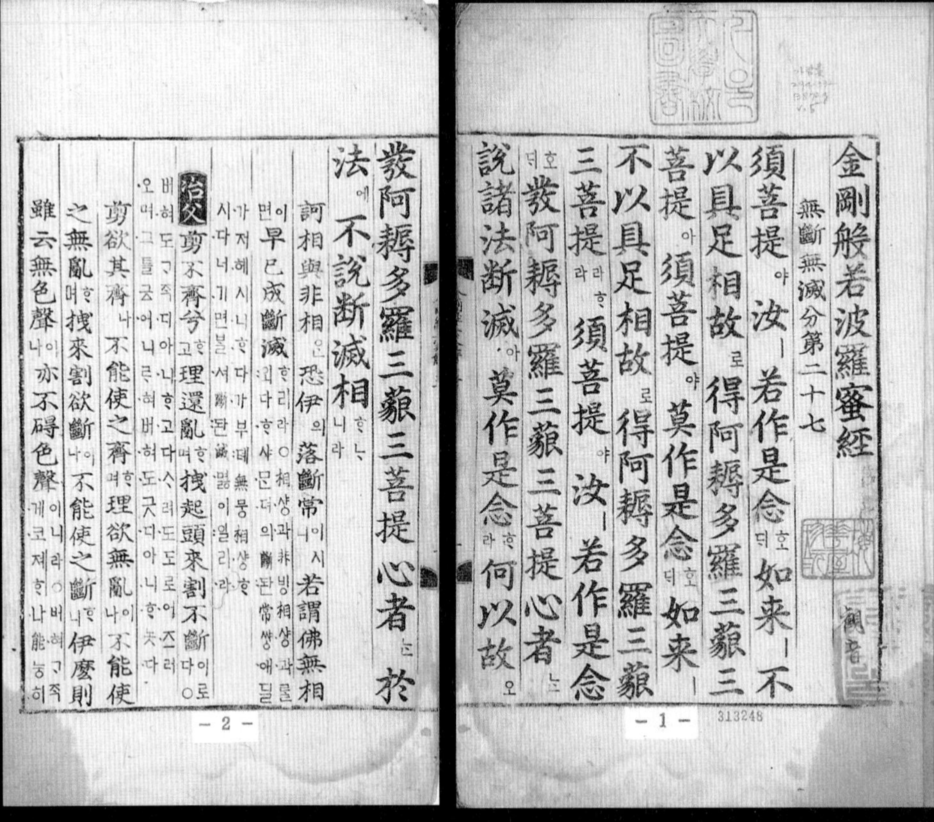

金剛般若波羅蜜經

無斷無滅分第二十七

須菩提야 汝ㅣ若作是念호디 如來ㅣ不
以具足相故로 得阿耨多羅三藐三
菩提아 須菩提야 莫作是念호디 如來ㅣ
不以具足相故로 得阿耨多羅三藐
三菩提라호라 須菩提야 汝ㅣ若作是念
發阿耨多羅三藐三菩提心者는 汝ㅣ若作是念
說諸法斷滅아 莫作是念라호 何以故오

法에 不說斷滅相니라

詞相與非相이 恐伊 落斷常이시니 若謂佛無相
면 已成斷滅며 恐伊 落斷常이시니 若謂佛無相
이나 常이며 非相이며 非相이며 常이며 常이며 애딜

發阿耨多羅三藐三菩提心者는 於

剪欲其齊나 不能使之齊며 不能使之斷니 伊麼則
撈起頭來割不斷이로 理還亂며 撈起頭來割不斷
이며 오머리둘

雖云無色聲나 亦不得色聲게 코제호
之無亂며 撈來割欲斷며 亦不得色聲
이며 理欲無亂나 能히

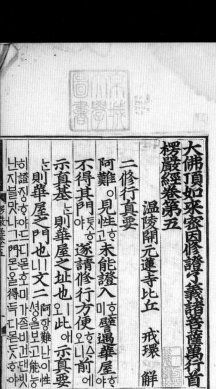

大佛頂如來密因修證了義諸菩薩萬行
首楞嚴經卷第五

溫陵開元蓮寺比丘　戒環　解

二修行真要

阿難이見性하고未能證入하며譬過華屋
야호不得其門인야遂請修行方便하오니前에
示真要는則華屋之址也오니此애示真要는
則華屋之門也니라文二

대불정여래밀인수증료의제보살만행수능엄경 언해, 규장각한
국학연구원 소장.

계환이 풀이한 『대불정수능엄경』을 언해한 책이다. 세조가 구결
을 달고 혜각존자 신미가 구두를 달았으며 한계희와 김수온이
번역하였다.

성을 괴롭게 할까봐 그런 것이 아니었겠는가. 그러나 나는 내 사재로 불경도 간행하고 비용을 담당하니 조금도 국가에 폐를 끼치는 바가 없는데도 조정에서 이 같이 논란을 벌이다니 내가 어찌 해야 하는가. 만일 불도가 허망하다고 하면 어찌 선왕과 왕후를 위해 수륙재를 지내거나 국가를 위해서 명산대천에 제사 지내고 했겠는가. 하지만 사간원에서 억지로 그렇게 한다면 내가 더 이상 사경하는 것을 안 하겠노라.

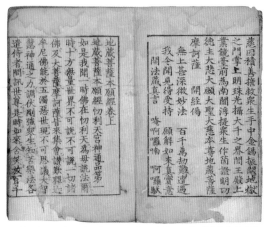

지장보살본원경 천 상·중·하, 15세기, 보물 1104호, 호림박물관 소장. 지장 신앙의 기본 경전으로, 지옥의 모습들과 아울러 선대 조상이 지옥으로부터 벗어나 극락에 왕생하는 데 대한 공덕의 비용 등이 수록되어 있다. 권말 김수온의 발문에 따르면, 이 판본은 성종 5년 정희대왕대비가 공혜왕후의 명복을 빌기 위해 판각한 것을 성종 16년에 비구니 신환이 보각하여 간행한 것이다. 원래 이 판본은 왕실에서 간행했기 때문에 당대의 일류 각수인 고금종·김천동 등이 경판을 새겼으며, 대비·공주·고승 등이 참여했다. 조선 왕실에서의 지장 신앙과 불교 신앙의 단면을 잘 보여주는 자료다.

성종은 이에 사간원 등의 신하들을 불러 다음과 같이 따져 물었다.

"경 등이 모후께서 하시는 일인 줄 알면서 감히 말하는 것은 무엇 때문인가? 경 등의 하는 일이 옳은가? 그른가?"

이에 대사헌이 "신 등의 죄입니다"라고 하자 왕이 "스스로 자기 죄라고 하니 다행이다"라고 답한다. 그런데 자리에서 물러난 후 예문관 부제학이 이 대답을 놓고 "늙은 놈이 임금의 녹을 먹고 언관言官의 지위로서 그 말에 고작 그렇게 대답하였느냐"고

지장보살본원경(부분), 안평대군 이용, 감지에 금니, 37.4×19.7cm.
세종대왕의 셋째 아들이었던 안평대군은 이처럼 여러 편의 불교 경전을 직접 써서 간행하였다. 조선 왕실에서의 불교 경전 간행의 한 사례를 볼 수 있다.

청평사 지장시왕도, 1562년, 견본채색, 95.2×85.4cm, 일본 고묘지 소장.
보우대사가 문정왕후를 비롯한 왕실의 안녕을 기원하며 발원한 지장시왕도이다.

석가삼존도, 1565년.
비단에 본채색, 69.5×33cm.
미국 버그 컬렉션 소장.
문정왕후는 지극한 불교신
자로서 조선전기의 대표적
인 왕실 불화의 발원자였
다. 문정왕후가 1565년 회암
사 무차대회를 기념하며 발
원한 400점의 불화 가운데
하나다.

약사삼존도, 1565년, 견본채색, 53.4×33.2cm, 일본 호주민 소장.
이 역시 문정왕후가 발원한 400첩 불화 가운데 하나다. 좌우 가장자리에 아들인 명종의 수명
장수와 치병, 왕자 탄생을 기원하는 모습이 드러나 있다.

아미타내영도, 1582년, 견본채색, 115.1×87.8cm, 일본 라이고지 소장.
혜빈 정씨의 극락왕생을 기원하며 제작된 그림으로, 하단에 반야용선을 타고 극락으로 가는 모습이
그려져 있다.

화엄사괘불, 1653년, 삼베에 색채, 1201×860cm, 국보 301호, 화엄사 소장. (위)
화엄사 괘불 화기(부분). 시주에 동참한 후원자들의 목록이다. (아래)

수국사 극락구품도, 1907년, 면에 채색, 158.7×254cm, 수국사 소장.
고종황제와 순종, 영친왕, 의친왕 부부를 위해 조성된 왕실 발원의 불화이다. 섬세한 필선과 화려한
금니나 문양의 사용에서 왕실 불화의 특징을 엿볼 수 있다.

펄쩍 뛰면서 다른 사람들과 더불어 상소하자고 했다. 이에 다른 대신들이 "자식이 어버이를 위하여 사찰에서 재를 지내고 승려들에게 공양을 대접하는 것은 흔히 있는 일인데, 국모가 선왕을 위해서 사경하는 것이 무엇이 치도治道에 해롭겠는가"라며 반대의견을 냈다. 이에 강경파가 다시 말하기를, "임금이 매양 어머니가 돌아가신 임금을 위해 하는 일이니까 못 막는다고 하고, 신하들은 임금이 하는 일이 아니고 대비가 하는 일이며 치도에 해로울 것이 없으니 그냥 두자고 한다면, 궁중에서 부처 섬기는 것을 어느 때에 그치게 하겠는가?"라며 한탄했다는 것이다.

이것은 성종대에 궁궐 내에서 일어난 사선의 단면일 뿐이지만 이와 유사한 일은 조선 전 시기에 걸쳐 비일비재하게 일어났다. 임금의 어머니, 부인 또는 선왕의 후궁들이 노년에 홀로 불심을 닦아서 마음을 달래거나 혹은 선왕들을 위한다는 명목으로 불사에 종사할 때, 자신을 키워준 이들에 대해 애틋한 심정이 남아 있는 왕으로서는 어찌 할 수 없는 일이었다.

원찰願刹, 조선 왕실의 번영을 기원하다

여기서 조선시대의 불교의 위치에 대해 좀더 다각적이고 섬세하게 살펴볼 필요가 있다. 얼마 전까지만 해도 한국사 관련 책들에는 고려시대에는 불교가 국교라서 흥성했고, 조선시대에는 배불·억불 정책으로 불교가 죽어버렸다며 양도 논법으로 도식화하곤 했다. 이런 이해는 해외 한국학 전공자들에게 여과 없이 전달되어 일부 서양 학자들은 조선시대를 서술할 때 불교 억압을 '탄압persecution'이라고 하면서 마치 서양 중세 때 이단들이 처형되고 화형당하는 정도로 이해하는 일까지 목격된다. 그러나 조선은 유교를 국시로 하며 배불 정책을 일관되게 펼쳐, 국가 불교는 배척되었더라도 왕실의 번영을 비는 왕실 불교는 존속되었다. 국가 불교는 일반 백성을 교화의 대상으로 삼았지만 왕실 불교는 국민이 교화 대상이 아니었다.

조선시대의 원찰은 왕실 내에서의 불교 신앙의 형태를 알려주는 좋은 증거다. 원찰이란 선왕의 명복을 빌고 왕실의 번영을 기원하는 목적으로 왕실의 지원으로 유지되는 사찰이었다. 남양주의 용주사나 봉선사, 서울의 봉국사 등이 조선시대의 원찰이었

조선시대
왕실의 지원으로
유지되었던
사찰 가운데
하나인 용주사.

다. 또 민간의 입장에서 본다면 유교는 사람이 살아가는 데 필요한 가치관이나 규범을 가르치지만, 사후세계에 대한 불안과 현실의 고통에 대해서는 별다른 해답을 제시하지 못했다. 반면 불교는 윤회설에 기반한 현세에서의 윤리관과 내세관뿐 아니라 종교적 세계관을 제시함으로써 백성들의 종교적 심성 속에 사라지지 않고 남아 있었다.

정업원, 왕실 비구니원의 존재

불교는 특히 왕실의 여인들 사이에서 지속적으로 신행되고 있었다. 조선시대에 왕실에 속했던 비구니들의 사원으로는 정업원, 자수원, 인수궁 등이 있었다. 이들 비구니원은 궁궐 바로 바깥에 위치하여 예불을 드리거나 재를 지내고 관등회를 여는 등 불교 행사를 치렀고, 왕실 조상의 위패를 모시기도 했다. 후궁이나 왕실 여인들이 출가하여 왕으로부터 토지와 노비를 받고 관청에 준하는 국가의 지원을 받았다. 이중 정업원은 고려시대에 이미 있었던 것이고, 자수원과 인수원은 조선시대에 들어와서 주로 선왕의 후궁들이 출가하여 살던 곳으로 후대까지 존속했다. 왕이 승하하는 등의 이유로 선왕의 후궁과 왕실 여인들의 거취를 위해 궁에서 가까운 도성 내에 집을 마련해 이들을 옮겨 살게 했는데, 이들 궁인은 불상을 모시고 여생을 불교에 귀의하여 승려가 됨으로써 자연스럽게 불당이 이루어진 것이다. 이들 비구니원은 이곳에서 예불과 의식을 행해 거의 사찰과 같은 성격을 지니고 있었다.

비구니원의 주지는 대개 왕실 대비의 임명에 따라 왕실의 친족이 역임했다. 『세종실록』을 보면 "의빈 권씨와 신녕궁주 신씨가 임금에게 묻지도 않고 머리를 깎고 여승이 되었다. 후궁들이 서로 경쟁하여 머리를 깎고 염불하는 기구를 준비하여 아침저녁으로 불법을 행하는데 임금이 금하여도 되지 아니하였다"라고 하여, 대신들에게는 눈엣가시와도 같은 존재였음을 알 수 있다. 그런데 이들은 주로 왕실의 친족이거나 왕실과 관련된 여인들이었던 까닭에 조선의 왕들은 이들을 예우하는 데 각별한 관심을 기울일 수밖에 없었다.

한편 유생들은 이것이 혹시 불교가 흥하는 길이 될까 노심초사해, 강력히 반발하고 나서며 끈질기게 철폐를 요구했다. 따라서

고려시대부터 존속했던 비구니원인 정업원(현 청룡사). 1771년(영조 47)에 영조가 절 터에 정업원구기淨業院舊基라는 비석을 세우고, 동망봉이라는 친필 표석을 세워 단종을 애도했는데, 이때부터 절 이름을 정업원이라 불렀다. 일제강점기에도 꾸준히 불사를 진행하였으며, 1954년 비구니 윤호輪浩가 건물 대부분을 새로 지었다. 현재는 비구니 수행 도량으로 알려져 있다.

믿음의
힘으로
유교적
획일화에
맞서다

307

국가 시책과 유생들의 견제 속에 이들 비구니원은 철폐와 복립을 반복했다. 친불 성향의 왕 세종은 치세 내내 새로 비구니원을 세우는 문제, 원찰의 이전, 대장경을 찍는 것 등의 문제로 대신들의 반대와 비판에 시달렸고 결국 정업원은 일시적으로 문을 닫았다. 이후 세조는 호불책으로 정업원의 문을 다시 열고 토지와 노비를 하사하는 등 이를 적극적으로 후원했으며, 예종을 거쳐 성종대까지 그 흐름이 이어졌다. 특히 성종 시기에는 정희왕후와 소혜왕후의 후원으로 중수가 이루어지고 정업원이 크게 융성했다. 그러나 연산군 때에 자기 어머니의 폐비와 관련하여 선왕의 후궁들에 대한 미움이 극도에 달한 연산군은 정업원 여승들을 내쫓고 성밖에 있던 여승들도 노비로 보내 문을 닫기에 이른다.

바야흐로 『명종실록』에 "지금 백성의 힘을 소모시켜서 인수궁을 설치하여 머리 깎은 과부들을 살게 하였습니다. 누에도 치지 않고 길쌈도 하지 않는 무리가 아비도 임금도 없는 가르침(불교)을 받들며 궁궐 곁에서 종을 치고 범패를 외치니 사람이 보고 듣고서도 놀라는데 하늘이 보고 들을 때야 어떠하겠습니까. 요즘 천기가 이상하여 비 오고 가무는 것이 이상할 것도 없습니다"라며 서슬 퍼런 상소가 올라오고, 혈기 왕성한 유림들이 새로 지은 인수궁에 불을 지르려 한다는 소문이 일곤 했다. 결국 현종 2년에 인수원은 자수원과 함께 완전히 철폐되었다. 이에 40세 이하의 비구니는 모두 환속시켜 내보내고 늙어서 갈 곳 없는 이들은 도성 밖 비구니원으로 보내졌다. 이때 자수원 절을 헐어 나온 재목으로는 성균관 학사를 수리하도록 하고, 그 터에는 북학北學을 창건하도록 명했다.

국가의 공식적인 숭유 정책에도 불구하고 불교는 사적인 영역에
서 궁중의 지속적인 후원을 받았다. 조선시대를 통틀어 왕실 여
성들은 다채로운 신앙활동을 펼쳤으며, 불교 미술에 대한 후원
은 이러한 활동 가운데 하나로 볼 수 있다. 경전을 사경 혹은 인

용주사본 부모은중경판화변상도 중 '수미산도', 1796년, 목판
화, 경기도 화성 용주사 소장. 이 장면은 부모님을 업고 수미산
을 타 돌아다녀도 은혜를 갚을 수 없다는 내용을 표현하고 있
는데, 이처럼 숭유억불의 정책이 펼쳐졌던 조선에서도 효孝를
위해서라면 불교신앙이 용인되었다.

경印經하여 배포하거나 불상과 회화
의 조성을 발원했는데, 이중 지장보
살地藏菩薩을 다룬 경전과 회화작품
이 어떤 불보살들보다 많이 제작되
었다. 지장보살도나 시왕도 등의 불
화와 불상을 조성하거나 관련 경전
을 유포하기 위해 시주한 기록에서
왕실 대비나 궁인들 또는 사대부 집
안의 여성들이 주된 시주자였음을
알 수 있다. 지장보살은 이 지상세계
뿐만 아니라 특히 지옥에서 고통받
는 중생을 구원한다는 보살로, 돌아
가신 부모의 명복을 빌기 위해 지장
보살의 그림을 그리게 한 것이다. 이
것은 효라는 유교적 도덕 이념과 불
교적 신앙이 결합된 형태이다. 아마
이들 부인은 자신의 불심을 표현할

자수궁정사지장보살도, 1575~1577년, 견본채색, 209.5×227.2cm, 일본 지은원知恩院 소장.
지장보살은 석가모니가 돌아가신 뒤부터 미륵불이 세상에 올 때까지, 하늘 끝에서 땅 끝 지옥에 이르기까지 모든 중생을 보살피기를 서원한 자애로운 보살이다. 보살 그림은 대개 보관寶冠이나 영락瓔珞 등 화려한 장엄구를 갖추고 있는 데 반해 지장보살은 "안으로 보살의 모습을 숨기고 밖으로 수행자의 모습을 드러낸다" 하여 수행하는 스님의 소박한 모습으로 만들어지곤 한다. 그런데 이 그림은 일반 보살의 모습처럼 장엄구도 갖추고 있어 이채롭다. '시세구월是歲九月'에 숙빈윤씨 등이 명종비인 인순왕후의 명복을 빌기 위해 이 불화를 조성해 자수궁정사에 봉안했으며, 주상전하·왕비전하·공의왕대비전하·덕빈저하·숙빈윤씨 등이 장수할 것을 빌고 있다. 이 당시 왕과 왕비는 선조와 의인왕후이고, 공의왕대비는 인종비 인성왕후를 가리킨다.

법화경, 1903년, 한국학중앙연구원 장서각 소장.
『법화경』은 『묘법연화경』의 약자로, 1903년 수월거사가 한글로 옮겨 필사한 것이다. 각 책 제1면에는 황실과 국가의 안녕을 축원하는 발원문이 있고, 각 장 끝에는 시주자 명단이 있는데, 여기서도 많은 여성들이 시주에 참여했음을 알 수 있다.

설씨부인 천신문첩, 설씨부인, 1482년, 40×19.6cm, 보물 제728호, 고령 신씨 귀래공파 종중 소장.
이 천신문첩은 설씨가 남편과 함께 전라도 순창에 낙향해 있을 때, 강덕산에 절을 세우기 위해 1482년(성종 13)에 신
도들에게 시주를 천신하기 위해 지은 글이다. 사찰 채색도 2첩, 천신문 14첩, 모두 16첩으로 구성되어 있다. 끝에
'성화成化 18년(1482) 7월 정부인 설薛' 이라는 작성 연대와 인장이 날인되어 있다. 무엇보다 천신문 첫머리에 '여
성女性' 이라는 용어를 쓴 것이 눈에 띈다. "내가 여성으로서 비록 진묘한 이치는 알 수 없지만子以女性 雖未詳眞妙
之理…" 설씨는 조선 성종 때의 문신 신말주의 부인이다. 이 첩의 글씨는 조선시대 여류 문인이 쓴 필적으로는 가
장 오래되었다.

蓋聞因果之親生時而作惡善謂之因俾
日報應謂之果字以女性雖未詳真妙之理
署考其泩古之迹自釋氏之入中國教以慈
悲諭以因果以度衆生雖明王招賢聖師所

俊士皆趨風仰慕至有躬行祗習精勤佛
事能棄去織景超詣覺路者至于承警
豈無益而為是哉故常信而燒之全年
仲春有日夜夢先出母邢氏戴霞冠靉靆

방법으로 사찰의 보수나 경전 간행, 불화나 불상 등을 조성하는 데 시주하는 방식을 찾았던 듯하다. 그러나 이런 큰 시주는 혼자서 결정할 만한 사안은 아니었고 남편의 동의가 있어야 가능했을 터이니, 이들 양반 유학자가 부모에 대한 효심이라는 틀 속에서 불교의 신앙을 받아들인 예로 여겨진다.

16세기 이후 왕실의 불교 후원은 점차 쇠퇴하기 시작한다. 조선전기에는 국가 이념으로서의 유교의 공식화에도 불구하고 왕실이 불교 서적 간행과 불화 제작에 주된 공헌을 했지만, 연산군이 다시 불교에 대한 대대적인 탄압을 주도한 이래 왕실의 불교문화 후원은 점점 사라지기 시작했다. 18세기 말 정조를 비롯한 몇몇 호불 군주가 있긴 했지만 왕실 보호와 승계 차원에 그쳐 불교문화를 다시 활성화시킬 만큼의 영향력을 발휘하지는 못했다. 18~19세기의 불교 미술의 주요 시주자는 궁인들이었다. 특히 궁중 여성들 가운데 높은 지위의 상궁尙宮들은 상당한 시주를 했으며, 어떤 경우는 왕의 비빈들과 함께 발원하기도 하여 지장보살도 제작에 큰 영향을 미치기도 했다. 19세기 고종 때 당시 상궁들이 해인사의 고려대장경을 인경하는 데 상당한 시주를 한 기록도 나타나고 있다.

✼

조선중기 이후 불교 세력은 급격히 약화되었고, 민속 신앙과 결합으로써 그 사상적 전통은 희미해졌다. 교학 연구는 쇠퇴하고 아미타불에게 빌며 극락왕생을 기원하는 정토 수행이나 선

수행이 그 대종을 이루면서 불교는 명맥을 유지해갔다.

　조선후기 다산 정약용이 강진에서 귀양살이하던 때에 들은 이 야기를 서사시로 옮겨 썼다는 「도강고가부시道康鼇家婦詞」는 다 음과 같은 이야기를 담고 있다. 강진 지방의 어떤 여자아이가 술 주정뱅이 아버지의 강압과 중매쟁이에게 속아 늙고 포악한 남성 에게 시집을 가게 되었다. 그러나 남편의 매질과 시집의 구박을 견디지 못하고 도망쳐 절에 들어가 머리를 깎고 여승이 되었다 가 남편의 고발로 관가에 끌려가게 되었다. 이 이야기를 보면 18 세기에도 여성에게 사찰이란 일종의 정신적·신체적 은신처였 음을 알 수 있다. 유교의 가부장 질서로 통제된 사회 안에서 여 성들은 내면적으로 종교의 힘을 통해 삶에 끊임없이 밀려드는 어려움을 이겨내려 했다. 종교는 생활의 한 부분이자 정신적인 안식처로서 여성들과 늘 함께했던 것이다.

믿음의
힘으로
유교적
획일화에
맞서다

315

11장

조선 여성들의 사랑

문학 속의 에로스와 규범:
밀회에서 열녀의 탄생까지

서지영 | 고려대 민족문화연구원 HK연구교수

동양적 사랑의 기원:
『시경詩經』

유교의 경전 중의 하나이자 중국에서 가장 오래된 시가집인 『시
경』은 2000~3000년 전 고대 중국에서 창작된 305편의 시를 담
고 있다. 이 가운데에는 주자학을 집대성한 송나라 유학자 주희
가 '남녀상열지사'라고 판정한 바 있는 남녀 간의 애정을 다룬
시들이 있다. 비록 유가의 전통에서 음풍淫風이라 하여 비난받
았지만, 이러한 시편들은 고대인의 성과 사랑의 형식, 당대의
혼인 풍속을 오롯이 담고 있으며, 이후 동양 문화 속에 관습적
인 이미지로 차용된다. 『시경』은 맨 앞에 수록되어 있는 주남周
南 「관저關雎」에서부터 남녀의 이상적 결합에 대한 염원을 노래
하고 있다.

구욱구욱 물수리는 황하 섬 속에서 우는데
대장부의 좋은 배필君子好逑, 아리따운 고운 아가씨窈窕淑女
그리네.
올망졸망 마름풀을 이리저리 헤치며 뜯노라니,

아리따운 고운 아가씨, 자나깨나 그리웁네.

그리워도 얻지 못해 자나깨나 생각노니,

그리움은 가이없어, 밤새 이리 뒤척 저리 뒤척.

―「물수리關雎」

위의 시에서 좋은 집안 출신의 젊은 남자는 강가에서 물수리의 울음소리를 들으면서 자신의 짝이 될 아리따운 아가씨를 그리워한다. '물수리雎鳩'(수리 종류의 물고기를 잡아먹는 새)는 암수 구별을 뚜렷이 하며, 나면서부터 정해진 짝이 있어 언제나 짝을 바꾸지 않고 함께 다닌다. 시 속의 남자 역시 물수리가 짝을 이루듯 자신의 연분과 결혼하여 즐거운 생활을 누릴 것을 상상하고 있다. 여기서 제시되는 '군자의 좋은 배필은 요조숙녀君子好逑

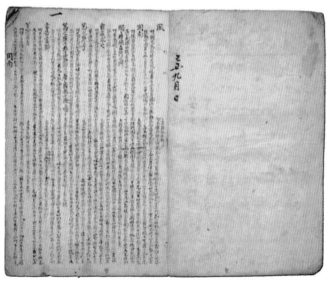

율동 경주 손씨가에 전하는 『시경詩經』 필사본.

중국 전통시대에 숱하게 그려졌던 춘궁화의 한 장면. 남녀의 자유로운 성애를 묘사하고 있는데, 이렇듯 중국 고전들은 사회
적인 규범 이면에 있는 노골적인 사랑을 그림이나 시로써 표면화하였다.

窈窕淑女'는 이후 동양의 문화(문학)에서 이상적인 연인이나 부부의 아이콘으로 자리 잡는다. 또한 『시경』에는 부부가 된 남녀가 일상에서 나누는 즐거움을 담고 있는 시편들이 있다. "즐거운 우리 님은 왼손에 생황 들고 / 오른손으로 나를 방으로 부르니 정말 즐겁네 // 흥겨운 우리 님은 왼손에 새깃 들고 / 오른손으로 나를 춤자리로 부르니 정말 즐겁네"(왕풍王風, 「군자양양君子陽陽」)와 같이 일터에서 돌아온 남편과 더불어 생황을 연주하고 춤추면서 여가를 즐기는 모습을 통해 부부의 화락한 풍경이 이상적으로 그려지고 있다.

고대 중국에서는 이미 혼인제도가 일정 정도의 절차를 통해 사회적인 구속력을 갖는 규범으로 뿌리내리고 있었다. 고대의 유가 경전에서는 혼인제도에 대한 언급이 단편적으로 발견된다. 가령 『예기禮記』의 「내칙」에 "예를 갖추었으면 처가 되고 임의로 관계를 맺었으면 첩이 된다"고 하였다. 여기서 '예禮'란 혼인에 합당한 것으로서 먼저 매파의 중매를 통하고, 부모의 허락을 받은 후에 적절한 예물을 주고받는 절차를 거쳐 혼인에 이르게 됨을 말한다. 『시경』 빈풍豳風의 「도끼자루 베려면伐柯」이라는 시에서, "도끼자루 베자면 어떻게 하지? 도끼 아니면 안 되는 거지. 장가들려면 어떻게 하지? 중매인 아니면 안 되는 거지"라는 구절에서와 같이, 부모가 주도하는 중매혼이 당대 사회의 제도로 뿌리내리고 있었음을 확인할 수 있다.

하지만 『시경』에는 이러한 혼인의 규범을 피해 자유롭게 사랑을 속삭이는 무수한 연인이 등장한다. 정풍鄭風, 「동문을 나서니出其東門」에서 남성 화자는 아무리 장가가라고 중매인이 권하고 또 남들이 모두 장가간다 하더라도, 벗처럼 뜻이 맞는 사람이나 적당한 시기가 당도하지 않으면 함부로 장가들지 않겠다고 선언한다. 왕풍王風의 「칡 캐러 가세采葛」에서 "칡 캐러 가세. 하루 못 보면 석 달이나 못 본 듯"이라는 표현에서는 일상의 노동 공간에서 이루어졌던 애틋한 사랑의 풍경을 엿볼 수 있다. 중매쟁이와 부모의 눈을 피해 자유로운 사랑을 구가하던 사통私通은 『시경』의 애정 시편들에서 흔하게 볼 수 있는데, 정풍의 「장중자將仲子」에서는 남의 눈을 피해 사랑을 속삭이는 젊은 남녀들의 밀회가 노골적으로 드러난다.

둘째 도련님, 우리 집 뜰안으로 넘어와
우리 집 박달나무 꺾지 말아요.
어찌 나무가 아깝겠어요? 남의 말 많음이 두려워서지요.
도련님도 그립기는 하지만 남의 말 많음도
역시 두려워요.

위의 시에는 사랑을 이루기 위해 위험을 무릅쓰고 담장을 넘는 남성과 사랑을 적극적으로 받아들이면서도 혹시 사람들에게 알려질까 두려워하는 여성의 심정이 잘 나타나 있다. 『시경』의 애정 시편들은 혼인제도가 점차 구축되는 과정에서, 사회적 규범과 긴장을 일으키고 충돌하는 인간 개인의 욕망을 생생하게 담고 있다.

이상적 연인,
재자가인才子佳人의 사랑

조선시대 소설의 첫 장을 연 김시습(1435~1493)의 『금오신화』
중, 「이생규장전李生窺牆傳」이라는 작품에서 주인공 이생과 최랑
은 『시경』의 관저 편에서 제시된 "풍류재자와 요조숙녀의 만남"
의 전형성을 보여준다. 여기서 군자는 대체로 한미한 양반 출신
의 남성이면서 사랑에 절대적 가치를 부여하는 적극적인 욕망의
주인공으로 그려진다. 한편 여주인공 최랑은 문벌 귀족 출신에
자태가 아리땁고, 자수를 잘하며 시문에도 뛰어난 요조숙녀의
전형이다. 또한 이 소설에서 남녀 주인공은 혼전의 자유로운 성
애를 누리는 열정적인 연인들이다. 첫 만남에서 서로 반한 이들
은 즉각적으로 육체적 관계를 맺는데, 특히 유교의 도덕규범 속
에 놓여 있던 사족 여성이 첫 만남부터 어떠한 갈등이나 주저 없
이 사랑을 받아들이는 모습을 보이고 있어 주목된다.

『금오신화』에서와 같이 조선시대 소설에 등장하는 연인들은
그 어떤 현실적인 장애나 제도의 규율에도 자신의 욕망을 포기
하지 않는 열정적인 사랑의 주인공들이다. 성리학이 뿌리내렸
던 당대에 에로스는 실제 사회 규범으로부터 과연 얼마나 자유
로웠을까? 당시 소설 속에서 로맨스의 전형은 '군자와 요조숙
녀', 재자가인이 서로 만나 사랑에 빠지고 예를 갖추어 부부가
되는 것이었다. 여기서 남녀의 우연한 만남과 자발적인 성애는
제도적 규범보다는 인간의 자연적 욕망을 우선시한다. 하지만
당대 사회의 혼인 형태는 중매혼이자 가문과 가문의 결합으로

서 정략결혼에 가까웠으며, 고대 시기에 비해 혼전에 사랑을 구하는 것은 비도덕적인 것으로 인지되었던 듯 보인다. 그럼에도 조선시대 소설에는 『시경』에서처럼 남녀의 자유로운 만남과 성애의 욕망, 혼인 규범과 그것을 위반하는 사통의 흔적들이 그대로 녹아 있다.

『맹자』의 「등문공장구 하滕文公章句下」 편에 "남의 집 담을 넘어 서로 따르며 구멍을 뚫고 서로 엿보는 짓을 어떻게 군자가 할 수 있겠습니까?"라는 규율을 끊임없이 의식하면서도, 조선시대 소설에서 남성은 사랑을 얻기 위해서라면 사회의 비난과 때로는 목숨까지 무릅쓰고, 벽에 구멍을 뚫거나 담장을 넘는다. 또 여성은 금기의 담장을 뛰어넘은 남성을 별다른 저항 없이 기꺼이 받아들인다. 이처럼 성애를 기반으로 한 열정적인 사랑과 이를 통한 자발적인 결혼의 패턴, 여성 인물들의 적극적인 태도 등은 역사적 실제라기보다는 소설이라는 허구적 양식 속에 재현된 판타지의 한 형식일 수 있다. 즉, 남성 작가의 시선으로 그려진, 당대 현실에서는 실현되기 힘든 욕망의 대리 충족적 서사로 볼 수 있다. 하지만 사랑의 판타지 역시 일종의 사회적 산물이며, 당대의 리얼리티로부터 완전히 분리된 것이라고 보기는 힘들다.

가령 유교 이념이 일상 전반으로 확산되고 강화되어갈수록 소설 속에서 사랑의 모험은 점점 더 위태로워진다. 17세기에 권필權韠(1569~1612)이 쓴 것으로 추정되는 『주생전』에서 주생은 선화라는 사대부 집안 여성의 아름다운 모습을 보고 반하는데, 그는 핑계를 만들어 노승상 댁에 머물면서 선화를 만나기 위해 몇 겹으로 된 담을 넘어 선화의 처소에 이른다. 주생은 "굽이진 기둥과 돌아드는 복도마다 주렴과 장막이 겹겹이 드리워"진 곳을 지나게 되는데, 이는 사회 규율과 이념에 의해 보호되고 규제되었던 규방 여성의 침소를 상징적으로 드러낸다. 그럼에도 불구하고 주생은 사회 규범의 통제를 뚫고 선화의 방을 침입하다시피 들어가며, 선화는 주생을 거부하지 않고 기꺼이 맞아들임으로써 결연을 맺는다. 그렇다면 이렇게 소설 속에 재현되는 사랑은 단순히 에로스의 본능에 돌진한 충동적인 사랑이었을까? 또는 시대를 불문하고 지속적으로 추구된 조건 없는 낭만적인 사랑이기만 했을까?

성애인가 신분 상승인가
: 조선 양반의 이중성

17세기 작품인 『주생전』에서는 『금오신화』에서처럼 사랑에 절대적인 가치를 부여하면서도 사랑이 구성되는 현실 조건이나 현실에서 사랑이 성취되는 과정이 보다 디테일하게 묘사되고 있어 흥미롭다. 먼저 『주생전』에서는 『금오신화』와 같이, 한미한 양반 남성이라는 주생의 사회적 조건이 사랑을 성취함에 있어 장애 요소로 등장한다. 번번이 과거에 떨어진 주생은 "사람이 이 세상에 살고 있는 것은 미미한 티끌이 연약한 풀에 깃들어 있는 것과 같을 뿐이다. 그런데 어떻게 공명에 구속되고 속세에 매몰되어 나의 인생을 보내리오?"라고 스스로를 위로하면서, 사회적인 성공보다는 풍류랑으로서의 자신의 삶을 정당화한다. 이러한 주생

사계풍속도병 중 '기방풍정',
작자 미상, 19세기,
지본채색, 76×39cm,
국립중앙박물관 소장.
조선시대 기생들은 사대부 남
성들의 각종 연회에 동원되어
풍류를 진작시키는 역할을 요
구받았다. 관비官婢라는 신분적
조건 속에서 기생들은 양반들
의 잉여적 패락의 대상으로 소
비되는 것이 일반적이었지만,
때로 그들은 자신의 재능과 섹
슈얼리티를 활용하여 사랑의
승리자가 되거나 양반의 첩으
로 신분 상승하는 기회를 잡기
도 하였다.

의 사회적인 위치는 당대 소설의 주요 작자층이었던 주변부 양반 지식인의 처지와 상통하며, 이는 소설 속 사랑의 판타지를 구성하는 데 깊이 관여한다.

『주생전』은 권력의 주변부에 있는 양반 주생을 둘러싸고 신분이 다른 두 여성, 즉 기생 배도와 사대부층 여성 선화 사이의 삼각관계를 그려내는 소설이다. 배도는 조선시대 사대부 남성들의 풍류 문화를 뒷받침하고 잉여적 쾌락의 대상으로 소비되었던 기녀 신분의 여성이다. 하지만 기녀 배도를 평생 버리지 않을 것이라는 사랑의 맹세를 한 주생은 우연히 배도가 잔치에 부름을 받은 노승상 댁을 몰래 들어가 구경하다가 선화를 보고 첫눈에 반하고 만다. 『주생전』의 선화는 『금오신화』의 최랑이나 양생이 만난 여인과 마찬가지로, 남성들의 고아한 취향과 성적 판타지를 동시에 충족시켜주는 이상적인 여인상이다. 결국 주생은 정인情人 배도를 버리고 선화를 선택하며, 주생으로부터 버림받은 기녀 배도는 죽음에 이르는 비극적 결말을 맞는다.

배도가 주생과의 사랑을 통해 신분 상승을 꿈꾸었던 것과 주생이 문화적·경제적 상층 계급의 선화를 선택하는 지점 모두에서 사랑을 구성하는 요소들 속에 현실적인 동기가 강력하게 개입되어 있음을 알 수 있다. 이는 사랑이라는 낭만적 기호의 외피 이면에 조선시대의 신분적, 현실적인 토대와 긴밀하게 연계되는 욕망의 회로를 드러낸다. 이러한 17세기의 한미한 양반 남성들의 사랑 지상주의와 판타지 속에는 권력의 주변부에서 사랑 또는 여성을 통해 신분 상승을 대리 충족하고자 하는 현실 지향적인 욕망이 엿보인다. 『금오신화』에서 사랑의 판타지는 이승과

저승의 경계를 넘어서 환상의 장치 속에 펼쳐지는 초월적인 상상력을 기반으로 하고 있다. 반면 『주생전』은 '이상적'인 성애와 결연의 대상이었던 상층 사대부 여성과, 실질적인 성애의 공급자였던 기녀 사이에서 배회하는 양반 남성들의 뒷모습을 보이고 있으며, 이는 판타지와 현실의 갈림길에 있었던 당대 사랑의 풍경을 가늠케 한다.

조선후기 풍류와
기녀의 사랑

17세기 이전까지의 소설 속에는 양반 계층의 남성과 여성이 중매혼 내지 정략결혼의 규범에 구속되지 않고 자유로운 성애로 맺어진 후 나중에 혼례에 이르는 이야기가 하나의 전형을 이루고 있다. 하지만 이러한 서사는 대부분 조선시대의 공식적인 관행을 벗어나는 것이자 현실에서 이루기 힘든 욕망을 투사한 것이라 할 수 있다. 또한 가문끼리의 혼약이나 중매에 의해 혼인하게 되는 양반 여성들이 결혼생활 속에서도 에로스의 욕망을 드

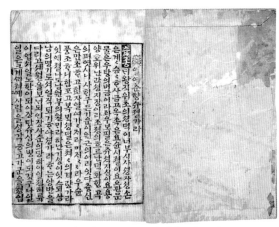

춘향가, 19세기경, 서울역사박물관 소장(진성 이씨 기증).
기생의 딸 춘향이가 양반 자제를 만나는 내용으로, 조선후기 소설이 흔히 기생을 주인공으로 삼는 전형성을 보여준다.

혜원 신윤복의 『풍속화첩』 중 제6면.
조선후기의 사랑을 다루는 문학작품에서 그 주인공은 대개 기생이었다.

러내는 사랑의 주인공으로 묘사되는 기록은 드물다. 이는 유교
사회가 가족 안의 섹슈얼리티를 가문을 잇는 자손을 재생산하는
기능으로 한정하고 부부간의 사사로운 애정의 문제는 공식적으
로 표현하지 않았던 당대의 관행에서 기인한다. 한편 가족 내에
서 적장자를 낳아 기르는 어머니 역할, '봉제사奉祭祀 접빈객接賓
客'의 의무를 수행하는 며느리 역할, 각종 가사일과 가정 경영
및 가산 증식의 역할까지 떠맡아야 했던 양반층 여성들의 삶의
조건을 감안할 때, 소설 속의 열정적인 사랑은 그들의 현실과 거
리가 있었다.

　　조선후기에 이르러 사랑을 다루는 소설에 등장하는 여성 주인

운낭자 초상(부분), 채용신, 1914년, 견본채색, 120.5×62cm, 국립중앙박물관 소장.

초상화의 주인공은 최연홍이라는 이름의 가산 관청 기생으로서, 초명이 운낭자이다. 운낭자는 27세인 1811년 홍경래의 난이 일어났을 때 군수 부자의 시신을 찾아 장례를 치러주고, 군수 아우의 부상도 치료해주었다. 이 소식을 들은 조정에서는 나라와 지아비를 위한 충적을 가상히 여겨 운낭자를 기적에서 삭제하고 전답을 주어 표창했다. 운낭자는 이처럼 조선시대가 낳은 이상적인 기생상에 속했지만, 그러나 그와 같은 여성이 과연 얼마나 있었을까?

공은 대부분 기녀들이었다. 조선시대 기생은 국가의 각종 진연 잔치에 동원되어 악가무를 공연한 여악女樂이자 지배층 양반 남성들의 풍류 현장에 동원된 관비 신분의 여성들이었다. 『춘향전』 『옥단춘전』 『월하선전』 등 당대 민중의 베스트셀러였던 작품들은 기녀를 여주인공으로 내세우고 있다. 풍류재자의 배필인 요조숙녀가 양반층 여성에서 기녀로 대체되고 있는 것이다. 『춘향전』에서 기생의 딸 춘향이가 양반 자제 이몽룡을 만나서 부르는 노래 가운데, 죽어서 '오리나무'와 '칡넝쿨', '음양수'와 '원앙새', '인경'과 '망치', '암톨쩌귀'와 '수톨쩌귀'가 되어서라도 떨어지지 않고 천년만년 함께 살자고 맹세하는 대목은 기발하고 절묘한 비유가 주는 감흥과 더불어, 남녀 간의 영원한 사랑을 염원하는 것은 신분에 상관없이 절실한 욕망임을 보여주고 있다. 더구나 춘향과 같이 공식적으로 혼인이 허용되지 않았던 기녀 신분에 있어, 이러한 욕망은 간절한 소망의 차원을 넘어서 오랜 세월 동안 축적된 뿌리 깊은 회한을 담고 있다.

그런데 이러한 사랑의 주인공이 되기 위해서 기녀들은 여성에게 요구되는 부덕을 갖추어야 했고, 목숨을 무릅쓰고 절개를 증명해야 했다. 일부종사하는 기녀들의 이미지는 조선후기에 이르러 주자학의 이데올로기가 전 사회계층으로 확산되고 일상 속에 깊이 뿌리내리게 되는 결과라 볼 수 있다. 하지만 다른 한편으로 기녀의 입장에서 볼 때 양반 남성들의 일시적인 풍류(유희)의 대상을 넘어서 낭만적인 사랑의 대상이 되고, 첩이 되어 신분 상승을 도모하고자 당대의 지배적 이념이 요구한 여성의 부덕, 특히 정절의식을 내재화하는 적극적인 전략을 취했다고 볼 수도 있다.

『춘향전』 『옥단춘전』 등의 조선후기 소설 속에서 양반과 기녀의 사랑은 일시적인 성애에 머물지 않고 정식 혼인으로 이어지는 양상을 보인다. 하지만 신분제의 현실 속에서 기녀가 양반의 첩이 될지언정 정실부인이 되는 것은 거의 불가능했다. 비록 절개와 부덕을 갖춘 기생들일지라도 현실에서 그들 대부분은 양반 관리들의 가끔 즐기는 대상이었을 뿐이다.

내 본디 기생이나 행실이야 기생일가

십구세 이내 광음 일부종신 하자려라.

절행이 높기로 본관 수청 아니하고

심규深閨에 몸을 처해 이전 사기史記 살펴보니

남원의 춘향이는 절행이 높하기로

옥중獄中에 죽게 될 때, 어사 소식 반가와라.

이다지 재하되여 어사 안전顔前 꽃치 되고

평양의 옥단춘이 어사 이별 몇 달인고.

어와 기박奇薄 할사

창녀신명娼女身命 기박奇薄사

고이하다 양반행실兩班行實

이다지도 무정無情하오

이 길노 도라겨 가면

화측동방華燭洞房 빈방 안의

의탁依託 업난 이 내 신세身世

뉘를 믿고 사잔말고

잘 가거라 잘 가시오

군산월이 거동 보소

추파秋波를 넌짓드러

학사學士 풍채風彩 다시보고

우시며 허락許諾 하나

그 우슴이 진정眞情인가

어이없는 우슴되고

눈물이 솟아나고

울음 화化해 웃음이라.

　　1854년경 함경도 명천 지방을 배경으로 기생 군산월과 양반 김진형金鎭衡(1801~1865)의 애정담을 담고 있는 가사인 「군산월애원가」는 바로 양반 남성과의 일시적인 결연과 이별로 상처받은 당대 기생의 목소리를 싣고 있다. 위의 작품은 함경도 명천 땅에 유배 온 양반과 언약을 맺고 사랑을 키운 기생 군산월이 다시 서울로 올라가게 된 김진형으로부터 버림받은 심정을 잘 보여준다. 기구한 창녀의 신세와 대비되는 '고이한(고약한)' 양반 행실은 양반과 기생이라는 계급상의 차이를 바탕으로 맺어지는 그들 관계의 본질적인 문제를 제기한다. 아무리 높은 절행으로 자신을 다독이고 불경이부不更二夫의 유교적 덕목을 내재화해도, 잠깐 머물다 떠나는 양반들로부터 버림받기 일쑤인 것이 지방 관아 소속 기생들의 현실이었다. 해배解配되어 서울로 돌아가는 김진형을 따라나섰던 군산월은 양반의 체면 때문에 갑자기 마음을 바꾼 김진형의 한마디 이별 선언에 눈물을 흘리며 돌아서야 했던 기생의 처지를 보여준다.

이 그림은 조선시대 무관 전일상의 초상화로 임지에 발령받아 갔을 때, 네 명의 여인이 시종을 들고 있는 모습을 그린 것이다.
조선의 문무 관료들은 이처럼 타지로 발령을 받아 떠나면 그곳에서 첩을 두어 생활하는 등 자유로움을 누렸던 반면, 정실이 아니었던 이 여인들은 언제고 같이 살던 남자가 임기나 유배를 마치고 떠나면 홀로 될 수밖에 없는 처지였다.

군산월에 있어 사랑은 유배 온 양반 남성이 잠시 즐기는 것과는 다른 층위의 것이었다. '의탁할 이 없는 내 신세'라는 구절은 사랑의 부재에 대한 절망보다는 관습에 소속되어 있으면서도 물질적·정신적 후원자를 필요로 했던 기생의 생존 기반의 흔들림을 더욱 절실하게 드러낸다. 양반에게 풍류는 잉여적인 쾌락이었지만, 기생에게 있어 풍류는 직업의 터전이었던 것이다. 그들은 제도에 의해 사랑하도록 강요되고 또한 제도에 의해 버림받는 존재였다.

> 졸가거라 졸가시오
> 군산월이 거동 보소
> 츄파秋波를 넌짓드러
> 학소學士 풍처風彩 다시보고
> 우시며 허락許諾 ᄒᆞᄂᆞ
> 그 우슴이 진정眞情인가
> 어이없는 우슴되고
> 눈물이 소스나고
> 우름 화化히 우슴이라

양반 김진형과 이별하고 돌아서는 군산월의 기막힌 심정이 위의 구절에 잘 나타난다. 첩의 형태로 양반사회의 가족제도 안으로 편입된 기녀들이라도 가족 안에서는 천첩이라는 멍에를 진 주변인이었다.

하지만 그러한 첩도 되지 못한 대부분 기생들의 삶은 지방 관

아를 떠나지 못한 채 평생 기업妓業을 수행해야 했던 신산한 풍
경 속에 자리한다.

✳

조선시대 문학을 중심으로 살펴본 성과 사랑의 풍경은 조선후기
에 이르면서 하나의 뚜렷한 징후를 드러낸다. 그것은 바로 유교
이념이 보다 강화되고 전 계층으로 확산되는 사회적인 상황 속
에서 사랑과 혼인이 분리되는 양상이다. 가족 안의 여성들의 경
우 적장자를 낳아 가문을 잇는 재생산의 의무가 더욱 강화되고,
열녀의 탄생, '앵혈鸎血✳'에의 집착에서와 같이 여성의 성에 대
한 통제가 강화되는 한편, 가족 밖의 유흥 공간에서 기녀를 주인
공으로 하는 풍류 문화는 더욱더 풍성하게 향유된다. 이러한 조
선후기의 성과 사랑, 혼인의 공식은 그 시대만의 현상을 넘어서,
동시대 문화 속에서도 여전히 기억되고 작동되는 욕망의 기제로
서 지속적인 성찰을 요구한다.

✳ 여성의 팔에 새겨진 앵무새의 핏자국으로 여성의 순결을 상징하는 기호.

12장

조선 여성 예술가의 탄생

시와 노래로 승화된 영혼

송지원 | 서울대 규장각한국학연구원 HK연구교수

조선시대 여성, 여성 하고도 음악가, 우리는 그 명칭만으로도 여
러 겹의 장벽을 느낀다. 신분제 사회, 남성 중심의 사회, 양반 중
심의 사회라는 표상이 부여한 두터운 벽 때문이다. 시를 짓고 노
래를 부르며 악기를 연주하고 때론 춤을 추며, 평생 고독한 예술
을 연마해야 했던 그들의 예술세계가 가볍지 않았던 것은 분명
하다. 하지만 그 세계에서 노니는 그들의 자유로운 영혼은 새털
처럼 가벼웠음에도, '여성 음악가'라는 존재는 우리에게 무거움
으로 다가온다. 그 무거움이란 내부자가 아닌 외부자의 시선으
로 일정 거리를 두고 그들을 바라볼 때 더 큰 하중이 실린다. 그
들이 평생 가꾸어온 예술세계에 대해 무지할 때 그 무게는 더해
진다.

　조선시대 여성 음악가들은 여러 방식으로 자신들의 예술세계
를 향해 걸어나갔다. 그들이 걸어간 길은 문헌 기록을 통해 우리
에게 알려졌다. 그러나 기록에 새겨진 그들의 목소리는 매우 제
한되어 있다. 내용의 분량이나 깊이, 모든 면에서 그러하다. 이

『혜원전신첩』 중 「쌍검대무雙劍對舞」, 신윤복, 지본담채, 28.2×35.3㎝, 간송미술관 소장.
해금, 피리 2, 대금, 장고, 북의 삼현육각 편성의 반주에 맞추어 추는 검무의 생동감 있는 동작을 묘사
하였다.

러한 정황은 '조선'이라는 시대적 한계, '여성'이라는 신분적 한계, 그리고 '음악가' 혹은 '시인'이라는 직업적 한계와 무관하지 않다. 사실 조선시대의 여성, 그중에서도 음악가의 신분이라는 현실을 인식한다면 이들이 기록의 수면 위로 떠오르지 않는다는 것은 그리 새삼스럽지 않다. 이는 조선시대 음악 관련 기록 대부분이 권력의 핵심이었던 왕실 중심으로 이루어졌던 정황과 무관하지 않다.

문헌에 남아 있는 조선시대의 음악은 '예악禮樂 정치'의 큰 구도에서 수행된 '의례 음악'에 집중되어 있었다. 다시 말하면 조선 왕실의 오례五禮, 즉 길례吉禮·가례嘉禮·빈례賓禮·군례軍禮·흉례凶禮 중의 하나로, 의례를 위한 음악에 초점이 맞추어져 있었다. 여기서 강조되는 것은 음악가 개인이나 음악작품의 예술성이 아니라, 의례와 상보적인 관계를 유지하는 '예와 악'의 이념이었다. 궁중의 연향에서 춤을 담당한 여성 예인은 여악女樂, 여기女妓 혹은 의녀醫女와 침선비針線婢 등이었다. 그러나 이들 개인의 모습은 기록에 잘 드러나 있지 않으므로 그들의 구체적인 삶과 음악가로서의 자의식 등에 대해서는 알기 어렵다.

다행인 것은 '사전私傳'의 형식으로 전해오는 기록을 통해 그녀들 개인의 삶을 부분적으로나마 그려볼 수 있다는 점이다. 물론 이러한 기록 대부분은 음악가 자신에 의한 것이 아닌 특정 문인들에 의해 이루어진 것이므로 다소 과장이 있을 수 있고, 혹은

화성능행도병 중 「봉수당진찬도奉壽堂進饌圖」, 국립중앙박물관 소장.
1795년(정조 19) 윤 2월 9일부터 16일까지, 화성에서의 8일간의 행사 중 봉수당에서 열린 혜경궁홍씨 회갑연의 장면이다. 화면의 중앙에서 추고 있는 춤은 선유·락정재이다.

여과된 내용만을 담거나 미화된 형식을 취했을 수도 있다. 기록 방식 또한 문인 자신이 직접 경험하고 목격한 내용을 중심으로 하거나, 음악가가 문인을 찾아와 자신의 삶을 털어놓은 것을 듣고 적었거나, 혹은 누군가로부터 전해 들은 내용을 기록한 것이 대부분이다. 그럼에도 불구하고 이러한 기록은 우리에게 좀처럼 모습을 드러내지 않았던 조선시대 여성 음악가들의 삶을 그려볼 수 있게 하는 귀한 자료가 되고 있다.

이제 조선시대의 몇몇 문헌에 전하는 내용을 바탕으로 하여 이들 여성 음악가의 삶과 음악에 대해 살펴보려 한다. 계랑桂娘, 계섬桂纖, 석개石介, 이옥봉李玉峯과 같은 이의 삶과 예술세계, 그리고 그들이 부른 노래와 그들이 직접 지은 시조작품을 함께 들여다보자.

배꽃이 비처럼 흩날리던
봄날의 노래

계랑(1573~1610)은 명종 때의 시인이자 음악가로 노래와 거문고 연주에 뛰어난 인물이다. 부안현의 아전 신분인 이탕종李湯從의 서녀인데, 계유癸酉년에 태어났다 하여 계생癸生이란 이름을 갖게 되었다. 향금香수, 계랑癸娘이라고도 하며 호는 매창梅窓이다. 허난설헌과 함께 조선시대의 대표적인 여성 시인으로 평가받기도 한다. 부친으로부터 한문을 배웠고 시문과 거문고를 익혀 부안扶安의 명기로 활동하였다.

문재文才를 타고난 계랑은 고요히 살고자 했던 자신의 뜻을 세상 사람들이 몰라준다는 내용의 시를 남기기도 하였다. 이는 자신의 신분에 대한 사회적 인식으로 인해 아픈 마음을 표현한 것이다. 그러나 역설적으로 여성들의 시작詩作 행위에 대해 편견을 가지고 있던 조선시대에 기녀 신분의 여성들은 오히려 다양한 내용의 시를 창작할 자유로움을 얻을 수 있었다.

매창과 촌은村隱 유희경劉希慶(1545~1636) 사이에 얽힌 이야기는 우리에게 잘 알려져 있다. 유희경은 허균에 의해 '한시에 능통한 인물'로 꼽힌 바 있는 뛰어난 시인이기도 했다. 매창과 유희경의 만남이 이루어졌던 것은 유희경이 40대 중반, 매창의 나이 18세 때의 일이었다. 둘은 비록 짧은 기간 만남을 가졌지만 이들이 함께했던 시간 동안 수많은 시가 지어졌다. 매창과 유희경의 문학적 만남은 서로의 시세계를 한층 확장하는 계기로 작용했을 것이다.

그러나 유희경이 서울로 돌아가고 얼마 안 되어 임진왜란이 일어나자 이들의 재회 여부는 알 수 없게 되었다. 유희경이 의사義士를 규합하여 관군을 돕는 등의 의병활동을 했기 때문이다. 한동안 유희경을 만날 수 없었던 매창은 시 여러 수를 지어 자신의 마음을 드러냈다. 현재 여창가곡 계면조 이수대엽 선율로 노래되는 시조 「이화우梨花雨」가 이 당시에 지어진 것이다. 현재 부안의 진산인 성황산 서림공원 입구에 있는 매창 시비에도 이 시조가 적혀 있다.

전북 성황산 서림공원에 있는 매창 시비.

이화우 흩날릴 제 울며 잡고 이별한 님

추풍낙엽에 저도 날 생각는가

천 리에 외로운 꿈만 오락가락 하도다

　　배꽃이 비처럼 흩날리던 봄날 유희경과 헤어진 후 계절이 어느덧 낙엽지는 가을로 왔건만 재회는 여전히 이루어지지 않았다. 먼 거리에 서로 떨어져 있어 만날 길 없던 매창은 자신의 아픈 마음을 이렇게 노래하였다. 현재 이 시조는 『가곡원류』에 전하고 있으며 여창가곡 중에서 가장 느린 속도인 이수대엽의 하나로 노래되고 있다. 매창과 헤어진 유희경도 그녀를 그리워하는 마음은 크게 다르지 않았다. 다음의 오언시 「계랑을 생각하며懷癸娘」에서 그의 마음을 읽을 수 있다.

　　그대의 집은 부안에 있고 娘家在浪州

　　나의 집은 서울에 있네 我家住京口

　　서로 그리워도 서로 못 만나니 相思不相見

　　애통하도다 오동나무에 비 뿌릴 제 腸斷梧桐雨

　　매창은 부안에 살고, 유희경은 서울에 살고 있었다. 멀리 떨어져 있었지만 둘은 만나기 전부터 이미 사람들로부터 이야기를 들어 서로에 대한 정보를 알고 있었다. 당시 매창에 대한 소문은 서울지역까지 널리 퍼져 있었기 대문이다. 유희경이 매창을 처음 만난 것은 1590년 무렵이었고, 그 만남은 특별했다. 게다가 시로써 공유하는 부분이 많았으니 이러한 시가 나왔던 것은 매우 자연스러운 일이다. 이들이 처음 만나던 당시 서로에 대해 이미 알고 있었던 것으로 추측되는 정황은 유희경의 『촌은집』에 실린 시에 잘 드러난다.

남쪽의 계랑이란 이름 일찍이 알려져 曾聞南國癸娘名
시와 노래 솜씨 서울지역에 떨쳐졌네 詩韻歌詞動洛城
오늘에야 진면목을 접하고 보니 今日相看眞面目
선녀가 떨쳐입고 아래로 버려온 듯 却疑神女下三淸

만나기 전부터 서로 그리워하던 유희경과 매창, 그 둘의 만남이 드디어 이루어졌다. 소문으로만 들던 매창을 직접 만난 유희경은 그녀의 진면목을 접하고 더욱 매료되었다. 둘의 만남은 결국 수많은 시를 만들어냈고 그 시들 중 일부는 오늘날까지 노래로 불려 사람들의 심금을 울리고 있다.

마음은 입을 잊고
입은 소리를 잊고

18세기의 여성 음악가 계섬桂纖(1736~?)은 대대로 고을 아전을 지낸, 신분으로 말하면 중인中人 집안 출신의 인물이다. 7세 때 아버지를, 12세 때 어머니를 잃었다. 조실부모한 여성, 그녀가 갈

곳은 없었다. 결국 공노비公奴婢의 적籍
에 오르게 되었다. 나이 16세에 노비로
일하던 집에서 노래를 배우게 되었다.
침착한 성품의 소유자로 재주가 있었던
계섬은 노래에도 재능을 보여 차츰 세상
에 이름이 나게 되었다. 그녀는 귀족들
의 잔치판이 벌어지는 곳이면 어김없이
초대되었다. 당시 계섬의 명성을 들은
시랑侍郞 원의손元義孫(1726~1781)은 그녀
를 자기 집 소속의 성비聲婢로 두었다.
계섬은 그 밑에서 10여 년 동안 일하다
가 이후 이정보李鼎輔(1693~1766)의 집에

이정보 초상, 견본설채, 50.1×35cm, 일본 덴리대 소장.

소속된 음악인이 되었다. 계섬의 음악인으로서의 삶은 이정보의
후원을 받으면서부터 비로소 긴 호흡을 확보하게 된다.

　이정보는 영조대에 대제학을 지내면서 예조판서를 겸임한 인
물로서 음악을 잘 알고 좋아하였다. 그가 남겨놓은 시조는 제법
많다. 1763년 이정보는 관직에서 은퇴한 후 평소 좋아하는 음악
을 누리기 위해 자신의 집에 음악하는 사람을 여럿 두어 이들의
후원자 역할을 자청하였다. 이정보는 음악에 조예가 깊어 그의
문하에서 배출된 남녀 명창들이 많았다. 계섬이 바로 그런 인물
의 집에 소속되었으니 가장 이상적인 후원자를 만난 셈이다. 그
녀의 나이 28세 무렵이다.

　이정보의 후원 아래 계섬은 꾸준히 노래공부를 이어갔다. 여
러 해 공부한 결과 계섬의 노래 실력은 일정한 경지에 이르렀고

나날이 좋아져 온 나라에 이름이 알려졌다. 노래공부를 하려는 이들치고 계섬을 모르는 이가 없었고, 지방에서 활동하는 기생이 서울로 와서 노래를 배우려 할 때면 저마다 계섬을 찾아왔다. 이정보는 계섬의 이러한 음악활동을 묵묵히 지지해주었다. 이정보의 후원은 오직 자신의 귀만을 만족시키기 위한 것이 아니었다. 자신이 후원했던 인물로 하여금 기량을 꾸준히 연마할 수 있도록 했고, 나아가 그들이 다른 음악인들을 가르칠 기회도 부여했다. 결국 이정보의 후원은 조선후기 음악 문화의 확산에 큰 기여를 한 것으로 평가된다.

이정보 이후 계섬은 또다른 중요한 후원자를 만나게 된다. 그녀의 나이 40이 훌쩍 넘은 뒤에야 비로소 만난 심용沈鏞(1711~1788)이다. 심용은 평소 풍류를 즐기고 의를 좋아하는 재력가로서 그의 주변에는 시인과 예인들이 몰려들어 늘 문전성시를 이루었다. 심용 또한 이정보와 마찬가지로 조선후기 음악가들을 길러낸 인물이다. 계섬은 심용을 만난 후 이전과는 또다른 경지에서 음악활동을 펼칠 기회를 맞는다. 평소 심용의 후원 아래 충분히 음악을 연습하여 계섬은 더욱더 완숙된 연주자로서의 면모를 갖춰나갔다. 심용은 자신의 예술가들로 하여금 다양한 음악활동을 할 기회를 마련하였고 거기에는 반드시 계섬이 있었다. 심용이 마련한 기회 가운데 가장 주목되는 것은 평양감사 회갑연에 참석하는 일이었다.

심용은 음악인들을 거느리고 평양감사 회갑연에 참석하기 위해 떠난다. 계섬을 포함해 가객 이세춘, 금객 김철석, 기생 추월, 매월 등 당시 내로라하는 명창들이 동행했다. 가객 이세춘은 시

평양감사향연도 중 '월야선유도'(부분), 전 김홍도, 1745~1806년, 지본채색, 국립중앙박물관 소장.
제섬의 후원자 심용이 제섬에게 마련해준 가장 큰 기회는 평양감사 회갑 연에 참석하는 것이었다.
거기서 제섬 등 명창과 가객들은 그동안 연마했던 기량을 마음껏 떨칠 수 있었다.

조에 장단을 배열한 것으로 알려진 인물로서 역시 서울에서 꽤나 유명세를 날렸다. 평소 꾸준히 기량을 연마해왔던 이들 음악인은 심용의 제안에 따라 평양으로 원정 공연을 떠나 타지역 음악인들과의 문화 교류를 할 기회를 얻는다. 대동강 위에서 벌어지는 평양감사 회갑연에 참여하여 선상船上 공연을 훌륭하게 마친 이들은 평양 사람들의 환대를 받고 후한 출연료를 받아 돌아온다. 이런 기회는 여성 음악가 계섬에게 매우 뜻 깊은 경험으로 자리하게 되었다.

말년에 이르러 파주의 시곡촌, 현재의 경기도 파주시 광탄면 신산리 어느 부근 고즈넉한 산마을에서 아담한 초가집을 짓고 조용히 보살처럼 살던 계섬은 1797년 여름, 나이 62세 되던 해 나귀를 타고 심노숭沈魯崇(1762~1837)을 찾아간다. 그는 36세 청년 심노숭에게 자신의 평생에 대해 낱낱이 털어놓았다. 여성 음악가 계섬의 이야기는 결국 심노숭에 의해 입전되어 우리에게 알려진다.

심노숭은 그녀의 노래 실력을 한마디로 이렇게 표현하였다. "마음은 입을 잊고 입은 소리를 잊는다心忘口, 口忘聲." 그녀가 노래할 때, 그녀의 입은 곧 마음이 되고 마음은 곧 소리가 되어 깊은 떨림으로 여울진다. 그 노래를 듣는 이 또한 노래 안에서

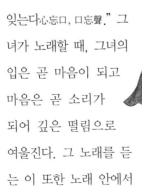

유쾌하게 비상한다. 여성 음악가 계섬이 부르는 노래는 그렇게
조선시대 사람들 곁에 있었다.

이상의 세계로
현실을 끌어올리다

중종의 딸 정순옹주貞順翁主와 혼
인한 송인宋寅(1516~1584)은 16세
기에 문장과 인망으로 잘 알려
진 인물이었다. 서법書法에 뛰
어나 금석문金石文의 글씨가 늘
그의 손에 맡겨졌고 집에는 사람이 끊이지 않았다.

어느 날 송인의 집에 자그마한 계집종 하나가 들어왔다. 비틀린
화살같이 작은 눈에 늙은 원숭이 얼굴을 한, 석개石介라는 이름
의 계집아이였다. 그 아이에게는 주로 물 긷는 일이나 약초 캐는
일 등 허드렛일이 맡겨졌다.

그런데 석개는 자신에게 주어진 일에 도무지 관심이 없었다.
물을 길어오라고 시키면 나무통을 지고 우물가로 달려갔다. 그
런데 우물가에 가서는 물통을 난간에 걸어놓고 하루 종일 노래
만 불렀다. 특별히 배웠던 것은 아니니 제대로 된 음악이 나올
리는 없었지만 이 노래, 저 노래 되는 대로 열심히 불렀다. 하루
온종일 노래하다가 날이 저물면 다시 빈 물통을 지고 돌아왔다.
집에 오면 늘 매와 꾸지람이 기다리고 있었지만 다음 날이면 모

조선
여성 예술가의
탄생

351

두 잊고 또 물통을 지고 가서 종일 노래하다 돌아오곤 하는 나날이 이어졌다. 그런 그녀의 버릇은 아무도 고칠 수 없었다.

송인의 집에서는 석개에게 다른 일을 시키기로 했다. 이번에는 약초를 캐오는 일이었다. 석개는 광주리를 하나 들고 들판으로 매일같이 나갔지만 약초 캐는 일에도 관심이 없었다. 약초가 눈앞에 보여도, 발밑에 밟혀도 전혀 상관하지 않았다. 역시 노래하는 일에만 몰두했다.

어느 한적한 곳에 자리 잡고 앉아서는 주변에 작은 돌멩이를 수북하게 모아놓았다. 노래 한 곡을 부르고 나면 돌멩이 하나 집이 광주리에 넣고, 또 한 곡 부르고 나면 다시 돌멩이를 광주리에 담았다. 나를 잊고 세상을 잊고 노래 부르다보면 어느 순간 광주리에 돌이 가득 찬다. 그러면 이번에는 노래 한 곡이 끝날 때마다 돌멩이를 하나씩 꺼내놓는다. 그리하다보면 광주리에는 돌이 가득 찼다 텅 비기가 수차례 반복된다. 이렇게 하루 종일 노래만 하다가 날이 저물면 빈 광주리 달랑 들고 집에 들어가곤 했다. 주변에서 아무리 크게 나무라도 그녀의 노래는 그칠 줄 몰랐다.

석개는 자신이 발 딛고 있는 현실과 닿고 싶은 이상의 길을 일치시켰다. 정확히 말하면, 이상의 길로 현실을 끌어올렸다. 물 긷는 일, 약초 캐는 일이 현실이었지만, 노래하며 살고 싶은 이상 속의 길을 매일같이 애써 선택하며 걸어갔다. 현실과 이상 사이의 깊은 도랑을 석개는 뒤도 돌아보지 않고 훌쩍 뛰어넘었다.

어린 나이의 석개, 가능한 것도 불가능한 것도 짐작할 수 없는 그런 처지였다. 그렇지만 그녀는 한길을 걸었다. 미래에 대해 아무도 약속해주지 않았지만 그녀는 확신했다. 물 긷는 일이나 약초 캐는 일은 누구라도 할 수 있지만 자신이 부르는 노래는 아무도 대신할 수 없음을 굳게 믿고 있었다. 노래를 잘하고자 하는 욕망도 그녀의 본능이었는지 모른다. 석개는 남이 가는, 가야만 하는 삶의 길을 외면하고 스스로의 본능에 충실하기로 했던 듯하다.

결국 석개의 이야기는 송인의 귀에까지 들어갔다. 송인은 자그마하고 고집스런 아이가 그토록 몰두하고 있는 세계가 무엇인지 지켜보기로 했다. 송인은 그녀에게 노래를 배울 수 있도록 공개적으로 허락하였다. 노래를 정식으로 배우자 석개의 실력은 나날이 좋아졌다.

석개는 얼마 안 가 장안에서 제일 노래 잘하는 음악인으로 거듭나게 되었다. 석개의 이야기를 기록으로 남긴 유몽인은 "근 100여 년 동안 그녀만 한 명창이 없었다"는 아낌없는 찬사를 보냈다. 당시 최고의 노래 실력을 지닌 석개가 잔치 자리에 출연하면 금과 비단이 수없이 쌓여 예상치 못하던 부도 축적하게 되었다. 후에 딸을 하나 낳아 옥생玉生이라 이름했는데, 딸 역시 어머니의 재주를 고스란히 물려받아 당대 최고의 실력자가 되었다.

유몽인柳夢寅(1559~1623)의 『어우야담於于野談』에 기록된 여성 음악가 석개의 이야기이다. 유몽인은 석개의 외모에 대해 "비틀린 화살같이 작은 눈에 늙은 원숭이 얼굴"이라 묘사해놓았다. 그러나 외모와 재주가 반드시 비례하는 것은 아니었다. 그녀의 세계를 온통 사로잡았던 노래, 그 노래를 향해 올곧게 정진한 석개는 결국 뛰어난 음악가가 되었다. 유몽인은 석개의 재주에 대해

아낌없는 찬사를 보내면서도 그
녀의 외모에 대해서만큼은 결코
미화하지 않았다.

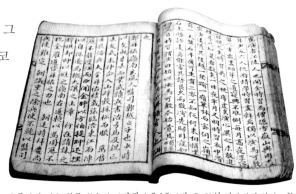

석개가 당시 잘 부른 노래
는 무엇이었을까? 석개의
이야기를 기록한 몇몇 문헌
이 있으나 그녀가 부른 노
래가 무엇이었는지는 잘 드
러나지 않는다. 다만 박지

유몽인이 지은 한국 최초의 야담집인 『어우야담』은 왕실 귀인에서 상인·천
민·기녀에 이르기까지 다양한 인간의 삶과 사문에 얽힌 사연, 꿈·귀신, 풍
속·성에 관한 이야기를 생동감 있게 기록하고 있는데, 여기에 명창 석개의
이야기도 실려 있다.

화朴枝華(1513~1592)의 『수암집守庵集』에 '선가사善歌詞', 즉 '가사
를 잘 부른다'고 기록되어 있으므로 '가사'가 그녀의 주요 연주
곡목이었을 듯하다. 물론 요즘 흔히 말하는 12가사와 동일시되
는 것은 아니고 보다 포괄적인 의미의 가사를 지칭한다.

석개는 당시 여러 명상名相들을 감동시켰다. 그녀의 노래를 듣
고 그녀를 위해 지은 시가 많다. 영의정 홍섬洪暹(1504~1585)은 절
구 3수를 지었고, 좌의정 정유길鄭惟吉(1515~1588), 영의정 노수신
盧守愼(1515~1590), 좌의정 김귀영金貴榮(1520~1593), 영의정 이산해
李山海(1539~1609), 좌의정 징철鄭澈(1536~1593), 우의정 이양원李陽
元(1533~1592)과 심수경沈守慶(1516~1599) 등이 화답하고, 여러 재상
도 화답하여 큰 시첩을 이룬 것도 있다. 이는 당시 겨룰 만한 이
가 없을 정도의 실력을 확보한 석개의 빼어난 예술세계를 귀히
여겼던 까닭이었다.

석개는 송인의 사후에도 여전히 여러 문인으로부터 칭송을
받았다. 송인이 지어놓은 동호東湖의 수월정水月亭에 가면 문인

이산해 초상, 견본철채, 162.5×83.5cm, 국립중앙박물관 소장. 그 역시 석개의 뛰어난 노래를 귀하게 여겨 이에 화답하는 시를 지었다.

들은 그를 생각하면서 석개의 이야기를 시로 썼다. 여러 벗들과 달밤에 한강에서 뱃놀이를 한 후 수월정에 올라가 풍류를 즐길라 치면, 훌륭한 음악가로 거듭난 석개의 이야기는 늘 그들의 시심을 자극했고 화제의 한가운데를 차지하였다.

석개의 노래 무대가 되었던 동호의 수월정은 난리를 치르면서 불타 없어졌으나 이후 송인의 손자 기圻가 시정寺正으로 있으면서 옛 정자의 터에 초당을 짓고 단청을 새로 하여 편액까지 다시 걸었다. 새로 지은 수월정에 모인 이들은 고인故人이 된 송인과 송인이 발굴하여 키운 음악가 석개를 생각하며 감회를 서술하였다. 신흠은 『상촌집象村集』에서 오언율시로 그 감회를 이렇게 노래하였다.

성곽을 나가 포구를 좇아 出郭仍遵浦

배를 옮겨가니 저녁이 되었네 移舟晩趁陰

초가을 서늘함은 진정 사리를 알겠고 新涼眞解事

반가운 손들 또한 옷깃을 이었네 佳客亦聯襟

구부리고 우러르며 가는 것 슬퍼하고 俛仰悲遷逝

강산은 끝없이 고금을 겪었네 江山閱古今

황혼의 경치 참으로 넉넉한데 黃昏正容與

달빛에 술잔이 어지럽네 月色亂盃心

송인은 떠났지만, 송인이 지은 정자는 복구되어 반가운 벗들
이 모였다. 신흠, 이수준, 신익성 등이었다. 이들은 함께 한강을
유람하며 시를 지었다. 배를 타고 흐르는 강물 위를 천천히 유람
하다보니, 흐르는 것이 강물뿐이 아님을 깨달았다. 세월도 강물
과 같아 예전에 수월정에 노닐던 송인, 그리고 송인이 발굴하여
키운 음악가 석개의 노래도 함께 따라 흘러갔다. 송인보다 쉰 살
아래인 신흠은 다시 그 강에서, 그 정자 위에서 옛 풍류의 현장
을 느끼며 이렇게 시를 지었다. 석개의 아름다운 노래는 그 풍류
현장에 여전히 살아 있다.

석개의 출신에 대해서는 알려진 것이 없다. 그러나 노비라는
신분에서 일가를 이룬 음악가로 성장하는 과정에 송인의 안목이
큰 역할을 했음은 분명하다. 송인이 미래의 음악가가 될 석개의
재능을 알아보았고, 한곳으로 정진하는 그녀에게 노래 배우는
것을 허락하였다. 허드렛일로 평생을 보낼 뻔했지만, 자신의 의
지를 굽히지 않고 노래에 전념한 결과 음악활동을 할 수 있는 바
탕을 마련하게 되었다. 그 결과 석개는 당대 최고의 음악인으로
성장할 수 있었다.

빼어난 글 솜씨,
영원한 이별

요사이 안부를 묻노너 어떠하신지요 近來安否問如何

달 비친 사창에 저의 한이 많습니다 月到紗窓妾恨多

만약 꿈속에 나의 넋이 걸어간 자취가 남는다면 若使夢魂行有跡

임의 집 문앞 돌길이 반쯤은 모래가 되었을 거예요 門前石路半成沙

　　선조대의 여성 시인 이옥봉李玉峯이 지은 「몽혼夢魂」이란 제목
의 한시와 그 번역이다. 세 번째, 네 번째 구가 이 시를 압도한
다. 임을 그리워하는 마음이 너무도 커서 만약 꿈속의 넋이 자취
가 있다면, 임의 집 문앞 돌길이 닳고 닳아서 아마도 반쯤은 모
래가 되었을 것이라는 내용이다. 임과 멀리 떨어져 있어 만날 수
없는 마음을 이보다 더 절실하게 노래할 수 있을까?

　　이옥봉은 16세기 후반 옥천군수를 지낸 이봉李逢의 서녀로 태
어났다. 부친으로부터 글을 배웠는데, 워낙 재주가 뛰어나 부친
을 여러 차례 놀라게 했다. 이옥봉은 서얼庶孽이라는 자신의 신
분을 충분히 인식하고 있었다. 그리하여 제대로 된 혼처가 나오
지 않을 것을 알고 남명 조식의 제자인 조원趙瑗이란 인물의 소
실로 들어갈 것을 자청하였다. 조원의 소실이 되어서도 여전히
여러 편의 시를 지었으며, 주변에는 그녀의 글솜씨에 감탄하는
사람이 많았다. 그러다가 이웃에게 써준 시 한 편이 송사訟事와
관련되어 결국 조원에게 버림받고, 영원한 이별을 하게 되었다.

　　이옥봉이 조원의 소실을 자청한 이유는 그의 문장이 뛰어나다

는 것 때문이었다. 그녀는 조원 정도라면 자신의 시재詩才를 충분히 인정해줄 것이라 생각했다. 그녀의 선택은 지금 이 시대의 눈으로 보아도 파격적이다. 자신이 남편을 선택했기 때문이다. 평생 의지할 인물을 스스로 택한 사실 하나만으로도 그녀의 비범성을 드러내기에 충분하다. 그런 남편이었기에 이옥봉은 조원을 많이 사랑하였다. 그녀가 남긴 시 가운데 남편을 그리워하는 내용이 많이 보이는 것도 그런 이유에서인 듯하다. 이옥봉이 지은 시는 허난설헌의 시와 함께 중국에도 알려졌다. 문재가 뛰어난 여성이었고, 더욱이 특별한 사연을 가지고 가슴으로 쓴 시였기에 그 시는 더욱 깊어질 수 있었다.

이옥봉이 지은 시 중에 「몽혼」의 3, 4구와 같은 내용이 우리의 민요와 여창가곡에서도 보인다. 서도민요 「수심가」 앞부분의 노랫말 중에 "약사몽혼若使夢魂으로 행유적行有跡이면 문전석로門前石路가 반성사半成沙로구나"는 「몽혼」의 3, 4구에 토를 붙인 것이다. 또 백주 이명한李明漢(1595~1645)이 지은 시조이면서 여창가곡 우조 평거 선율로 노래하는 「꿈에 다니는 길이」의 내용과도 유사하다.

꿈에 다니는 길이 자취 곧 나량이면
님의 집 창 밖에 석로石路라도 닳으련마는
꿈길이 자취 없으니 그를 슬워 하노라

이옥봉이 조원에게 버림받게 된 것은 그녀의 현명함이 원인이라면 원인이다. 그녀는 이웃 아낙이 찾아와 남편의 누명을 벗길

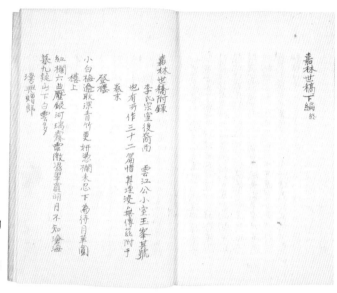

嘉林世稿附錄

李忠室後裔雨　雲江公小室玉峯其號

也有所作三十二篇惜其埋沒無傳茲附于

卷末

登樓

小白梅逾歌課青竹更妍悲惆未忘下為待月草園

樓上

紅欄六曲歷銀河瑞靄微陰翠罅明月不知滄海

夢九疑山下白雲多

邊興贈郎

『가림세고』의 부록으로 전해지는 『옥봉집』.
규장각한국학연구원 소장.
여기에 이옥봉의 시 32편이 실려 있다.

글을 써달라고 청하자 이를 받아들였다. 남편이 소도둑으로 몰려 추궁을 당하고 있으니 그 오해를 풀게 해달라는 부탁이었다. 이웃의 아낙은 이옥봉의 글 솜씨라면 소장訴狀을 잘 써서 남편이 풀려날 것이라 보았다. 이옥봉은 시 한 수를 써서 소장 대신 제출하였고, 그 시를 읽은 현감은 누명에 의한 것이라는 내용을 알고 그 아낙의 남편을 풀어주었다. 이 사건이 있은 뒤 조원은 시로써 송사訟事를 해결하려 했으니, 다음에는 조정의 일까지 간섭하지 않겠냐는 이유로 그녀를 버렸다. 이옥봉은 조원과의 이별 후에도 주옥같은 시를 남겼다. 그녀의 시 32편이 수록된 『옥봉집玉峰集』은 현재 규장각이 소장하고 있는 『가림세고嘉林世稿』의 부록으로 전해지고 있다.

13장

여성의 눈으로 읽는
여성들의 놀이

깨가 쏟아지는
규중의 취미생활

조혜란 | 이화여대 한국문화연구원 연구교수

〈대장금〉의 인기 때문일까? 근래 들어 영화나 드라마에서 사극을 접할 기회가 많아졌고 고증을 거쳐 다루는 소재도 다양해졌다. 수라간에서 궁중 음식을 만드는 장면들이 화려하게 펼쳐지는가 하면 사체를 검안하는 장면이 과학적으로 재현되기도 한다. 물론 기생을 중심으로 한 양반 남성들의 놀이 문화도 빼놓을 수 없는 볼거리이다. 그런데 사극에서 양반 여성들이 노는 장면을 본 적이 있었던가? 양반 남성들의 놀이 문화는 대개 그들의 취향과 접목되어 우아하게 그려지는 데 비해 양반 여성들의 경우는 그녀들의 취향이나 취미를 가늠하기 어렵다. 소품으로 수틀이나 서책이 놓여 있을 뿐 그것이 스토리텔링의 소재가 되진 않는다. 영화 〈스캔들〉에서 나이 든 재상 부인이 기생을 불러 '춘면곡'을 듣는 장면을 제외한다면, 양반 여성들의 여유 시간은 그저 몇몇 여성들이 모여 차나 다과를 앞에 놓고 한담을 나누는 장면으로 채워지는 듯하다. 그런데 남아 있는 자료들은 조선시대 여성들이 여공女功(바느질 하기, 음식 하기 등 오늘날의 가사

노동에 해당하는 일)과 규제의 현실 속에서도 틈틈이 자신들의 여가문화를 즐겼음을 보여준다.

규방 안의
놀이와 취미

19세기 후반 조선을 방문했던 영국 여성 이사벨라 버드 비숍 (1831~1904)은 자신의 견문을 기록하면서, 당시 한양은 낮에는 온통 남자들만 보이다가 저녁 8시경이 되자 남자들은 사라지고 여성들이 길을 메웠다가 자정 무렵쯤 다시 남성들이 나다녔다고 적고 있다. 더군다나 여성들의 경우는 등불을 들고 길을 밝히는 몸종을 대동한 이들만 길에 가득하다 했으니 길을 밝혀줄 몸종이 없으면 집 밖에 나서기도 어려웠던 것 같다. 길에 나서는 것에조차 남녀유별男女有別의 질서가 적용되었던 까닭일 것이다. 그러니 조선시대 여성들의 여가문화 역시 집 밖보다는 집 안, 여성들의 공간인 규방 안의 것일 확률이 높다. 당시 여성들의 교육 내용을 보면 주로 부지런함이나 근검절약 등의 항목을 덕목으로 강조했기에 노는 것, 즐기는 것 등은 자연스레 경계의 대상이 되었다. 하지만 예나 지금이나 놀 사람들은 어떻게 해서라도 그 방법을 찾는다. 더군다나 여성들의 경우라면 굳이 티를 내며 어디로 놀러 나가지 않아도 깨가 쏟아질 수 있다. 일상생활의 유지를 위해 필요한 여공이 곧 놀이로 연결될 수 있기 때문이다. 예를 들어, 비가 추적추적 오는 한가한 때 가까운 사람들끼리 모여 서

인물, 신명연, 견본담채, 30.7×23.8cm, 서울대박물관 소장.
집 안에서 한가한 때를 보내는 두 여인을 그린 것이다. 여성적인 섬세, 화려함과 우아함이 잘 드러나는 그림이다.

두 여인, 신윤복, 지본담채, 27.3×28.2cm, 서울대박물관 소장.
조선의 여인들이 후원에서 한가로운 한때를 보내는 모습으로, 기방의 후원인 듯 보인다. 후원 여기저기 꽃이 피어 있고 담장 안에서 따사
로운 햇살을 즐기고 있다.

로 원하는 음식을 만들어 먹으면서 한담을 나누거나 혹은 아낙
네들끼리 모여 앉아 바느질을 하며 수다를 떨면 자연스레 노동
과 놀이 영역이 만나게 마련이다. 그러나 이같이 펼쳐지는 수다
의 장은 노동과 놀이의 영역이 겹쳐 있기에 적극적인 의미에서
의 놀이 형태라고 보기는 어렵다. 여성의 일상적인 가사노동과
비슷해 보이지만 이와 구별되는 취미로는 자수를 들 수 있겠다.
이는 베갯잇이나 의복 장식 등 생활예술 영역에서 필요한 자수
와는 달리 단지 여성 교양을 위한 수놓기일 수도 있었다.

그런데 기록을 들춰보면 조선시대 여성들의 여가 중 특별한
것들이 있다. 그중 대표적인 것이 집안 식구들끼리 벌이는 시회
詩會이다. 시회는 주로 양반 남성들의 문화로, 즉석에서 시를 이
어 짓는 것인데, 제때 못 지으면 벌주를 마시며 즐기는 놀이였
다. 그런데 조선시대 집안 중에는 암암리에 한문 교양을 가르쳐
즉석에서 시를 짓고 즐길 정도의 소양을 갖춘 여성이 있는 경우
가 더러 있었다. 시집가서 겪었던 자신의 내면 갈등을 글로 남긴
김호연재金浩然齋(1681~1722)의 친정 역시 이런 경우에 속한다. 친
정에서 자신의 재능과 시적 감흥을 이해해주며 소통하던 식구들
과의 시회 장면은 오늘날 생각해도 우아한 귀족의 놀이 문화이
다. 이렇게 부모, 형제들과 함께 시회를 열어 즐기고 만약 시를
제때 맞추어 짓지 못하면 벌주를 받는 식으로 진행되던 시회 장
면은 약간 변형되어 고전소설에 삽입되기도 한다. 『소현성록』이
라는 작품에는 가족 구성원끼리 벌주 내기를 하며 대화를 주고
받는 장면이 즐겁게 묘사되어 있기도 하다.

그런가 하면 투호投壺의 경우는 주로 여성들끼리 즐겼던 놀이

로 보인다. 투호란 병처럼 생긴 것에 화살을 던져 넣는 놀이로, 이 역시 고전소설에 이따금 등장한다. 이 장면은 주로 가문 내 여성들끼리 여가를 즐기는 장면에 삽입되어 있는데, 투호를 하는 와중에 새로 시집온 며느리의 팔뚝에 찍힌 앵혈鶯血(처녀의 팔에 꾀꼬리나 도마뱀의 피로 문신한 자국. 성교를 하면 이것이 없어진다고 하여 처녀의 징표로 여겼다고 한다)이 드러나 이들 부부가 아직 첫날밤을 치르지 않은 게 알려지는 식이다.

시회나 투호가 직접 참여하는 놀이라면 자신은 안목만 갖추고 감상하는 방식의 놀이 문화도 있었다. 대표적인 것이 노래이다. 18세기 후반에 활약했

투호, 조선후기,
높이 56, 입지름 8, 바닥지름 20cm,
국립민속박물관 소장.

던 계섬桂蟾(1736~?)이라는 여성은 가곡창歌曲唱에 능한 기생이었다. 그 명성을 들은 원의손元義孫(1726~1781)은 계섬을 자기 집의 성비聲婢로 두었다고 한다. 성비는 개인 집안 소속 전문 성악인인 셈으로, 노래를 하는 것이 그녀의 일이었다. 또 조선후기에는 집안 잔치에 가단歌壇을 불러 흥을 돋우는 일이 빈번했는데, 그중에는 기생들을 안채로 불러들여 재예를 감상하는 경우가 있었다.

시회나 노래 감상 등은 교양과 취미를 바탕으로 즐길 수 있는 것이고, 투호에서 재미를 느끼려면 일정한 수준의 운동 능력이 요구됐을 것이다. 그런데 이런 학습 없이 방 안에서 그냥 할 수

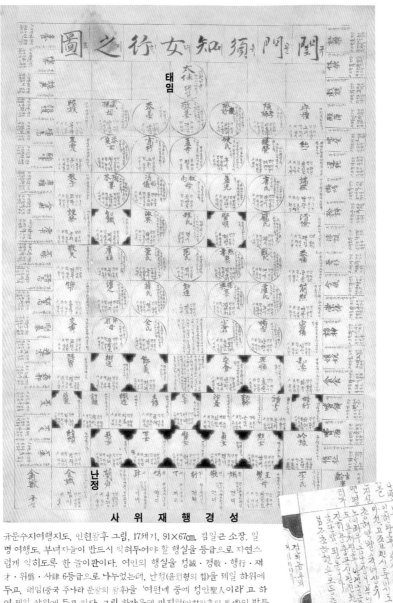

사위재행경성

규문수지여행지도, 인현왕후 그림, 17세기, 91×67cm, 김일근 소장. 일
명 여행도. 부녀자들이 반드시 익혀두어야 할 행실을 등급으로 자연스
럽게 익히도록 한 놀이판이다. 여인의 행실을 성誠·경敬·행行·재
才·위僞·사詐 6등급으로 나누었는데, 난정(윤원형의 첩)을 제일 하위에
두고, 태임(중국 주나라 문왕의 왕후)을 '여편네 중에 성인聖人이라'고 하
여 제일 상위에 두고 있다. 그림 한가운데 민진원(인현왕후의 동생)의 발문
에 의하면 이 그림은 인현왕후가 직접 그렸다고 한다. 아래칸에 '난정'이
라 하여 닮지 말아야 할 인물로 '정난정'을 표시해둔 것이 눈에 띤다.

한글 쫑졍도從政圖, 연대미상, 140.2×57.2cm, 김일근 소장.
부녀자들이 아이들을 위해 한글로 만든 쫑졍도. 벼슬의 높고 낮음을 이용해 즐기는 놀이다.

있는 규방의 놀이 문화도 있었다. 〈규문수지여행도閨門須知女行圖〉나 〈종정도從政圖〉라는 놀이판이 바로 그것이다. 이 둘은 마치 윷놀이와 같은 방식으로 진행하는 놀이다. 〈규문수지여행도〉는 인현왕후(1667~1701)의 유품이 남아 있는데, 이 놀이판에는 당대 여성들에게 요구되던 덕성의 종류, 본받을 만한 여성의 이름과 닮지 말아야 하는 여성의 이름이 적혀 있다. 그중 눈에 띄는 부정적인 이름으로는 정난정鄭蘭貞(?~?)이 있다. 그녀는 윤원형尹元衡(?~1565)의 첩이었다가 본처를 쫓아내고 스스로 정실 자리에 오른 인물이다. 인현왕후 자신도 장희빈(?~1701)에 의해 폐비가 되었다가 훗날 왕비로 복귀했던 여성임을 생각해보면, 그녀의 말이 정난정 이름 위에 놓였을 때 어떤 마음이었을까 궁금하다. 〈종정도〉는 벼슬의 높고 낮음을 응용하여 만든 놀이로, 부녀자 및 남자아이들의 놀이였다고 한다.

양반 여성들의 '독서'

조선시대 여성들 중 더러는 자신의 문집을 남기기도 했고 또 드물기는 하지만 그림으로 이름을 남긴 이들도 있다. 그러나 그 시대에는 여성들이 자신을 표현하고 드러내는 일이 미덕으로 간주되지 않았으며, 집 안에서도 목소리가 담장을 넘지 않도록 교육받았다. 어려서 한시를 구사할 줄 알았어도 시집가서는 그런 티를 내지 않고 여공에만 힘쓰는 것이 부덕으로 칭송되었다. 이런 환경 속에서 조선시대 여성들의 취미생활로 가장 적당한 것은 독서였을 것이다. 그리고 실제로 당시 여성들의 독서 목록을 가늠하게 하는 자료들이 많다.

조선시대에는 여성들에게 한문 교육을 시키지 않았다고 하지만 문집에 나오는 여성 관련 기록을 보면 딸이 총명한 경우 그 딸들은 비공식적으로 교육의 기회를 얻을 수 있었던 것으로 보인다. 똑똑한 딸들은 오빠나 남동생이 공부하는 것을 어깨 너머로 보고 한문을 익히기도 했고 또 친정아버지가 영민한 딸들의 토론 상대가 되어 딸들과의 지적인 대화를 즐긴 경우도 있다. 자신이 남긴 작품 없이 오늘날에도 똑똑한 딸로 그 이름이 기억되는 대표적인 여성으로는 김창협의 딸 김운金雲(1679~1700)을 들 수 있다. 그녀가 일찍 죽자 아버지 김창협은 매우 슬퍼하며 장문의 제문을 남겨 결국 그녀의 소원대로 그 이름이 후세에 남게 된 경우이다. 다음의 예문들은 문집 기록 가운데 여성들의 독서에 대한 부분을 추려낸 것인데, 당대 양반 여성들의 한문 교양 수준을 가늠하게 한다.

· 교육과 양육을 같이 하였고 딸들을 가르칠 때에는 반드시 먼저 『小學』부터 하였다.(윤문거, 「제계매문祭季妹文」)

· 네 스스로 하기를 그치지 않아서 문리를 이미 깨우치더니 『小學』을 즐겨 읽으며 그 아름다운 말과 착한 행동을 좋아하더구나. 때때로 내가 그 속뜻을 물어보면 환하게 대답하여 나는 너를 앞에 두고 "네가 남자로 태어나지 못한 것이 안타깝구나"라고 하며 탄식하곤 했다.(송시열, 「제서녀민씨부문祭庶女閔氏婦文」)

· 선생에게는 오직 딸 하나뿐이라서 특별히 사랑하였다. 『小學』

중국 역사 속의 미인들 중 이청조의 초상. 명대 무명씨 그림. 산동 제남 출신의 이청조는 어려서부터
박학다식하고 기억력이 뛰어났으며, 경서와 역사에도 능통했다. 또한 심금을 울리는 뛰어난 시작품
을 지어 그녀의 남편이 열등감을 느낄 정도였다. 중국이나 한국의 전통사회에서는 이처럼 뛰어난 재
능을 지닌 여성일지라도 그것을 드러내는 것은 결코 사회적으로 장려되지 못했다.

과 『십구사』를 가르쳤는데 힘들이지 않고 글의 의미를 알았다.(이현일, 「선비증정부인장씨행실기先妣贈貞夫人張氏行實記」)

·『소학』 『열녀전』 등과 같은 책은 두루 보지 않은 것이 없었다.(윤증, 「선고비묘지先考妣墓誌」)

·부인은 나서부터 빼어나게 아름답고 정숙하였다. 어려서 『소학』과 『가례』를 배워 큰 뜻은 대략 통하였으나 절대로 이를 자랑하지는 않아 부모가 이를 기이하게 여겼다.(김창협, 「오충정공원배민부인묘갈명吳忠貞公元配閔夫人墓碣銘」)

여성들의 한문 교양과 관련한 독서는 다양한 방식으로 이뤄졌을 것으로 보인다. 원문 그대로의 내용을 궁구해 양반 남성들과 견해를 나눌 만큼 정치한 논리를 펼 수 있는 정도부터 많이 인용되는 내용들을 간추려 축약본으로 만들어 익히는 경우, 또 표기 문자도 한문 그대로가 아닌 한글로 음독한 형태의 이본을 가지고 독서를 했을 가능성도 있다. 어느 경우가 되었든 간에 문집에 기록되는 여성은 결코 평범한 이들은 아니었을 것이다. 일단 신분상으로 대개 양반 여성들이었고, 친정에서 여성들에게도 교육받을 기회를 제공하는 등 어느 정도의 지적인 능력도 갖춘 경우라야 문집에 기록되었을 것이다. 문집에는 이 같은 기록이 다수 발견되지만 조선시대 여성들의 독서로 거론하기에는 여전히 소수에 불과하다. 독서 중 실제 조선시대 여성의 취미나 여가생활과 관련한 것은 사실 따로 있다. 바로 소설 독서이다.

조선시대에 소설은 개인이 직접 베껴 쓴 필사본이나 목판 인쇄
본인 방각본坊刻本 형태로 유통되었다. 그리고 1910년대가 되면
구활자본이라 불리는 형태의 고전소설들이 출판된다. 조선시대
에는 책값이 비쌌으므로 소설을 읽기 위해 책을 구입하기보다는
필사를 많이 했고, 소설 감상 역시 읽기보다는 듣기의 형태로 많
이 즐겼다. 소설을 실감나게 구연해서 수입을 얻었다는 전기수傳
奇叟 혹은 강남사講談師와 같은 존재는 소설 낭송 문화와도 관련
있다. 서울에는 소설을 빌려주는 세책가도 있었다. 그런데 조선
시대 소설과 관련한 기록 중에는 여성들의 소설 향유에 대한 기
록이 다수 발견되며, 어떤 기록에서는 부녀자들이 소설에 너무
탐닉해서 문제라고 개탄하고 있다. 소설 향유 계층은 서민 여성

낙선재는 헌종 13년(1847)에 경빈 김씨를 위해 지은 집이다. 이곳에 다량의 국문 장편소
설이 수장되어 있었다.

만이 아니라 상층 양반 여성들도 상당한 비중을 차지하고 있다. 특히 낙선재에 소장되어 있던 국문 장편소설의 주 향유층은 규방 여성들, 즉 양반 여성들이었다고 한다. 오늘날의 대하소설을 능가하는 서사 분량을 지닌 국문 장편소설의 독자가 되기 위해서는 그만큼의 시간을 취미생활에 투자할 정도의 여가가 있어야만 했다. 그 소설들이 궁중에 대거 소장되어 있었던 까닭도 시간이 많았을 궁중 여성들의 삶에서 비롯했을 것이다. 남아 있는 자료들을 보면 조선시대 여성 독서의 대세가 소설이었음을 짐작할 수 있다.

· **구수훈**(1685~1757), **『이순록』**

"몇 년 전에 한 상놈이 여남은 살 때부터 눈썹을 그리고 얼굴에 분 화장을 하고서 여자의 언서체를 익히더니 패설을 잘 읽어 목소리조차 여자와 다름이 없었다. 그가 홀연 자취를 감추었는데 실은 여자 옷을 입고 사대부가에 출입하며 혹은 진맥을 한다, 혹은 방물장수를 한다, 혹은 패설을 읽는다고 하며 한편으로는 여승과 결탁하여 불공이나 기도를 드려주기도 했다. 사대부의 부녀들이 그를 보면 누구나 좋아하게 되어 혹은 한자리에 잠을 자서 그로 인해 음란한 짓을 저질렀다. 판관 장붕익은 이를 탐지하고 그를 죽여서 입을 막아버렸다. 만약 그가 입을 열고 보면 난처한 경우가 있을까 싶었기 때문이었다. 대개 재상가들이 이런 치욕을 입게 된 것은 오로지 호사하고 할 일이 없는 데서 말미암은 것이다."

이용국평란기, 작자미상, 18세기, 최승범 소장.

우리의 옛 부녀자들이 사용하던 화장도구를 의인화한 가전체 작품으로 단아한 부녀자들의 용모와 화장의 중요성을 설명하고 있다. 규방생활의 도구를 의인화한 우화적인 규방수필문학으로 가치가 높다.

천씨쌍닌긔젼 권지 동이라

· 채제공(1720~1799), 「여사서 서」

 "근세에 부녀자들이 다투어 능사로 삼는 일은 오직 패설뿐이
니, 이것을 높이는 것이 날이 갈수록 더하다. 많은 종류를 장사
들이 깨끗이 베껴 모두 빌려주고는 그 세를 거두어들여 이익을
삼는다. 부녀들이 견식이 없어 혹 비녀와 팔찌를 팔거나 혹은 돈
을 빌려 다투어 와서 그것으로 긴 날을 보낸다. 음식과 술 만드
는 것도 모르고, 베 짜는 책임도 모르니 대개가 이렇다. 부인은
홀로 습속이 변하는 것을 탐탁하지 않게 여겨 여자가 해야 할 일
의 여가에 틈틈이 읽고 외웠으니, 오직 『여사서女四書』만이 부녀
자들의 규범이 되기에 족하다."

· 조태억(1675~1728)의 어머니인 남원 윤씨와
  중국 소설 『서주연의』와의 관계

 "우리 어머니께서 기왕에 『서주연의』 십수 편을 베껴놓은 것
이 있었다. 이것은 본래 한 권이 빠져서 권질을 채우지 못해 어
머니께서는 늘 서운하게 여기셨다. 오랜 뒤 한 호고가에게 전질
을 얻어 부족한 부분을 채워서 그 책이 완전하게 되었다. 얼마
지나지 않아 한 여항의 여자가 어머니께 그 책을 빌려보기를 간
청하므로 어머니는 곧 그 전질을 빌려주었다. 이윽고 여자가 또
찾아와서 사례하기를, "빌린 책을 삼가 돌려드립니다. 그런데 길
에서 한 책을 잃어버렸습니다. 아무리 찾아도 얻지 못하여 죽을
죄를 졌습니다. 죽을죄를 졌습니다" 하였다. 어머니께서는 짐짓
용서하시고 잃어버린 것이 어느 책인가 물었더니 바로 나중에
베껴서 채운 그 책이었다. 완질로 갖추어진 책이 이제 다시 불완

전하게 되어 어머니께서는 마음에 애석해하셨다. 그로부터 2년
이 지난 겨울에 내가 자부를 데리고 남산 아래에 우거하고 있을
때였다. 자부가 마침 몸도 성치 않고 무료해서 안집에 있는 족부
에게 가진 책이 있느냐고 물었더니 족부는 한 권을 자부에게 보
여주었다. 그 책은 잃어버린바 우리 어머니가 쓰신 책이었다. 나
를 맞이해서 보여주는데 내가 봐도 과연 그러하였다. 이에 자부
는 그 족부에게 가서 그 책의 소유래를 자세히 물어보았더니 족
부는 말하기를, '저는 이 책을 우리 일가 아무개에서 빌렸는데
일가 아무개는 마을 사람 아무에게서 산 것이요, 그 마을 사람은
이것을 길에서 주운 거랍니다' 하였다. 자부는 이에 잃어버린 내
력을 이야기하고 돌려달라고 청하니 그 족부도 신기하게 여겨
돌려주었다. 앞서 불완전한 책이 이제 다시 완전하게 되었으니
또한 기이하지 않은가."

· 권섭(1671~1759)의 **어머니 용인 이씨와 『소현성록』의 필사
및 분배**

"돌아가신 어머니 정부인 용인 이씨께서 손수 필사하신 책자
중 『소현성록』 대소설 15책은 장손 조응에게 줄 것이니 가묘에
보관하고, 『조승상칠자기』 『한씨보응록』은 내 동생 대간군에게
주고, 『한씨삼대록』과 『설씨삼대록』 또 1건은 여동생 황씨부에
게 주고, 『의협호구전』 『삼강해록』 1건은 둘째 아들 덕성에게 주
고, 『설씨삼대록』은 딸 김씨부에게 주니 각 가정의 자손은 대대
로 잘 보호함이 옳다."

· 조재삼(1808~1866), 『완월』의 작가 전주 이씨

"『완월』은 안겸제安兼濟(1724~?)의 어머니가 지은 것인데, 궁중에 흘려보내 명성과 영예를 넓히고자 했다."

부녀자들이 소설을 읽어 큰일이라는 개탄 중 가장 널리 알려진 것은 아마 이덕무의 『사소절士小節』에 나오는 내용일 것이다. 그는 '여자들이 집안일과 길쌈을 게을리 하며, 소설을 돈을 주고 빌려다 읽고, 여기에 빠지고 혹하기를 마지않아 한 집안의 재산을 기울이는 사람까지 있다' 고 하면서 부녀자들의 소설 향유를 문제 삼았다. 이덕무의 기록을 보면 당시 부녀자들이 소설을 얼마나 좋아했는지가 전달된다. 얌전한 취미의 수준을 넘어 탐닉의 분위기가 느껴지기 때문이다. 채제공의 「여사서 서」 역시 마찬가지이다. 그는 당시 부녀자들의 소설에 대한 경사를 문제 삼

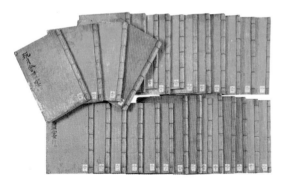

완월회맹연, 규장각한국학연구원 소장.
180권으로 이뤄진 한글 소설로 우리나라에서 가장 방대한 작품이다. 18세기 인물인 이언경李彥經의 딸이자 안겸제安兼濟의 어머니인 전주 이씨가 작자이다. 명나라를 배경으로 하여 국가와 사회, 가정의 갈등과 화합이 큰 줄거리를 이루는 대하소설이다.

으면서 소설 대신 『여사서』에 잠심한 자기 부인을 칭찬하고 있다. 그런데 이같이 비교하는 것이 칭찬의 근거가 된다는 자체가 소설에 대한 부녀자들의 열기를 짐작하게 한다. 조선시대에는 소설을 읽기에 앞서 늘 변명을 해야 했다. '이 작품은 풍교風敎에 도움이 된다, 비록 소설이나 부녀자들에게 도움이 될 만한 내용을 담고 있다' 등의 교육적 입장을 내세워야만 소설 향유가 공식적인 인정을 받을 수 있었기 때문이다.

그러나 예문들을 보면 실상은 소설에 대한 비판적인 담론과는 거리가 있었음을 알 수 있다. 즉 양반 여성들 역시 소설 향유에 매우 적극적이었으며 단지 즐기는 데서 그치는 것이 아니라 직접 필사를 하고 전질인 경우는 애지중지하며 소장하였다. 그런가 하면 소설 구연을 잘하는 방물장수를 통해 소설을 즐긴 양반 여성들의 일화가 있는데, 이 사건은 방물장수가 여장남자임이 밝혀지면서 그의 죽음으로 일단락되고 있다. 소설 향유를 경계할 만한 또 하나의 빌미가 되었을 법한 예문이다. 마지막 예문은 여성들이 독자의 수준을 넘어서 소설의 작가로도 활동했음을 보여주는 것이다. 『완월회맹연』은 한 작품이 180권에 이르는 장편소설로, 고전소설 중 가장 긴 작품이다. 조재삼의 기록은 그 작품의 작가가 안겸제安兼濟의 어머니 전주 이씨(1694~1743)가 자신의 이름과 명예를 위해 지은 것이라고 증언하고 있다. 이 같은 소설들은 여성들에게 읽혀도 좋으리라는 평가를 받은 작품에 속한다. 그 대표적인 것으로는 김만중의 『사씨남정기』나 조성기의 『창선감의록』을 들 수 있으며, 앞서 언급한 낙선재 소장본 소설은 대개 이 범주에 속하는 작품들이다. 하지

만 여성들이 유교적 이념을 내면
화하기 위해 소설을 읽은 것
은 아니다. 다른 오락물이 마
땅하지 않았던 시대에 소설의 행
간에 잠재된 욕망과 다양한 사건의
전개, 자극적인 소재나 극단적인 인
물의 설정 등 유교적 예속에 슬쩍슬쩍
균열을 가해보는 이야기 자체의 흥미진진
함이야말로 당대 여성들이 소설에 빠져든
가장 큰 이유일 것이다.

남정기(3책), 김만중, 조선후기,
한국학중앙연구원 장서각 소장.
김만중의 『사씨남정기』는 유교적인 사회 규범에서 크게 벗어나
지 않아 조선의 여성들에게 널리 읽힐 만한 것이었다.

규방 여성의 눈으로 읽는
『박씨전』

『박씨전』(일명 『박씨부인전』)은 『춘향전』 『홍길동전』 등의 작품과
더불어 오늘날 독자들에게도 잘 알려진 고전소설 작품이다. 이
정도로 알려진 고전소설 작품들은 조선시대에 이미 방각본 형태
로 인쇄 출판되었다. 방각본은 이윤을 추구하는 상업출판물이었
기 때문에 방각본으로 출간되었다는 사실은 작품이 그만큼의 독
자를 확보하고 있었음을 의미한다. 『춘향전』 『홍길동전』 『구운
몽』 등의 작품은 필사본도 있고 방각본도 있으며 구활자본으로
도 출간되었다. 그런데 잘 알려진 작품이라는 점에서는 동일선
상에 놓을 수도 있는 『박씨전』의 이본 상황을 보면 방각본 없이

70여 종의 필사본만 전하고 있다. 물론 현재 전하는 이본 상황이 그렇다는 것이므로 『박씨전』이 조선시대에 방각 출판되었으나 세월이 지나는 동안 이런저런 이유로 그 이본이 사라졌을 가능성은 있다. 그러나 다른 작품의 이본 상황과 비교해볼 때 『박씨전』이 필사본만 70여 종 남아 있다는 것은 특기할 만한 사실이다. 기존 연구에서는 이런 이본 상황을 토대로 하여 『박씨전』이 주로 규방에서 양반 여성 독자들을 중심으로 유통되었을 가능성을 타진하고 있다.

『박씨전』은 조선에 크나큰 상처를 남긴 병자호란을 배경으로 하고 있다. 하지만 소설 속에서는 양반 여성 박씨가 피화당避禍堂이라는 특별한 공간에 앉아서 여종 계화를 내세워 청나라 장수 용골대를 물리치는 것으로 되어 있다. 또 어떤 이본을 보면 소현세자와 봉림대군만이 아니라 왕비까지도 청나라에 볼모로 잡혀가다가 박씨 부인의 협상으로 인해 다시 조선으로 돌아온다는 내용이 보이기도 한다. 그리고 돌아올 기약 없이 청나라로 잡혀가는 조선 여성 포로들의 애끓는 절규가 삽입되어 있는 이본도 있다. 피화당은 못생긴 외모로 인해 남편에게 소박을 당하는 박씨가 시집의 후원을 빌려 오방五方의 기운에 맞추어 나무를 심어 조성한 공

박씨전, 규장각한국학연구원 소장. 특이하게도 방각본 없이 필사본만 70여 종 전하고 있다.

간이다. 평소에는 그냥 잘 가꿔진 정원 같지만 막상 위험이 감지되면 나무들이 스스로 방어하고 공격할 수 있는 기능을 갖춘 곳이다. 박씨는 병자호란이 나기 전에 이 공간을 마련했고 서울이 함락되었을 때 집안 부녀자들이 이곳에 피신하여 목숨을 구한다. 한 나라가 패전한 마당에 어느 집안 후원에서 몇몇 부녀자들이 피난하고, 청나라 군대가 그 집에만 들어가지 못했다는 것이 무슨 의미가 그리 있을까 싶기도 하다. 그러나 병자호란 당시 양반 여성들의 전쟁 체험을 떠올려보면 이 피화당이라는 공간은 매우 절실하게 다가온다. 당시 궁중 비빈 및 양반 여성들은 강화도로 피난했는데 청나라가 공격을 해오자 강화도 수비의 책임자였던 김경징金慶徵(1589~1637)이 몰래 도망하고 만다. 이로 인해 전시 지휘 체계를 잃은 조선 수군은 제대로 된 전투 한번 하지 못하고 강화도를 내준다. 그때 미처 피난하지 못한 채 평소 교육받았던 정절 이데올로기에 따라 자살하여 순절한 여성들의 숫자가 급격하게 늘어나게 된다. 당시 전시 책임자들이 진두지휘하며 응전했더라면, 그리하여 제대로 된 피난처만 있었더라면 그렇게 많은 여성들이 스스로 목숨을 끊는 선택을 하지 않아도 되었을 것이다. 병자호란 당시 양반 여성들의 전쟁 체험과 관련해 본다면 『박씨전』의 피화당 화소話素는 매우 절박한 것임을 알 수 있다.

그런데 이 작품에는 문제적인 부분이 있다. 바로 박씨 부인이 심한 추모였다가 액운이 다해 절대가인으로 바뀐다는 설정이다. 추모였을 때에는 그렇게 구박만 하던 남편이 부인이 미인이 되자마자 태도가 돌변하고 관계가 좋아지는데, 오늘날의 흐름에 비춰볼 때도 외모지상주의를 부추기는 것 같아 불편하게 다가온다. 그런데 병자호란을 배경으로 한 서사에서 이런 외모에 관한 설정이 군이 필요했던 이유는 무엇일까? 추모 설정을 통해서 드러나는 것은 남편의 이중적인 태도이다. 이 작품에는 부인 방에 들라는 아버지의 명령도 거절 못 하고, 그렇다고 부인의 외모와 관련한 스스로의 욕망도 포기 못 한 채 어정쩡하게 아버지를 속이는 것으로 상황을 모면해보려는 남편의 태도가 잘 드러나 있다. 그런가 하면 조선을 치기 위해 청나라에서 회의를 열던 중 청나라 왕비가 조선의 아킬레스건은 호색好色과 탐재貪財에 있으니 그 부분을 공략하면 조선을 얻을 수 있을 거라는 견해를 내놓으면서 미인계를 쓴다. 박씨가 추모로 설정되는 바람에 여성의 색色과 덕德에 대한 당대의 담론, 즉 여성은 색이 있어서는 안 되며 부덕婦德을 갖추면 그것이 최고라는 가치가 실은 말뿐이었음이 드러나게 되었다. 자신들의 주장과 선택이 괴리를 보일 때 그 주장을 받쳐주는 이념은 단지 박제화된 논리일 뿐, 그들에게서 문제 해결력이나 현실 대응력을 기대하긴 어려운 것이다. 박씨의 남편은 조정 관료로 설정되어 있다. 그러나 문제를 해결하는 인물은 박씨이다.

『박씨전』 이본을 보면 실제 역사에서는 그런 일도 없는데 왕비가 볼모로 잡혀가다가 돌아왔다거나 혹은 포로로 잡혀가는 조선 여성들의 목소리 등 유독 여성의 섹슈얼리티와 관련한 언급이 삽입되곤 한다. 다른 한편으로는 여성들의 외모와 관련하여 전쟁수행의 방법론이 제시되거나 양반 남성의 문제점이 드러나기도 한다. 『박씨전』이 패한 전쟁에 대한 정신적인 보상 혹은 소설적인 대응이라는 기존 논의는 타당하다. 그러나 『박씨전』을 조선 당대 여성의 입장에서, 특히나 병자호란이라는 전쟁을 아는 양반 여성들의 입장에서 읽는다면 훨씬 더 핍진하고 절절하게 읽히는 바가 있을 것이다.

*

조선시대 여성들의 취미생활은 거의 규방 안에서 행해지는 문화였다. 물론 당시에도 여성들의 공식적인 나들이 문화는 있었다. 해마다 청명일을 맞아 들판으로 나갔던 화전놀이가 바로 그 예이다. 화전놀이는 양반 여성들을 포함한 여성들이 단체로 답청踏靑을 하며 화전花煎을 지져 먹는 봄놀이었다. 그러나 이같이 야외에서 여가를 즐길 기회는 많지 않았다.

  물론 규방에 대한 규제가 많았다고 해서 취미생활의 모든 영역까지 규제할 수는 없었다. 그 대표적인 예가 독서였으며, 그중 특히 조선후기에 소설이 활성화되는 배경에는 당대 여성 향유층의 열렬한 지지가 있었다. 취미생활은 일상의 여가에 행하는 잉여적 성격의 활동이다. 조선시대 소설을 읽을 때, 작품에서 보여주는 그 잉여를 찾아 해석한다면 당대 여성들의 무의식이나 혹은 잠재된 욕망과 만날 수 있을 것이다.

1장 사라진 목소리를 찾아서

박무영 · 김경미 · 조혜란, 『조선의 여성들, 부자유한 시대에 너무나 비범했던』, 돌베개, 2004

이혜순 외, 『한국고전여성작가연구』, 태학사, 1999

———, 『17세기 여성생활사 자료집』 1~4, 이화한국문화연구총서2, 보고사, 2006

———, 『18세기 여성생활사 자료집』 1~8, 이화한국문화연구총서13, 보고사, 2010

허미자 편, 『한국여성시문전집』 1~5, 국학자료원, 2003

2장 화가와 현모, 그 불편한 동거

『국역 율곡전서』 VII

宋時烈, 『宋子大全』 권146, 권148(『韓國文集叢刊』 113)

강릉시오죽헌시립박물관 편, 『아름다운 여성, 신사임당』, 강릉시, 2004

관동대학교 영동문화연구소 편, 『(신사임당 가족의) 詩書畵』, 강릉시, 2006

이숙인, 「신사임당 담론의 계보학(1): 근대이전」, 진단학보 106, 진단학회, 2008

이은상, 『사임당의 생애와 예술』, 성문각, 1962

3장 고통을 발판 삼아 피어난 지성

박무영 · 김경미 · 조혜란, 『조선의 여성들, 부자유한 시대에 너무나 비범했던』, 돌베개, 2004

이혜순, 『한국 고전여성작가의 시세계』, 이대출판부, 2005

———, 『조선조 후기 여성지성사』, 이대출판부, 2007

4장 숨은 일꾼, 조선 여성들의 노동 현장

권영철 외, 「규방가사에 나타난 조선시대여성의 노동제상」, 여성문제연구 19, 대구가톨릭대학교, 1991

김경미, 「선비의 아내, 그녀들의 숨은 노동」, 여/성이론 11, 2004

김춘택, 『北軒集』 권13, 『한국문집총간』 권185

남미혜, 「16세기 이문건가의 양잠업 경영에 대한 연구—묵재일기를 중심으로」, 조선시대사학보 26,

조선시대사학회, 2003

박무영 · 김경미 · 조혜란, 『조선의 여성들, 부자유한 시대에 너무나 비범했던』, 돌베개, 2004

백승종, 『대숲에 앉아 천명도를 그리네』, 돌베개, 2003

이덕무, 「사소절」, 『청장관전서』 VI, 민족문화추진위원회 옮김, 한국학술정보, 2008

정하영 옮김, 『심청전』, 고대민족문화연구소

정형지 · 김경미 외, 『17세기 여성생활사자료집』 1~4, 보고사, 2006

최승희, 「조선후기 고문서를 통해 본 고리대의 실태」, 한국문화 19, 서울대 규장각한국학연구원, 1997

5장 사랑 타령일랑 집어치워라

이능화, 『조선해어화사』, 이재곤 옮김, 동문선, 1992

정병설, 『나는 기생이다』, 문학동네, 2007

6장 금하고자 하나 금할 수 없었다

김시습, 『금오신화』, 심경호 옮김, 홍익출판사, 2000

김학주 역주, 『詩經』, 명문당, 2002

박무영 · 김경미 · 조혜란, 『조선의 여성들, 부자유한 시대에 너무나 비범했던』, 돌베개, 2004

이상구 옮김, 『17세기 애정전기소설』, 월인, 1999

정창권, 『홀로 벼슬하며 그대를 생각하노라』, 사계절, 2003

7장 여성에게 가족이란 무엇이었나

김미영, 『가족과 친족의 민속학』, 민속원, 2008

마르티나 도이힐러, 『한국 사회의 유교적 변환』, 이훈상 옮김, 아카넷, 2003

마크 피터슨, 『유교사회의 창출』, 김혜정 옮김, 일조각, 1999

이배용 외, 『우리나라 여성들은 어떻게 살았을까』 1~2, 청년사, 1999

이숙인, 『동아시아 고대의 여성사상』, 여이연, 2005

임민혁 역주, 『주자가례』, 예문서원, 1999

최홍기 외, 『조선 전기 가부장제와 여성』, 아카넷, 2004

한국여성연구소여성사연구실, 『우리 여성의 역사』, 청년사, 1999

8장 여학교는 없었다, 그러나 교육은 중요했다

김언순, 『조선후기 여훈서에 나타난 여성상 형성에 관한 연구』, 한국교육사학회, 2006

김재인 외, 『한국 여성교육의 변천과정 연구』, 한국여성개발원, 2001

한희숙, 「조선초기 소혜왕후의 생애와 『내훈』」, 한국사상과문화 27, 2005

손직수, 『조선시대 여성교육』, 성균관대출판부, 1982

이배용 외, 『우리나라 여성들은 어떻게 살았을까』 1, 청년사, 1999

이혜순, 『조선조 후기 여성 지성사』, 이화여대출판부, 2007

정형지 외, 『17세기 여성생활사 자료집』 1~4, 보고사, 2006

최완기, 『한국의 전통교육』, 이화여대출판부, 2005

9장 규중을 지배한 유일한 문자

이종묵, 「놀이로서의 한시」, 문헌과해석 37, 문헌과해석사, 2007

——, 「조선시대 여성과 아동의 한시 향유와 이중언어체계Diaglosia」, 진단학보 104, 진단학회, 2007

이종묵 외, 『효명세자연구』, 한국무용·예술학회편, 두솔, 2005

10장 믿음의 힘으로 유교적 획일화에 맞서다

김정희, 『조선 시대 지장시왕도연구』, 일지사, 1996

이기운, 「조선시대 왕실의 비구니원 설치와 신행」, 역사학보 178, 2003

장희정, 『조선후기 불화와 화사 연구』, 일지사, 2003

조은수, 「한국의 비구니 교단에 대한 여성주의적 고찰」, 불교평론 42, 2010

11장 조선 여성들의 사랑

김시습, 『금오신화』, 심경호 옮김, 홍익출판사, 2000

김학주 역주, 『詩經』, 명문당, 2002

박무영·김경미·조혜란, 『조선의 여성들, 부자유한 시대에 너무나 비범했던』, 돌베개, 2004

이상구 역주, 『17세기 애정전기소설』, 월인, 1999

정창권, 『홀로 벼슬하며 그대를 생각하노라』, 사계절, 2003

12장 조선 여성 예술가의 탄생

김영진, 『눈물이란 무엇인가』, 태학사, 2006

송지원, 『마음은 입을 잊고, 입은 소리를 잊고』, 태학사, 2009

——, 『장악원, 우주의 선율을 담다』, 추수밭, 2010

이우성·임형택, 『이조한문단편집』 상·중·하, 일조각, 1978

13장 여성의 눈으로 읽는 여성들의 놀이

김경미 외, 『한국의 규방 문화』, 박이정, 2005

박무영, 「김호연재의 생애와 『호연재유고』」, 한국고전여성문학연구 3, 2001

송지원, 『마음은 입을 잊고 입은 소리를 잊고』, 태학사, 2009

장효현, 『한국고전소설사연구』, 고려대출판부, 2002

정병설, 「완월회맹연 연구」, 서울대 박사학위논문, 1997

조혜란, 「조선시대 여성 독서의 지형도」, 한국문화연구 8, 2005

───, 「여성, 전쟁, 기억 그리고 〈박씨전〉」, 한국고전여성문학 9, 2004

한길연, 「대하소설의 의식성향과 향유층위에 관한 연구」, 서울대 박사학위논문, 2005

김경미___이화여대 한국문화연구원 HK연구교수, 저서『소설의 매혹』, 역서『금오신화』, 공역서『19세기 서울의 사랑, 절화기담, 포의교집』외 다수.

김미영___한국국학진흥원 책임연구위원, 저서『유교의례의 전통과 상징』『가족과 친족의 민속학』『일본의 집과 마을의 민속학』, 역서『모계사회의 여성과 남성』외 다수.

박무영___연세대 국문과 교수, 저서『정약용의 문학과 사유방식』, 공저『조선의 여성들, 부자유한 시대에 너무나 비범했던』, 역서『뜬세상의 아름다움』외 다수.

서지영___고려대 민족문화연구원 HK연구교수, 공저『한국 고소설과 섹슈얼리티』『여성의 몸: 시각 · 쟁점 · 역사』, 역서『환상성―전복의 문학』, 논문「조선후기 중인층 풍류공간의 문화사적 의미」외 다수.

송지원___서울대 규장각한국학연구원 HK연구교수, 저서『정조의 음악정책』『마음은 입을 잊고 입은 소리를 잊고』『장악원, 우주의 선율을 담다』, 공역『다산의 경학세계』『역주 시경강의』1-5 외 다수.

이숙인___서울대 규장각한국학연구원 HK연구교수, 저서『동아시아 고대의 여성사상』, 역서『여사서』『列女傳―중국 고대의 106 여인 이야기』외 다수.

이종묵___서울대 국문과 교수, 저서『우리 한시를 읽다』『조선의 문화공간』, 공저『사의당지, 우리 집을 말한다』, 역서『부휴자담론』『누워서 노니는 산수』외 다수.

이혜순___이화여대 국문과 명예교수, 저서『고려전기 한문학사』『고전 여성작가의 시세계』『조선조 후기 여성지성사』, 공역『한국의 열녀전』외 다수.

정병설___서울대 국문과 교수, 저서『조선의 음담패설―기이재상담 읽기』『구운몽도―그림으로 읽는 구운몽』『나는 기생이다―소수록 읽기』, 역서『한중록』외 논문 다수.

정지영___이화여대 여성학과 교수, 편서『젠더, 경험, 역사』, 공저『한국의 규방문화』, 논문「朝鮮後期의 女性戶主 硏究」「조선시대 혼인장려책과 독신여성: 유교적 가부장제와 주변적 여성의 흔적」외 다수.

조은수___서울대 철학과 교수, 저서 Currents and Countercurrents: Korean Influences on the East Asian Buddhist Traditions,『21세기의 동양철학』, 영역서『직지심경』, 논문「원효에 있어서 진리의 존재론적 지위」외 다수.

조혜란___이화여대 한국문화연구원 연구교수, 저서『옛 소설에 빠지다』『옛 여인들 이야기』, 공저『조선의 여성들, 부자유한 시대에 너무나 비범했던』, 역서『삼한습유』, 공역『심양장계』외 다수.

한희숙___숙명여대 역사문화학과 교수, 공저『조선시대의 중앙과 지방』『사회사로 보는 우리 역사의 7가지 풍경』, 논문 한희숙,「조선초기 소혜왕후의 생애와『내훈』」「연산군대 폐비윤씨 추봉존숭 과정과 갑자사화」외 다수.

조선 여성의 일생

ⓒ 규장각한국학연구원 2010

1판 1쇄 2010년 8월 2일
1판 5쇄 2014년 4월 16일

엮은이 규장각한국학연구원
펴낸이 강성민
기   획 이숙인 정긍식 권기석
편   집 이은혜 박민수 이두루
편집보조 유지영 곽우정
마케팅 이연실 정현민 지문희
온라인 마케팅 김희숙 김상만 한수진 이천희

펴낸곳 (주)글항아리 | 출판등록 2009년 1월 19일 제406-2009-000002호

주소 413-120 경기도 파주시 회동길 210
전자우편 bookpot@hanmail.net
전화번호 031-955-8891(마케팅) 031-955-1934(편집부)
팩스 031-955-2557

ISBN 978-89-93905-33-5 03900

글항아리는 (주)문학동네의 계열사입니다.

이 도서의 국립중앙도서관 출판시도서목록(CIP)은 e-CIP 홈페이지(http://www.nl.go.kr/ecip)에서
이용하실 수 있습니다.(CIP제어번호: CIP2010002437)

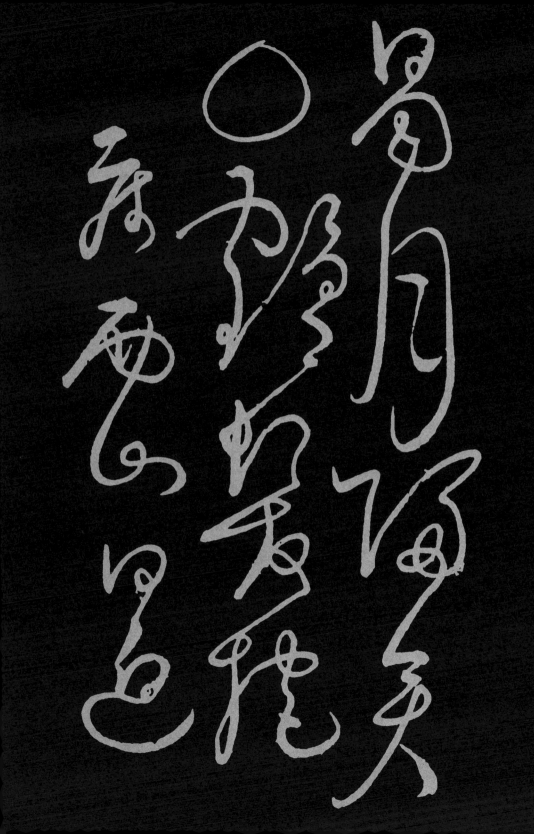

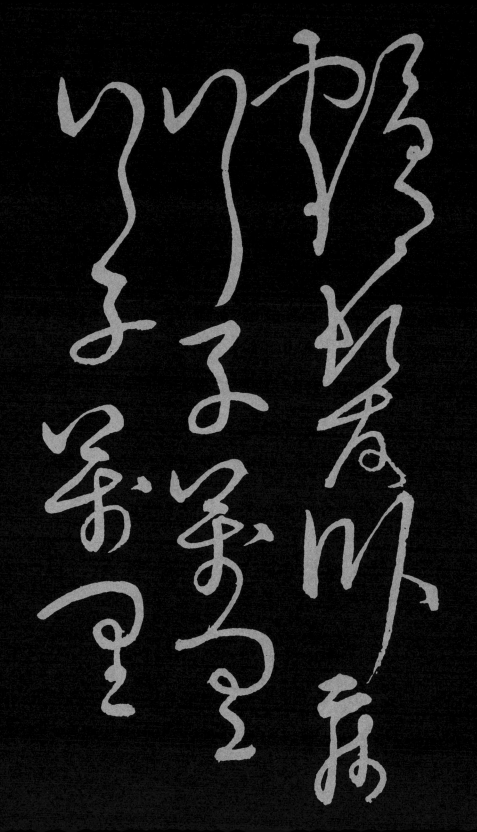